权威·前沿·原创

皮书系列为
"十二五""十三五"国家重点图书出版规划项目

教育部哲学社会科学系列发展报告

文化品牌蓝皮书

BLUE BOOK OF
CULTURAL BRANDS

中国文化品牌发展报告
（2018~2019）

ANNUAL REPORT ON DEVELOPMENT OF CULTURAL
BRANDS IN CHINA (2018-2019)

主　编／欧阳友权　禹建湘

社会科学文献出版社
SOCIAL SCIENCES ACADEMIC PRESS (CHINA)

图书在版编目（CIP）数据

中国文化品牌发展报告.2018~2019 / 欧阳友权，禹
建湘主编. －－北京：社会科学文献出版社，2019.6
（文化品牌蓝皮书）
ISBN 978－7－5201－4704－0

Ⅰ.①中… Ⅱ.①欧…②禹… Ⅲ.①文化产业－产
业发展－研究报告－中国－2018－2019 Ⅳ.①G124

中国版本图书馆 CIP 数据核字（2019）第 068844 号

文化品牌蓝皮书
中国文化品牌发展报告（2018~2019）

主　　编 / 欧阳友权　禹建湘

出 版 人 / 谢寿光
责任编辑 / 桂　芳
文稿编辑 / 贺拥军

出　　版 / 社会科学文献出版社·皮书出版分社 （010）59367127
　　　　　　地址：北京市北三环中路甲 29 号院华龙大厦　邮编：100029
　　　　　　网址：www. ssap. com. cn
发　　行 / 市场营销中心 （010）59367081　59367083
印　　装 / 三河市东方印刷有限公司

规　　格 / 开本：787mm × 1092mm　1/16
　　　　　　印 张：21　字 数：311 千字
版　　次 / 2019 年 6 月第 1 版　2019 年 6 月第 1 次印刷
书　　号 / ISBN 978－7－5201－4704－0
定　　价 / 128.00 元

本书如有印装质量问题，请与读者服务中心 （010－59367028）联系

《中国文化品牌发展报告（2018～2019）》撰稿人名单

欧阳友权　禹建湘　姜　希　游兴莹　曾　仪　陈　冲
黄　琳　黄思源　赵小虎　庄　园　罗　茜　潘新宇
刘芳龄　徐　宁　谢日安　帅　才　郭　骏　刘　华
乔泓瑞　朱雅筠　张裔堃　范憬怡　黄婉彬　向柯树
高雅兰　赵心宇　罗诗咏　朱柏安　廖含喻　李慧瑾
裴　璨　唐芳敏　江思颖　陆思宇　雷治域　孙佳宝
单志仟　张忠秀　蒋茂芹　唐　玲　薛　静　王亚茹

主编简介

欧阳友权　文学博士，中南大学中国文化产业品牌研究中心主任，二级教授，博士生导师，《中国文化品牌发展报告》主编，《人文前沿》主编，中国作协网络文学委员会副主任，中国作协网络文学委员会中南大学研究基地主任、首席专家，国家社科基金重大项目首席专家，享受国务院政府特殊津贴，国家教学名师，全国模范教师，湖南省优秀社会科学专家，第四届鲁迅文学奖、全国宝钢优秀教师奖获得者。主要从事文艺理论、网络文学和文化产业研究。主持国家社科基金项目4项（其中重点、重大各1项），主持教育部项目4项，主持省级重大、重点和一般社科项目15项。在《中国社会科学》《文学评论》等权威期刊和中文核心期刊发表学术论文350余篇。出版个人学术理论专著22部，主编大学教材12部，出版译著2部，主编《中国文化品牌发展报告》11部（自2006年起），主编"网络文学教授论丛"等理论丛书5套。其研究成果获教育部中国高校人文社科优秀成果奖4次，湖南省社科成果奖4次，中国文联文艺评论一等奖1次。被评为湖南省"德艺双馨"文艺工作者、"新世纪文化湘军代表人物"和湖南省"十大文化人物"，记湖南省政府一等功1次、二等功1次。获中南大学"十大教学名师"、"十大师德标兵"和研究生"我最喜爱的导师"等称号。主要社会兼职：湖南省作家协会名誉主席，国家社科基金项目学科评审组专家，第八届、第九届茅盾文学奖评委等。

禹建湘　文艺学博士、管理科学与工程博士后，中南大学中国文化品牌研究中心副主任，三级教授，博士生导师，中南大学"531"第二层次人才。获得湖南省青年社会科学研究人才"百人工程"学者、"湖南省新世纪121人才工程"第三批人选、湖南省普通高校青年骨干教师培养对象等称号。作为课题负责人主持国家社科基金项目2项，承担国家社科基金重大项目子课题2项，主持省部级课题17项，出版专著8部，在包括《文学评论》等权威刊物在内的刊物上发表学术论文135篇，论文多次被《新华文摘》《中国社会科学文摘》《人大复印报刊资料》等刊物转载，科研成果获得各种奖励。

摘　要

《中国文化品牌发展报告（2018～2019）》共收录1个中国文化品牌年度总报告，30个年度入选文化品牌。

总报告对2017～2018年两年间的中国文化品牌发展做了宏观总结。在互联网高速发展背景下，这两年我国文化品牌线上线下同步发展，实现了多方面的转型升级，电视、电影、游戏、动漫等多个领域的文化品牌均有数量和质量的突破。技术和市场的新发展将为文化品牌建设带来新挑战，面对发展新趋势、新动态，中国文化品牌需从政策、社会效益、技术、受众四个方面发力，促进文化品牌活跃、健康、智能、精准、持续发展。

本书遴选了30个在各门类具有引领意义的文化品牌，它们包括：电影品牌——《战狼2》，电视剧品牌——《人民的名义》，网络综艺品牌——《中国有嘻哈》，演艺品牌——《印象·西湖》，出版发行品牌——中文传媒，广播影视企业品牌——中国国际电视总公司，新媒体品牌——东方明珠新媒体，文化科技品牌——咪咕公司，内容产业品牌——爱奇艺，网络传媒品牌——天娱传媒，报纸品牌——《参考消息》，期刊品牌——《财经》，电子出版品牌——掌阅科技，传输品牌——万隆光电，博物馆品牌——湖南省博物馆，互联网品牌——美团网，直播品牌——虎牙直播，网游品牌——《王者荣耀》，广告公司品牌——索象策划集团，数字动漫品牌——若森数字，视频品牌——Bilibili，文化旅游品牌——武夷山，民间工艺品牌——天津泥人张，文化平台品牌——上海创图，网络大电影品牌——《灵魂摆渡·黄泉》，印刷业品牌——盛通印刷，拍卖业品牌——朵云轩，文化园区品牌——白马湖生态创意园区，非遗品牌——昆曲，展会品牌——广交会。这些入选的年度文化品牌是依据"经济体量、年度业绩、业界声誉、社会

影响、品牌价值"的总原则,经传媒举荐、团队调研、专家评审、网络投票、公示反馈等环节遴选出来的。本书对中国文化品牌的入选推荐,旨在助力民族文化品牌迅速成长,促进中国文化品牌走向世界。

Abstract

Annual Report on the Development of Cultural Brands in China (*2018 – 2019*) includes a general report and 30 annual cultural brands.

Annual Report on the Development of Cultural Brands in China (*2018 – 2019*) summarizes the whole development of Chinese cultural brands from 2017 to 2018. With the robust development of the Internet, cultural brands in China achieved synchronous development online and offline in the two years, realizing the transformation and upgrading in many aspects, cultural brands in various areas including television, movie, game and animation making a breakthrough in quantity and quality. The new development in technology and market will bring new challenges to the cultural brands construction. Facing the new development trends, cultural brands in China should pay more attention to policy, social benefit, technology and audience and promote the active, healthy, intelligent, precise and sustainable development of cultural brands.

Annual Report on the Development of Cultural Brands in China (*2018 – 2019*) picked 30 cultural brands which have leading roles in each category. It includes: movie brand *Wolf Warriors II*, TV show brand *The Name of the People*, online variety show brand *The Rap of China*, performing art brand *Impression · West Lake*, publication and distribution brand Chinese Universe Publishing and Media Group, broadcasting and film group brand China International Television Corporation, new media brand Oriental Pearl Group, cultural technology brand Migu Company, content industry brand iQIYI, Internet media brand EE – Media, newspaper brand *Reference News*, periodical industry brand *Caijing*, electronic publishing brand iReader Technology, transmission brand Hangzhou Prevail Optoelectronic Equipment Company, museum brand Hunan Provincial Museum, Internet brand Meituan, live streaming brand Huya, online game brand *Glory of Kings*, advertising agency brand SOSIGN, digital animation brand ROCEN,

video brand Bilibili, cultural tourism brand Mount Wuyi, folk arts and crafts brand Tianjin clay figurine Zhang, cultural platform brand Shanghai Creatoo, online movie brand *Soul Ferry to the Yellow River*, printing industry brand Shengtong Print, auction industry brand Shanghai Duoyunxuan, cultural park brand White Horse Lake Eco-creative City, intangible cultural heritage brand Kunqu Opera, exhibition brand Canton Fair. Those enrolled annually cultural brands are based on the general principle of "economic measurement, annual achievements, industry reputation, social impact and brand value", and selected by media recommendation, team investigation, experts evaluations, network ballot, posting and feedback, etc. By recommending those eligible Chinese cultural brands, *Annual Report on Development of Cultural Brands in China* (*2018 – 2019*) is aimed at nurturing the rapid growth of Chinese cultural brands and promoting them to the world.

目 录

┌────────────────────────┐
│ 皮书数据库阅读**使用指南** │
└────────────────────────┘

CONTENTS

I General Report

II Reports on Annual Brands

总报告

General Report

B.1

文化品牌双线发展，全面实现转型升级

欧阳友权　禹建湘　姜希

摘　要： 2017~2018 年，互联网高速发展背景下，我国文化品牌线上线下
同步发展，实现了多方面的转型升级，电视、电影、游戏、动漫
多个领域的文化品牌均有数量和质量的突破。接下来，技术和市
场的新发展将为文化品牌建设带来新挑战，面对发展新趋势新动
态，中国文化品牌需从政策、社会效益、技术、受众四个方面发
力，促进文化品牌活跃、健康、智能、精准并可持续发展。

关键词： 文化品牌　产业转型

2017~2018 年，是"十三五"规划实施的中间时点、改革开放四十周
年，也是供给侧结构改革全面深化的两年。在这两年中，2017 年文化部颁

布的《国家"十三五"时期文化发展改革规划纲要》为宏观文化产业发展定调，同时国家各个部门在多个领域均有相应政策出台，2017年召开的十九大上，习近平总书记也对繁荣发展社会主义文艺、推动文化事业和文化产业发展提出了要求和部署。在国家宏观战略和具体政策的共同影响和推动下，中国文化产业在2017~2018年取得了长足的进步和深刻的变化，涌现了一批有特色、影响广的文化品牌。

一 支持监管双管齐下，文化品牌转型升级

1. 政策频出，扶持监督双管齐下

文化部出台的《国家"十三五"时期文化发展改革规划纲要》提出了文化产业到2020年成为国民经济支柱性产业的总体目标。为了实现这一目标、进一步完善文化产业市场体系、优化产业结构布局、推动供给侧结构性改革，在2017~2018年这一承上启下的关键时期，针对文化产业出台的各项方针政策更加全面细致，不仅进一步出台政策对文化产业的发展进行支持和推动，也针对前期发展过程中暴露的问题和乱象进行监督管理，文化产业向着健康有序的方向蓬勃发展，大批文化品牌在影响力、品牌形象和品牌效益方面取得进展。

（1）文化金融回归理性，政策指导有序发展。根据国家统计局发布的数据，2017年全国文化及相关产业增加值为34722亿元，占GDP的比重为4.2%，文化产业相关产值保持持续增长，在国民经济中逐渐占据重要地位。在文化产业发展的过程中，金融资本不断涌入，在前几年形成了热潮：文产股票表现亮眼、文化企业IPO进程不断加速，跨界跨国并购频频出现。但是在繁荣发展的背后也暴露了许多乱象：盲目投资、炒作、估值虚高等。在此现状下，2017年后出台的政策、意见和规划等为持续升温的文化金融领域打了一剂清醒剂，在宏观层面布局，整顿乱象、扶持新兴企业、拓宽资本投资范围。新兴文化品牌得到政策和资金支持，已具规模的文化品牌进一步健康发展。

2017 年 4 月文化部颁布的《"十三五"时期文化产业发展规划》中明确提出需要进一步建设文化产业相关金融体制、推广政府和社会资本合作的"PPP 模式"，总体来说对文化金融进一步健康发展提出了总体部署。2017 年 8 月国家发改委印发的《社会领域产业专项债券发行指引》中提出了文化产业专项债券，这一首次出现的文化产业专项债券能有效解决文化企业以往融资难的问题，提高文化企业的融资能力。2018 年 5 月财政部和税务总局联合发布通知，通知中提到了为了促进动漫产业的持续发展，继续实施动漫产业增值税政策。在图书批发、零售等环节，同年 6 月财政部也下发了相应的通知，对部分类型出版物实行先征后退的政策。2018 年 11 月，文化和旅游部、财政部联合下发《关于在文化领域推广政府和社会资本合作模式的指导意见》，进一步加强了对"PPP 模式"的政策支持，鼓励特定文化项目采用"PPP 模式"。在不断出台政策推动文化产业金融资本支持体系完善的同时，针对文化产业出现的不合理融资、并购现象，也有相关部门和规定加以规范引导：在证监会上市公司重大资产重组新规正式发布实施后，从 2017 年开始，文化产业领域内的企业并购增速放缓，资本市场受到更加严格的监管，之前出现的类似龙薇传媒、万家文化的违规信披并购案例相信在未来将得到遏制。

总的来说，2017~2018 年我国文化产业仍有大量金融资本涌入，但随着更加细致全面的政策出台，2017~2018 年的文化资本市场逐渐重回理性，社会资本、政府支持和行业内部互通互助的渠道更加广阔，文化产业和金融资本融合更加深入，随着行业组织和相关部门的介入，更加健康的文化金融生态将更利于文化品牌的创立和发展。

（2）文旅融合成全新战略中心。文化旅游一直是文化产业政策的关注重点，在 2017~2018 年更是成为战略中心，文化和旅游部发布的《2018 年上半年旅游经济主要数据报告》显示，我国文化旅游产业规模大、消费潜力大，同时"旅游与文化、创意、科技的融合创新备受关注"。对我国文化旅游资源丰富、旅游需求保持增长的情况，相关部门高度重视。2017 年 3 月发布了《"十三五"全国旅游公共服务规划》和《"十三五"全国旅游信

息化规划》，规划强调了全国旅游公共服务体系建设，为新时代旅游需求的变化做出了准备。同年 3 月，国家发改委发布了《"十三五"时期文化旅游提升工程实施方案》，针对文化旅游中出现的突出问题做出了要求和部署，并提出了"十三五"时期文化旅游的重点发展目标。2018 年国务院机构改革后，文化部和国家旅游局合并，成立文化和旅游部，国务院机构改革方案中提到，这一举措将统筹文化事业、文化产业发展和旅游资源开发。新成立的文化和旅游部新设立了"资源开发司"，将在文化旅游产品开发、红色旅游、乡村旅游、文化公园、休闲旅游等方面持续发力。2018 年中央一号文件《中共中央国务院关于实施乡村振兴战略的意见》中提到了"乡村振兴的要点：产业兴旺、生态宜居、乡风文明、治理有效、生活富裕"，其中"产业兴旺"中明确要求了"实施休闲农业和乡村旅游精品工程"。在这一重大决策的指导下，2018 年 9 月中共中央、国务院印发的《乡村振兴战略规划（2018～2022 年）》也做出相应的具体规划。这些政策将为文旅产业接下来的转型发展提供良好的条件和环境，更多旅游资源将得到更好发展，吸引更多客流，形成品牌。

（3）优秀传统义化传承创新受重视。中华文化源远流长，一直以来优秀传统文化的传承发展创新都受到党中央、国务院的高度重视，2017～2018 年相关部门出台了大量政策、意见和规划，对新阶段的传统文化发展提出了新的要求和方案。2017 年颁布的《关于实施中华优秀传统文化传承发展工程的意见》中系统阐述了未来中华优秀传统文化传承发展的安排和工作。2017 年 3 月，文化部、工业和信息化部、财政部颁布的《中国传统工艺振兴计划》对非遗项目的实际推广和产业化做出了计划。在文物保护方面，则有国家文物局颁布的《国家文物事业发展"十三五"规划》《关于进一步推动非国有博物馆发展的意见》《关于进一步规范国家重点文物保护专项补助资金管理、提高使用绩效的通知》等具体政策。除了对传统文化的保护传承外，优秀传统文化的创新发展也一直是文化产业工作重点之一，2017～2018 年，面对新形势、新变化，相关部门也颁布了类似《关于新形势下加强戏曲教育工作的意见》《关于促进文房四宝产业发展的指导意见》《关于促进老字号改革创新发展的指导意见》的相关政策来应对，在传承优秀传统文化的同时，针对新趋势的具体政策为新时代的传统文化创新指明了方向。

（4）文化科技跨界深度融合。2016 年底出台的《"十三五"国家战略性新兴产业发展规划》将数字创意产业纳入国家级战略规划蓝图，说明了互联网技术对文化产业发展的战略意义。这一规划辐射到了 2017 年，在"互联网＋"的浪潮持续升温的同时，文化与科技的融合更加深入，范围随之扩大。这离不开立足我国现状的顶层设计，2017 年 4 月发布的《文化部"十三五"时期文化科技创新规划》，明确了"到 2020 年，文化科技自主创新能力得到较大提升，文化科技支撑实力进一步增强的目标"，该规划为文化产业和科技的融合提出了发展方向，奠定了政策基础，明确了奋斗目标。接下来的 2018 年 3 月，科技部、中宣部、中央网信办、文化和旅游部、广播电视总局联合发布《国家文化和科技融合示范基地认定管理办法（试行）》，旨在通过建立融合示范基地来"增强文化领域的科技应用和自主创新能力，推动文化产业和文化事业发展，牢固树立文化自信"，融合示范基地政策一方面扶持微小文化科技企业的发展，一方面对文化科技融合趋势下新业态进行了不断探索，进一步推进了文化科技的融合。

其中互联网技术作为文化科技融合较为成熟的领域，也得到了政策的高度重视，2017 年 4 月发布了《文化部关于推动数字文化产业创新发展的指导意见》，整体规划了未来我国数字文化产业的发展方向，同时对动漫、游戏、网络文化、网络艺术等重点领域进行布局，树立了数字文化产业在未来国民经济发展中的地位，激发了相关产业创新创业的动力，促进了资本流动。在宏观规划中，未来数字创意产业将成为国民经济新支柱产业之一。2017 年 8 月印发的《国务院关于进一步扩大和升级信息消费持续释放内需潜力的指导意见》中将数字文化创意内容作为信息消费进一步升级的方向之一，明确提出丰富相关内容。同时也重点加强了对互联网文化产业乱象的治理，如针对网络文化产业不规范发展的乱象，原广电总局发布了一系列管理通知和规定，如《关于进一步加强网络视听节目创作播出管理

的通知》《微博客信息服务管理规定》《网络文学出版服务单位社会效益评估试行办法》等。

（5）遍地开花，区域文化产业政策频出，区域文化品牌蓬勃发展。从国家统计局公布的 2017 年全国规模以上文化及相关产业企业营业收入数据可以看出，东部地区文化产业相关收入占全国的 74.7%，不同区域的经济基础、文化资源、自然环境、人文历史等因素的不同使各地文化产业发展进度和方向都有所区别。在国家政策的统一领导下，各地也根据本地情况出台了不同政策，助力本区域文化产业和文化品牌的发展。2017～2018 年，各地的文化产业政策在对象、范围等多方面都逐渐多样化，首先是制定了符合各地情况的"十三五"统一规划，也针对本区域内部特色产业制定了专项政策。如上海市政府于 2017 年 12 月推出"文创 50 条"，系统全面地对上海市未来文化产业的发展进行了规划，提出了建设全球动漫游戏中心、网络文化中心、亚洲演艺之都、全球影视创制中心等目标。北京市于 2018 年针对文化文物创意产品、展览这些具有优势和特色的文化产业领域颁布了《关于推动北京市文化文物单位文化创意产品开发试点工作的实施意见》和《关于进一步促进展览业创新发展的实施意见》。这些量身定制的专项政策对发展该区域的优势文化业态、形成区域特色文化品牌有着积极影响。

（6）文化立法进程加快。2017～2018 年，我国文化立法成果显著：2017 年 3 月《电影产业促进法》《公共文化服务保障法》正式实施；2017 年 10 月《国歌法》正式施行；2018 年 1 月《公共图书馆法》正式施行。2018 年 9 月《十三届全国人大常委会立法规划》显示《文化产业促进法》已被列入第一类项目，逐渐完善的相关法律为文化产业未来发展和监管提供了环境和保障。

（7）文化体制深度改革。文化体制改革进程一直在加快，自 2017 年以来，这一进程更展现出了深度化、范围扩大的趋势。2017 年党的十九大报告中指出要深化文化体制改革，完善文化管理体制。《关于加快推进国有文化企业公司制股份制改革有关工作的通知》《中央文化企业公司制改制工作实施方案》等文件中，明确了 2018 年要实现中央文化企业的统一改制。并且接下来颁布《文化体制改革中经营性文化事业单位转制为企业的规定》和《进一步支持文化企业发展的规定》等政策，进一步从政策角度鼓励改制，推进深度改革。

2. 不忘初心，文化品牌转型升级

2017～2018 年是文化产业深度发展、面临诸多挑战的两年，我国文化产业增长速度逐渐平稳，内容质量成为主要影响因素，消费者需求多样化，垂直领域、小众领域的消费者力量逐渐凸显，从业人员深耕内容质量；科技影响深远，跨界文化品牌迎来发展机遇，文化品牌建设开始升级转型，呈现百花齐放态势。

（1）文化类综艺大放异彩，《国家宝藏》受关注。2017 年是文化类综艺大放异彩的一年，上半年央视播出的《中国诗词大会》和《朗读者》两档综艺节目从诗词和朗读两个细分文化领域出发，做出了独具中国特色的综艺内容，在获得了一定的成就和关注的同时，证明了文化类综艺的潜力。但随着播出集数、季数的不断增加，也有观众和业内人士对大同小异的形式和重复的内容提出了质疑和担忧。如何将文化类综艺不断做好做新，在宣传传统文化的同时也具有较高的节目质量？面对这样的问题。《国家宝藏》以优异的成绩给出了答案：在优质传统文化的基础上，专注新的方向，结合新的播放渠道、舞台表演和流行趋势。《国家宝藏》于 2017 年 12 月开播，是由中央广播电视总台、央视纪录国际传媒有限公司制作的文博探索节目，每周日在央视综艺黄金档播出，同时也在 Bilibili（哔哩哔哩，以下简称 B 站）同步转播。开播以来广受好评，甚至成为一种综艺现象。《国家宝藏》融合了综艺节目和纪录片两种形式，将各地博物馆的有名藏品背后的故事通过明星讲述的形式，配以精心制作的舞台特效，为观众带来了一次次的视觉盛宴和文化洗礼。《国家宝藏》第一季豆瓣评分高达 9.0 分，2018 年末上映的第二季的首集评分则是达到了 9.4 分。2017 年节目第一季播出期间，微博博主话题#CCTV 国家宝藏#阅读量达 17.1 亿，主要网络播放平台 B 站的总播放量超过 2000 万，评论量和弹幕量均排在 B 站综艺类视频前列，在广大观众，特别是年轻观众中形成了自己独特的品牌。在第二季开播前，有许多网友便如此评论："终于来了"，"这才是中国特色综艺"。文化类综艺的出现和大火是目前综艺市场的一股清流，在以往改编国外综艺为主流的综艺市场中写下了独具中国特色的一笔。这一成功既说明了综艺消费者的素养和习惯正在改变，也揭示了综艺市场新的机遇，不可否认，2017～2018 年的综艺市场主要门类依旧是选秀、歌唱等娱乐形式，但类似《国家宝藏》文化类综艺的走红，说明了以往的明星流量战略已经慢慢失效，真正优质的内容、新颖的定位、独特的表现形式才能在未来竞争日益激烈的市场拔得头筹。

（2）抖音异军突起，短视频行业迅速发展。2017 年被称为短视频行业元年，从 2017 年开始，快手、秒拍、火山、西瓜、抖音等 App 逐渐进入我们的视野，36kr 网站 2017 年发布的短视频研究报告的数据显示，2017 年第三季度短视频用户的总使用时长同比增速达到了 311.1%，而其中抖音 15 秒音乐短视频的形式具有短平快、娱乐性强、参与感强的特点。抖音凭借优秀有趣的内容、精准的个性化推荐算法，从 2017 年底开始一路高速发展，超越原行业领头者快手，成为短视频领域的佼佼者。抖音官方发布的数据显示，截至 2018 年 6 月，抖音的日活跃用户数正式突破 1.5 亿，月活跃用户超过 3 亿，在具有高渗透率的同时，抖音也占据了用户较多的注意力，根据艾瑞 App 数据检测中心统计，抖音用户日平均使用时间在 25～30 分钟。抖音不仅在国内取得了巨大成功，其海外版 TikTok 先后在日本、德国、泰国、印尼等国家上线并登顶当地应用商店，TikTok 全球 App store 总下载量在 2018 年一季度超过 4500 万次，抖音也随着爆红，打出了"记录美好生活"的口号，为自己的品牌明确了清晰的定位，通过信息流广告、布局电商等举动，抖音也开始了商业化的进程。并且，抖音和其他领域品牌的跨界营销成功案例如海底捞创新吃法、绝地求生趣味死法等，也使越来越多的品牌在抖音上开设官方账号。抖音的成功既来源于其本身，也迎合了移动互联网的浪潮。但同时我们也需要注意到，在抖音异军突起的背后也有低俗不雅内容、不良社会影响、微信微博围剿、后来竞争者不断等问题和挑战。面对不断增长的问题和挑战，抖音通过布局社交功能、强化用户归属感等策略开始了品牌升级转型的战略谋划，该品牌正在从一个新潮的现象级应用转向综合短视频平台，这也说明了在竞争激烈的短视频领域，明确的用户和功能定位逐渐成为品牌长期发展的决定性因素之一，这也为许多在细分领域具有优势的小型文化品牌带来了发展的机遇，相信在未来发展得更加成熟的短视频行业将涌现出更多品牌。

（3）《二十二》走进院线，创国产纪录片票房新纪录，电影市场迎来新变化。2017年以来，涌现了一大批质量上乘、观点独特的国产纪录片，有别于以往纪录片以电视台为主要播放渠道的情况，2017年开始有许多纪录片走进院线，面向更多观众，其中2017年暑假档上映的《二十二》就是其中翘楚，其成本仅有200万元，但上映一周后便达到了10%左右的排片量，最终票房为1.7亿元，是中国首部票房过亿的纪录片，并且引起了巨大社会反响和讨论，是2017年现象级的纪录片，在以商业、娱乐、动作、剧情为主流的电影市场开辟了一条新的道路。并且，不仅仅是《二十二》获得了商业层面的成功，也有其他的优秀院线国产纪录片在商业层面取得巨大进步：《重返狼群》突破3000万票房；《冈仁波齐》票房达到一亿。长久以来，纪录片作为专业性较强、故事性较弱、欣赏水平要求较高的影视形式，往往难以平衡艺术成就和票房表现，但《二十二》等纪录片电影在票房和口碑上的成功体现了2017年以来电影市场和观众的变化，面对纪录片电影在票房的优秀表现，未来更多的资本将会被成本低、回报高的纪录片吸引，出现更多投资。同时，立足现实、弘扬优秀文化、意义深远的纪录片也一直是国家政策扶持的对象。在政策和市场的双重推动下，未来纪录片产量质量将不断上升，成为电影市场上另一驾拉动发展的"马车"；国产纪录片将逐渐缩小与国外优秀作品的差距，发挥品牌效应。

（4）电竞市场迎来爆发期，《王者荣耀》开移动电竞先河。电子游戏作为曾经在中国饱受争议的异类产业，近年来逐渐走入大众视野，从2017年开始迎来其爆发期。2018年中国电竞产业大会发布的《2018中国电竞行业研究报告》数据显示，2017年中国电竞整体市场规模超过650亿元，大量资本涌入,头部游戏运营逐渐走上正轨,新兴游戏门类爆发,并且逐步受到权威体育机构的认同,国家体育总局将其列为体育运动之一,2022 年亚运会将成为正式竞赛项目。其中移动电竞逐渐成为电竞市场不可或缺的重要组成部分,其市场规模、收入规模从 2017 年开始迅速提升。根据艾瑞统计预估,2018 年整体移动电竞市场规模达到了 456 亿元。其中,《王者荣耀》成为渗透率第一的现象级手游,其官方竞技赛事 KPL 在 2017 年的赛事总观看及浏览量达到 103 亿。以 KPL 为代表,我国移动电竞逐渐形成了包括内容研发、赛事参与、赛事执行、内容制作、电竞地产、电竞周边以及监管部门在内的完整生态链,并且影响力逐渐扩散至海外:腾讯在 2018 年举办的王者荣耀冠军杯国际邀请赛就邀请了来自六大国际赛区的共 7 支国外战队。随着电子竞技的认同度、观众普及度不断上升,不同门类的游戏在这股浪潮的推动下也有机会将出品的游戏进行职业电竞的运营,拓展游戏的产业链,形成自己的电竞品牌。

(5)《刺客伍六七》口碑爆棚,国产动漫找寻全新方向。国产动漫产业一直是政策和资本关注的热门领域,从 2015 年初现潜力开始,发展至 2017 年,国产动漫产业已经初具规模,特别随着境外二次元内容的版权和审核问题凸显,更多的国内观众转而关注国产动漫,国产动漫产量随之迅速增加。在愈加激烈的竞争环境下,2018 年 4 月开播的《刺客伍六七》自开播以来便占据 B 站新番榜第一,8.7 万人评分9.8,更是 2018 年唯一一部入选"动画奥斯卡"——法国昂西国际动画电影节主竞赛单元的国产动画。《刺客伍六七》没有通过模仿成功案例来获取口碑,反而它与发展成熟的日系、美系动画风格都不相同,也不是类似《大圣归来》《秦时明月》那样公认的中国风,而是通过立足现实生活的故事内涵、独特的绘画风格、搞笑有趣的叙事节奏、极具方言特色的角色配音等独特的因素吸引了一大批忠实粉丝,确立了在一众国漫中的独特定位。类似《刺客伍六七》的国产动漫尝试还有很多,例如改编自网络小说 IP 的《全职高手》《魔道祖师》,立足中国传统妖怪文化的《非人哉》,尝试泡面番(指每集时长不超过 3 分钟的动画作品)形式的《请吃红小豆吧!》等。可以说在数量上,国产动漫品牌在 2018

年迎来了一波井喷式发展，在质量上取得了较大进展，各种类型的优秀作品都逐渐发展出了各自特色。2017～2018 年出现的如《刺客伍六七》这样定位独特、具有探索精神的优秀作品为未来国产动漫树立自己品牌带来了方向和启示。

（6）线下娱乐产业新发展，好时光影游社再创入口。进入 2017 年以来，互联网相关文化娱乐业态在飞速发展的同时，也面临着流量红利结束的危机。中国互联网络信息中心发布的数据报告显示，截至 2018 年 6 月，我国网民增长速度逐渐放缓，互联网文化娱乐市场逐渐从增量市场转向存量市场，市场竞争不断加剧，新兴品牌生存情况较为艰难。而相对的，传统线下娱乐如影院、KTV、网吧等发展缓慢，形式单一，难以满足消费者逐渐升级的需求。在这样的背景下，线下娱乐得到了重视，开始出现了一些新的探索和尝试。这些新发展的线下娱乐业态主要包括家庭影院，VR 体验馆、电竞体验馆、密室逃生等。可以发现，线下娱乐产业逐渐展现出线上线下融合，娱乐业态多样化、科技化的新趋势。2017 年产业总额达到 3700 亿元，也更加说明了新兴线下娱乐的发展潜力。其中好时光影游社是集合了线上内容（视频、手游、直播）和线下形式（餐饮、线下活动、见面会）的新娱乐业态的代表之一。作为腾讯联合创梦天地打造的线下娱乐新品牌，一方面，好时光影游社结合新技术新内容为线下娱乐提供了新的尝试；另一方面，腾讯和创梦天地也结合自身在互联网娱乐的积累，在线下娱乐形式中加入了自己的 IP 和特有内容，为线上的文化娱乐内容打造了一个新的线下入口。类似好时光影游社的线下娱乐新品牌目前还处在发展初期，在形式和内容上都有很大的发展潜力。

（7）区域文化百花齐放，城市品牌个性凸显。城市文化建设一直是城市发展建设的中心之一，在文化产业产值逐年增高之际，城市文化和城市品牌得到了更多关注。在移动互联网高速发展的今天，城市文化品牌建设也呈现了新形势、新方向。2017 年开始，以成都、杭州、武汉等城市为代表的新一线城市在经济发展、人才培养、城市建设等方面都取得了令人瞩目的成果，而在文化产业尤其是城市文化品牌建设方面，这些新一线城市则在互联

网技术、新发展思想的助推下展现了不同的风采，涌现了一批"网红城市"。以西安为例，西安作为文化底蕴深厚的古都，有着得天独厚的文化旅游资源，而西安更是从 2018 年开始，结合新媒体渠道，进一步优化了自己的城市形象。以西安作为关键词的打卡挑战活动在抖音上获得了极大关注，《西安人的歌》则是在短时间内就达到了 18 亿次播放量。2018 年春节和清明节期间，西安旅游人数分别同比增长了 60% 和 40%。成功的背后是当地政府部门积极利用移动互联网媒体的影响力，与类似抖音的新媒体合作，重新打造城市形象和品牌。2018 年 11 月发布的《中国城市影响力指数（2018）报告》中，西安成为 2018 中国城市文化影响力十强城市、2018 中国城市治理影响力十强城市。除了西安旅游业的成功外，还有成都引入电竞产业、武汉引入直播要素、杭州深耕西湖演艺等成功案例。这些城市品牌的成功焕新正说明了我国目前区域文化发展正进入新阶段，文化产业进一步扩散到了以往较为弱势的地区如西北西南等，在新技术、新思想的推动下，各区域都有机会在本区域的文化资源基础上发展大、发展好本地文化产业，形成自己的文化、城市、区域品牌。

（8）知识付费高速发展，喜马拉雅模式成熟。知识付费就是把知识变成产品或服务。这一行业基于现代人快速生活节奏和人们日益增长的对自我提升的需求。有一部分人认为知识付费是互联网之前内容付费、版权意识的一次升级，在自我提升的驱动和对优质内容的需求下，知识付费从 2016 年出现，在 2017~2018 年高速发展期间，有越来越多的人加入了知识付费的消费者行列，这一行业的发展之快可以通过一系列数据看出：2017 年知识狂欢节销售总额突破 1.96 亿元，增长率高达 300%；2018 年得到 App 中最受欢迎的专栏《薛兆丰的经济学课》单日突破 25 万人次订阅，5000 万元营收；知识付费行业龙头喜马拉雅 FM 会员日活跃量超过 1000 万。这一浪潮下出现了类似喜马拉雅、得到、荔枝等公司、平台品牌，其中的行业领头羊喜马拉雅 FM 在 2018 年刚完成了 40 亿人民币新一轮融资签约，腾讯、高盛、泛大西洋资本参与投资，投前估值 200 亿人民币，投后估值 240 亿人民币。喜马拉雅 FM 目前有超过 500 万名主播，既形成了自己在知识分享领域的独特品牌，也作为平台顺势促生了大量的个人品牌，喜马拉雅FM在各个细分的知识领域都具有一定粉丝量和固定收听数的主播。这些主播的背后有分享专业知识的机构，也有个人。他们都通过喜马拉雅FM这一平台接触到了广大的听众，在传播和分享知识服务的同时建立了自己的品牌，并随着喜马拉雅平台的扩大而不断发展。在这样的背景下，喜马拉雅在知识付费领域逐渐构建了一个以音频形式为主的知识服务生态环境。通过与专业机构合作输出优质内容、积极与优秀个人内容生产者签约合作加上配套的打赏、课程购买模式，在持续保持优质内容的同时扩大了自己的品牌影响力。喜马拉雅模式背后有知识付费这一风口行业的推动，更加证明了新时代文化产业品牌发展中内容创作的重要性。喜马拉雅FM从最初的音频类服务开始，在优质内容和成熟商业模式的加持下，将自身品牌转型升级，成为互联网知识付费的领头者。这一行业在未来随着人们对优质内容的消费需求进一步提升，也必将拥有一定的发展前景，如何在成功经验的指导下继续在知识服务领域发展和建立新的文化品牌，将是互联网文化产业相关公司、人员面临的一大挑战。

（9）公共文化多样发展，实体书店重现光彩。随着互联网阅读的逐渐发展壮大，实体书出版和销售随之遭到冲击，实体书店作为其中一环也曾面临经营困难、消费者锐减的问题。但是2017年以来，这一现象慢慢发生了改变，有一部分的实体书店慢慢消失，也有一些实体书店反而越开越多。以上海为例，2017年就有20多家中大规模的实体书店成立，以西西弗书店、言几又书店为代表的新型书店为主。在实体经济受到冲击的时代，结合书店经营和公共文化空间营造，这一类新的实体书店不再只单纯买卖书籍，更是担负了综合阅读、售卖文创产品、举办文化活动等多重功能的公共文化空间。这一新发展趋势的背后既有政策的支撑，也有资本的支持。政策方面，《关于支持实体书店发展的指导意见》等文件中大力倡导实体书店进一步融入文化旅游、创意设计等相关行业发展，并鼓励各地将实体书店逐渐转型为多功能复合式文化场所。同时，资本也对投资实体书店情有独钟，例如西西弗书店从2008年开始，就和商业体进行合作，更是在2019年计划新开100

家门店，其原因主要是综合商业体通过引进书店，为消费者提供了良好的购物体验，也能得到地方政府的相应支持。实体书店作为公共文化的一部分，是政府主导和市场调节的合作成果，在未来也有着"书店＋展览"、"书店＋美术馆"等新的发展方向，不同领域的融合，使得更多的书店、展览馆等有机会形成新的品牌。

（10）《太吾绘卷》专研小众门类，国产单机游戏夺榜首。2017年以来，中国游戏产业迎来了高速发展，《2017年中国游戏产业报告》发布的数据显示2017年国内游戏销售收入超过2000亿，增长了23.0%。其中95%销售额来自自主研发的国产游戏，可以看出中国游戏市场发展态势良好。但同时数据也显示，移动游戏是游戏产值的大头，用户规模超过5亿人，可以说，在移动游戏方面，国产游戏拥有独特优势。但是在国际游戏市场上更受关注、影响力更大的单机游戏和客户端游戏中，国产游戏仍然竞争力较弱。虽然腾讯、网易等国内游戏大厂纷纷通过代理、入股等方式参与了国际热门游戏的发行和运营，但这也同样说明了国内对于大型单机、客户端游戏的研发创新能力较弱。这一趋势在2018年开始慢慢好转，《太吾绘卷》便是其中较为突出的案例。《太吾绘卷》是国内ConchShip Games工作室2018年发行的一款中国神话武侠题材单机游戏。发售10天后在线峰值超七万，实时数据位列Steam平台前十，和《绝地求生大逃杀》《Dota2》等国际范围内有极大影响力的游戏并肩。并一度登上Steam平台销量榜首。这是以往国产游戏难以做到的。许多理性的游戏评论都提到，《太吾绘卷》的游戏机制、设定并不完美，甚至有许多瑕疵，但是其仍旧凭借着对文本和游戏玩法的创新和具有中国特色的游戏设定在玩家中掀起了一股浪潮，这是我国单机游戏的一次销量奇迹，也说明了我国游戏消费者在日益增长的消费需求和不断提高的审美要求下仍然对国产游戏保有期待和支持。在这样的背景下，国产游戏行业仍然有很大的发展空间，相关品牌能够通过专注于优秀创意推动自己的品牌转型和升级。

（11）《快把我哥带走》票房破亿，漫改剧成新风口。IP这一概念从2013年开始就是文化产业的高频热词。到2017年逐渐形成了一条完整的产业链，以网络小说为 IP 开端，IP 改编的漫画、电视剧、电影、游戏、衍生产品等占据了相关产业的一大部分。2017 年之前，大部分 IP 产业链仍然是围绕着网络小说 IP，例如《全职高手》《斗罗大陆》电视剧、动画等，在这一开发模式取得一系列成功的同时，网文 IP 也逐渐暴露出后劲不足、质量参差不齐等问题。与此同时高速发展的国产动漫则为 IP 开发产业链提供了新的优质内容来源。日本作为动漫资源大国，其漫改剧、电影市场表现良好，为我国相关产业提供了成功先例。2017 年开始，就有大量漫改剧立项，包括《尸兄》《镇魂街》《南烟斋笔录》《快把我哥带走》等优秀漫画作品。其中 2018 年上映的《快把我哥带走》累计票房超过 3 亿元，在原有 IP 的观众基础之外也引来了不错的反响。漫改剧作为 IP 产业链开发的新类型，提供了新的发展方向，也为国产动漫的品牌塑造创造了新机会。

（12）特色小镇进入全面发展阶段。特色小镇从 2014 年在浙江出现以来，作为供给侧改革的一项新实践，得到了政府、企业等多方面的关注和支持，在政策的大力扶持下，2017～2018 年我国特色小镇发展迅速，目前全国各地已有 2000 多个特色小镇，以特色产业和旅游产业两种发展模式为主，并开始呈现旅游和产业双驱动、向复合型小镇发展的新趋势，在特色小镇原有的产业和旅游资源基础上，通过互联网营销、结合文化资源、形成复合功能等方式，逐渐形成了对原本小镇品牌的转型和升级。以乌镇为例，乌镇原本是江南水乡旅游景点，经过统一的发展规划，结合戏剧节、互联网大会等形式，成功规避了特色小镇发展过程中同质化、过度商业化的发展痛点，发展为国际知名的会展、旅游品牌。类似乌镇的特色小镇建设过程正在全国各地开展，目前已取得突出的成果，涌现了一大批具有当地特色和影响力的文旅品牌，成为当地经济发展和产业升级的有力引擎。

（13）演出市场潜力巨大，特色品牌蓄势待发。2017 年以来，在文化部发布的"十三五"文化发展改革规划的基础上，演出产业频频迎来利好政策，如文化部重点推出 50 部舞台艺术优秀作品，重点扶持 100 部剧本创作、4000 项国家艺术基金立项资助项目；并颁布了政府购买服务、原创剧目补贴、以奖代补、奖励优秀基层戏曲院团等扶持方案。舞台美术技术的更新选

代也为演出市场带来了新的体验。同时，新生代中的90后、95后消费者在演出门类上的消费升级也逐步加速，更多高学历、高收入的青年学生和中青年家庭加入了演出市场的消费行列。在政策和市场的双重驱动下，2017年开始，我国演出市场逐步展现出发展速度加快、内容质量上升、跨区域演出频繁、头部艺人演出下沉、竞争逐步规范有序的总体良好发展趋势。2017年中国演出行业协会发布的《2017中国演出市场年度报告》显示，2017年国内演出市场总市值489.51亿元，同比上升4.32%，并且在多个品类上都实现了进步和突破。

演唱会市场增速较快，数据显示，2017年国内大型演唱会、音乐节演出达2400场，较上年上升了14.29%，并且突破了以往资源集中在一、二线城市的局面，三、四线城市举办的演唱会、音乐会的艺人质量和现场效果有了较大提升，如张学友、刘若英、周杰伦等头部艺人的巡回演出足迹遍布100多个城市，中心也渐渐向三四线城市倾斜。在种类上也针对不同群体有了变化，古风音乐、二次元相关演出频频出现。剧场演出共9.3万场，较上年上升了5.48%，部分城市在剧场演出票房上取得了巨大突破，如贵阳2017年剧场收入增幅达到204%，青岛票房增幅141%。数据显示，随着一线城市演出市场的逐渐饱和，2017年开始，中国演出产业开辟了向三四线城市下沉的发展道路，并逐步取得了成果，可以预见，未来三四线城市的演出市场具有巨大潜力。同时，在扶持政策的驱动下，总体来看，演出市场进入了市场效益和社会效益同步上升的新阶段。

二 2017~2018年重点文化品牌发展状况

1. 传统文化品牌：传统转型露新貌，保护开发并道行

传统文化的传承和保护一直是文化产业的重要一环，十八大以来，习近平总书记多次表达了对传统文化的认同和对传承发扬传统文化工作的重视，并提出了继"道路自信、理论自信、制度自信"之后的第四个"文化自信"。在"只有坚持从历史走向未来，从延续民族文化血脉中开拓前进，我

们才能做好今天的事业"，"没有文明的继承和发展，没有文化的弘扬和繁荣，就没有中国梦的实现"，"增强文化自信和价值观自信"等总书记的理念指引下，2017年开始，我国传统文化保护工作迅速推进，在政策、形式、范围等多个角度都取得了新的进展，在保护和传承的基础上也实现了市场化的运作，传统文化在人们生活中逐渐复兴，展现出巨大的市场潜力，也涌现了一部分新的文化品牌。

戏曲文化作为我国历史最悠久、地位最重要的传统艺术形式之一，近年来出现了传承难度大、观众数量锐减、剧场经营困难等问题。面对这一困境，在政策方面，文化部《"十三五"时期艺术创作规划》中提出了戏曲振兴工程、名家传戏——当代戏曲名家收徒传艺工程、戏曲艺术人才培养千人计划等相关工作指南，也进一步发布了《关于新形势下加强戏曲教育工作的意见》《关于戏曲进乡村的实施方案》《关于戏曲进校园的实施意见》等方案，为传统戏曲文化的传承和大众教育打下了政策基础。而在市场化方面，新一代的戏曲工作者积极地将传统戏曲艺术与新媒体结合，如青年京剧演员王佩瑜，她在互联网渠道如微博、抖音、综艺节目等多个平台通过京剧念白、合唱的方式向新一代的观众普及戏曲艺术，在弘扬戏曲文化的同时建立了个人品牌，连带其所创立的传承社、瑜乐京剧课等也都形成了颇具影响力的品牌；《国色天香》《传承中国》等新形式的戏曲节目的出现，也是传统戏剧的内容结合新媒体语境的尝试和推广。

传统文化的传承和开发也呈现与数字技术紧密结合的趋势。一方面，传统文化元素在网络小说、漫画、影视剧等新载体中频频出现，打破了以往传统文化传播的地域限制，带动了广大人民群众对传统文化的认知和兴趣；另一方面，互联网公司与传统文化保护机构的合作为传统文化保护和转型提供了新思路和方法。如腾讯从2017年开始，积极推动了与故宫、敦煌研究院等机构的合作，合作内容包括：①利用数字技术保存文物、传承文化遗产；②结合传统文化IP创造新内容，如开发故宫相关游戏、漫画；③利用AR、大数据等新技术宣传推广传统文化，如腾讯微视星联赛结合地域传统文化，在电竞赛场上表演变脸、"数字丝路"H5宣传等。

2.电视业品牌：剧集提质降量，综艺深耕细分

2017～2018年我国电视剧立项数量出现回落，网络剧数量更是显著减少。传统电视台与网络播放结合的"台网联动"模式占据电视剧市场主流，但网络独播剧集数量也在持续上升。中央电视台电视剧出品数量稳定，虽然收视率总体不及一线地方卫视，但剧集质量普遍得到认可，如2017年播出的《索玛花开》《于成龙》《湄公河大案》；2018年播出的《楼外楼》《娘亲舅大》等精品剧集均获得了不错的反响。湖南卫视、浙江卫视、东方卫视、江苏卫视和北京卫视形成了牢固的一线卫视格局，出品了许多爆款，占据了电视剧市场主要流量。大IP＋大制作模式的剧集如《楚乔传》《择天记》仍然占有较高播放量，但也受到了巨大挑战，优质内容和创新题材的剧集如《人民的名义》《创业时代》开始走入观众视野并得到认可。综艺方面，电视综艺在2017～2018年的发展则是稳中有升，综艺节目数量维持在100档左右，虽然移动互联网的高速发展在一定程度上分流了电视观众的注意力，但各大电视台仍通过发展原有的综艺IP以及积极创新综艺品类、发挥电视平台优势等方式推出了多个热度高、质量优、影响大的电视综艺品牌。在品牌方面，电视综艺行业在维系已有成功品牌的同时，积极推出新品牌。如《欢乐喜剧人》《我是歌手》《极限挑战》等成功综艺品牌在2017～2018年持续推出续集，观众留存率较高。同时2017年以来也涌现了以文化类综艺（《国家宝藏》《朗读者》）、体验类综艺（《中餐厅》《向往的生活》）为代表的新兴综艺类型和品牌。一线卫视如湖南卫视、东方卫视也在前期实践的基础上逐渐找准自身优势、重点发力优势内容，开始形成了平台品牌，如湖南卫视贯彻青春化的发展方向，着重发力打造面向年轻观众的纪实类综艺；江苏卫视则是专注情感类内容，连续推出多部相亲类、情感调节类综艺节目，平台品牌的逐步明确为电视台将来的综艺制作和营销打下了良好的基础。在内容方面，无论是续集综艺还是新综艺，都在内容和形式上不断寻求创新，续集综艺多在维持原有综艺品牌特色前提下对综艺内容进行环节、取景、表现技术等方面的革新，而新综艺则通过跨界混搭、创新题材等方式在新的细分领域发力。在渠道方面，与电视剧集相似，2017～2018年，

综艺节目也开始转向"台网联动"模式，并且受益于网络平台的便捷，电视综艺的总播放量持续增长。2017 年至今，电视综艺节目在重视品牌延续、发挥单个综艺品牌效应的同时，逐步形成了电视台的平台品牌认知，并通过内容、形式和渠道的创新不断提升综艺品牌的知名度和美誉度。在未来，电视综艺品牌将面临更加激烈的竞争环境，如何突出电视综艺的特色、进一步进行创新将是电视综艺品牌发展的最大挑战。

总体来说，2017～2018 年电视业品牌逐步走向理性、良性发展的新阶段，电视业虽然受到了互联网内容的冲击，但在 2017～2018 年仍然凭借优质的内容形成了具有普遍口碑的品牌，可以发现，在这一发展阶段，内容创新成为品牌决胜的关键点，平台和技术因素的影响力也逐渐扩大。

3. 展览品牌：规模稳步发展，集聚效应初现

2017～2018 年，展览行业作为拉动经济发展、完善市场体系的重要一环，迎来了持续增温的政策利好环境，在服务贸易发展"十三五"规划等政策文件的指导和保障下，我国展览业保持了稳步增长的良好态势，办展数量、面积同步提高，展览专业化水平不断提升，展览场馆保持增长。据《中国展览经济发展报告（2017）》数据以及商务部数据估计，2017 年全国举办展览 11232 场，直接产值达 5951 亿人民币。

以 2018 年为例，首届中国国际进口博览会，第十六届中国国际数码互动娱乐展览会，第六届中国（上海）国际技术进出口交易会，第 28 届华东进出口商品交易会，2018 中国国际服装服饰博览会（春季），2018 深圳电子展——第 91 届中国电子展，第二十届中国国际高新技术成果交易会，2018 年第二届武汉国际体育产业博览会，2018 第六届中国食材电商节，2018 第二十五届北京国际图书博览会，第五届中国（北京）国际服务贸易交易会，2018 北京第十四届国际主题公园、儿童乐园及游乐场所展览会，2018 第 123 届广交会等展会品牌较为突出。目前，展会仍以经贸类展会为主，但高新技术、体育产业、动漫娱乐等方面的相关展会品牌也开始发展壮大，其中北上广三地在办展数量和办展面积上均占前茅，在头部城市的带领下，展会品牌的集聚效应初步展现，以上海为首的长三角地区凭借着完善的

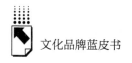

市场体制、较高的经济发展水平,较为密集地涌现了一批在纺织、高新技术领域有优势的会展品牌;以北京为首的京津冀地区在政府政策引导下出现了较多政府主导的展览品牌;以广州为首的珠三角地区有着改革开放制度优势和沿海城市地理优势,在经贸类展会品牌培育过程中高速发展。在未来,以这三个经济区为中心,展览业将进一步向内陆城市辐射,形成新的发展局面。在出国参展方面,截至2018年11月13日,中国92家组展单位共赴66个国家参办展览1672个,同比增长4.89%。随着"一带一路"建设加速,赴"一带一路"沿线国家参办展也迎来发展高峰期。

2017年以来,我国展览业总体上实现了规模增长、范围扩大。在国际上的影响力实现了较大突破,出现了国际进口博览会、国际数码互动娱乐等一批具有全球影响力的会展品牌。随着内陆口岸的逐步开放以及"一带一路"建设的加速,更多中部和西北城市能够突破地理条件限制,加速本地展览业建设,培育特色展览业品牌。

三 新趋势下新发展,文化品牌未来可期

1. 新趋势

(1)泛娱乐产业升级,根据工信部发布的《2018年中国泛娱乐产业白皮书》,泛娱乐产业已经成为数字经济发展的重要支柱,以IP为核心的开发模式形成了成熟的产业链,整个产业链催生了无数优秀文化品牌,在未来,泛娱乐产业将进一步升级,更广泛地连接各个业态,在已有的IP开发模式上扩大范围,与旅游业、制造业、服务业、零售业形成更深层次的融合,文化品牌将有机会实现更广泛的跨界融合,在内容创新、营销渠道等方面迎来新的发展机遇。

(2)消费升级趋势增速,文化产业消费者近年来已经发生巨大变化,随着经济发展、人均教育水平提升、人均可支配收入的增长,消费者对于文化产品的消费热情、能力、要求也在不断提高。这一趋势也将随着经济进一步发展延续下去。这在为文化品牌建设提出了新要求的同时,也为优质、小

众的文化品牌提供了发展机遇。

（3）"文化+"模式广泛推广，业态融合浪潮逐步升温。在互联网技术提供的业态融合大背景下，文化产业与旅游业、商业、制造业、房地产业结合的模式已经取得了出色的成果，而2019年将涌现更多"文化+"模式的尝试和实践，进一步加速文化产业业态融合的脚步。

（4）移动互联网新秀发力。移动互联网发展速度越来越快，移动端已成为大多数人阅读新闻、观看视频的首选，这一转变背后是诸如美团点评、字节跳动等移动端服务提供商的崛起。这些移动互联网新秀通过融资、并购方式迅速发展，在用户群体中建立口碑，并和原先的互联网强势企业一起积极布局移动端服务资源的深度合作，将传统互联网+的产业链条全面转向移动端发展，这一趋势在2019年仍将继续，移动端将成为文化品牌重要的培育、营销渠道。

（5）传统文化受追捧，转型市场潜力大。对古风、汉服、国学等传统文化感兴趣的青年群体规模正在不断扩大，优质传统文化通过短视频、音频、游戏等新兴渠道重新走入人们的视野。经过转型和升级的传统文化背后是极具潜力的消费市场，如汉服及改良汉服2018年在淘宝平台的年度总销量为236890件（套），是上年同期的3.23倍。随着文化自信理念的深入人心，传统文化将获得更多消费者追捧，相关产业也将迎来发展机遇。

（6）电竞产业发展前景广阔，或成新兴支柱产业。2017年我国电竞整体市场规模超过650亿元，并将在国际范围内逐步成为正式体育比赛项目，是极具发展前景的新兴体育产业门类。整个电竞产业链从选手培养到赛事筹划、赛事举办、赛事转播目前都还处在初步发展阶段，2019年开始电竞赛事的数量和种类都将持续增长，这一产业即将迎来一个高速发展时期。

（7）线上线下结合发展，实体经济迎来新阶段。实体经济在遭受了一轮互联网技术的冲击之后，即将重新迎来发展机遇，消费者对实际体验需求的回升和AR、MR技术等结合线上线下的数字技术为实体商铺的变革和发展提供了条件。线上内容和线下商业综合体的结合在2019年将绽放新的光彩。

（8）文化品牌频频出海，国际化运营成主流。近年来，越来越多国产文化产品开始获得国际化关注，影视作品如《白夜追凶》《延禧攻略》出口国外并获得较大反响，在游族、阅文等出海案例成功后，也有更多的网文、游戏公司选择开始全球化运营，在扩大市场和增长盈利目标的驱动下，拥有优质内容和文化产品的更多品牌将采用面向全球的品牌内容开发和营销模式。

（9）乡村振兴征途开启，文化旅游成突破口。2018 年是乡村振兴元年，未来一段时间内乡村振兴的热潮仍将继续，乡村特色文化资源将越来越受到重视，乡村特色旅游、农副产品、传统工艺产品等相关文化产业将迎来一波发展机遇，新的乡村文化品牌也有机会在各地特色文化资源的基础上形成。

2. 未来发展新举措

（1）政策继续发力，促文化品牌活跃发展。政策仍是左右文化品牌建设的重要因素，2017 年以来，针对文化产业的政策频频出台，引导了资本和各项生产要素向文化产业流动；各项扶持基金、减免政策切实地改善了文化企业的生存环境，为文化品牌的全面发展建立了基础，而在未来，文化品牌的活跃发展仍将依靠逐渐完善的文化市场体制。

（2）重视社会效益，助文化品牌健康发展。目前，文化品牌建设在高速发展的同时，也面临着过度商业化的问题，实践中常常出现经济效益大于社会效益的情况，随着文化产业的重要性不断凸显，资本纷纷涌入，在影视行业出现了"阴阳合同"、口岸避税等乱象，在特色小镇建设中出现了乱开发、广圈地、同质化的问题，这对于文化品牌的进一步建设有负面影响，在未来的文化品牌建设中应更加注重平衡经济效益与社会效益，将社会效益摆在第一，才能在文化品牌建设过程中走得更稳更远。

（3）抓牢技术发展，促文化品牌智能发展。互联网技术的高速发展已经对文化品牌建设产生了巨大影响，一大批网络文学、影视品牌都建立在互联网的发展和普及上，而 AI、云技术、5G 技术、AR 等技术的更新换代将在未来深刻影响文化产业的发展，体育产业、文博产业的数字化转型已经在 2017～2018 年大放异彩，面对未来更多更快的技术变革，文化品牌建设应牢牢抓住技术发展趋势，紧密结合新兴技术。一是通过技术变化不断创新文化品牌的形式，创造出更多类似数字故宫、数字敦煌的优秀品牌新形象；二是利用新技术，不断更新品牌营销渠道。

（4）重视市场调研，促文化品牌精准发展。文化产业消费者在近几年经历了巨大变化。消费主力以前是 80 后、90 后，如今 00 后甚至 05 后将成为文化产业主要消费者，不同年龄段消费者在兴趣爱好、消费偏好、消费能力上的偏差较大，也有着变化快、变数多的发展趋势。年龄因素之外，不同性别、婚恋状态等因素对消费习惯的影响也越来越明显。在竞争逐渐激烈的未来市场，文化品牌更加需要通过消费者差异定位确立品牌特色。文化品牌建设需时刻把握消费者需求变化，基于目标受众的明确特性，加速品牌发展。

年度品牌报告

Reports on Annual Brands

· 电影品牌 ·

B.2

战狼2：铁骨硬汉成就票房传奇

游兴莹

摘　要：　《战狼2》是中国有史以来最成功的商业电影，以清晰简明的
　　　　　 故事脉络、鲜活热血的英雄形象和激烈刺激的打斗场面铸造
　　　　　 了中国系列电影的第一名片，成为主旋律英雄主义电影的一
　　　　　 杆标尺，刷新了华语电影在全球的票房纪录。吴京作为电影
　　　　　 导演兼主演，以铮铮铁骨的硬汉形象点燃了全民的军人崇拜
　　　　　 和爱国热情，力塑中国影视自信和文化自信。

关键词：　战狼2　爱国主义　军人情怀　IP

　　《战狼2》是由吴京执导并主演的动作军事电影，于 2017 年 7 月 27 日

在中国内地上映，由吴京、卢靖姗、吴刚、张翰、弗兰克·格里罗等主演。该片的出品方为北京登峰国际文化传播有限公司，由北京聚合影联文化传媒有限公司、五洲电影发行有限公司联合发行，制作成本约2亿元，中国内地总票房为56.8亿人民币。2017～2018年，在一片叫好又叫座的美誉声中，《战狼2》斩获国内外大奖20余个，成为当代首屈一指的华语票房神话。

《战狼2》延续了《战狼1》的剧情，讲述了中国某特种兵部队战狼中队的特种兵冷锋在非洲被卷入一场叛乱，在战场上展开国际救援的故事。冷锋是一名优秀的中国特种兵，因在探亲途中打死拆迁头子而被处分，出狱后他为了找寻杀害爱人龙小云的凶手，只身前往非洲复仇。在一次机缘巧合之下，冷锋无意间卷入了非洲国家的政治暴动，本可以安全撤离战区的他，没有忘记曾经身为军人的光荣使命，孤身一人毅然重回沦陷区解救被困华人同胞和难民。在生死逃亡中，冷锋始终不忘中国军人狼性本色，英勇为同胞而战，最终成功解救了大批同胞和难民。

《战狼2》是一部"硬核"爱国主旋律电影，取材于中国军人海外撤侨的真实事件，军事题材立意新颖，故事情节设置扣人心弦，配合真实感极强的特效感受，巧妙地将"爱国"、"主旋律"和"票房保障"等元素融合，十分符合现代人的观感情趣，上映仅仅一个月就刷新了华语电影票房新纪录，最终以56.8亿元（约8.7亿美元）一路跃进亚洲电影史票房第一、世界电影年度票房前五、世界电影史总票房第54名。

一 树立中国式英雄主义电影的标杆

1.故事情节脉络清晰，弘扬爱国主旋律

《战狼2》是一部主旋律的爱国主义军事商业片，肩负着宣扬爱国主义和实现电影票房价值的双重任务，一部不错的电影需同时实现经济效益和社会效益才算成功，历史上叫好不叫座的案例数不胜数，而电影业的本质是票房至上、商业为王，因此实现电影的商业价值是衡量一部电影成功与否的重

要标准之一。《战狼2》的导演、编剧兼主演吴京在《战狼1》开拍前已经将战狼系列的第一部、第二部和第三部的剧本准备就绪，勾画了以特种兵冷锋为故事原点的战狼电影框架。

该片脉络清晰，剧情通俗易懂。故事从冷锋出狱后展开，利用插叙的手法将冷锋远赴非洲的前因后果循序呈现，随着剧情深入，冷锋铁血硬汉的形象逐渐丰满。冷锋一直在非洲各地寻找杀害爱人龙小云的真凶，利用各种出海的机会走遍非洲却一无所获，在一次偶然的机会中，他卷入一场非洲国家政治暴动，本已到达安全区的他听到中国部队无法在别国境内实施营救行动时，毅然挺身而出，只身前往作战区解救同胞。在解救同胞的途中，冷锋与杀害龙小云的欧洲雇佣军相遇，经过几番血战，凭借过人的身体素质和其他同胞的共同努力，最终报仇雪恨，与同胞一起安全撤离。为了增强情节的刺激性，影片巧思活用商业大片里广受欢迎的电影桥段，穿插了冷锋作战时不幸染上传染病的情节以及与美国援非女医生的感情支线。在奔赴安全区的路上，冷锋用手臂当旗杆在空中飘扬起五星红旗、带领车上难民冲出作战区的经典场面将影片铺垫的爱国情怀瞬间点燃，成为本片最广为流传的场景。在影片的最后，中国护照上出现了对全体中国公民说的一句话："当你在海外遭遇危险，不要放弃！请记住，在你的身后，有一个强大的祖国！"在《战狼2》热映期间，这句话成为国内外各社交媒体上转发量和热搜量最大的话题之一。

2. 人物设置鲜明，彰显中国军人铁血作风

从英勇硬汉的男主到心狠手辣的雇佣兵老大，从心怀天下的美籍女医生到各具特点的非洲难民，无论角色大小都鲜活刻画。爱国主义和中国军人情怀始终是贯穿故事的元素，吴京饰演的冷锋和吴刚饰演的何建国代表了当代铁血爱国、不屈不挠的军人形象：为了保护平民冲锋陷阵，为了祖国尊严奋勇应战。冷锋对素昧平生的难民以命相护，在炮火声中绝不退缩；何建国是当地某华人工厂的保安主管，叛乱发生后指挥全厂人自保，与冷锋并肩作战共同击退雇佣兵，显露中国军人气节。其他配角的角色设置也为本片增色不少，有贪生怕死的平民百姓，也有奸诈狡猾的华人老板，还有对中国充满憧憬和崇拜的非洲人民，在多元化的冲突与矛盾、精彩的连环对手戏对抗之

中，中国军人的铁血形象傲立于非洲大陆。

3. 成片制作精良，考究细节和特效

《战狼2》初期投资成本在国内外大片成本对比中相对适中，加上后期追加的投资总额不超过2亿元。比起许多动辄上亿美金的大卡司、豪华演员阵容大片而言，导演吴京将更多精力投入对特效、道具和视觉效果的最终呈现中，力图雕琢影片的播出质量。带给观众刺激逼真视觉体验的拍摄幕后，《战狼2》剧组炸掉了上百台真实设备，其中包括1架飞机模型、2台20吨的坦克模型以及近一百辆车，甚至在一场爆炸戏拍摄现场吴京的耳朵被炸到暂时失聪。

这是第一部在非洲真实拍摄的中国动作电影，为了捕捉真实的战争场景，战狼剧组近1700人常驻非洲近一年时间。为了呈现刺激震撼的视觉效果，片中所有打戏拳拳逼真，并使用真实军用坦克激烈相撞，导演兼主演吴京在无保护措施下亲自上阵反复拍摄，甚至为了几秒钟的跳海镜头，吴京从13米甲板跳水连续26次。片头的六分钟水下动作戏采用一镜到底拍摄，由来自《加勒比海盗》的水下戏摄影师掌镜，吴京及主创团队在水下套招拍摄了近一个月终于呈现了极佳的水下打斗镜头，打破全球水下动作戏拍摄的时长纪录。

二 缔造现象级爱国主义军事片的奇迹

1. "吴京式传播"激活人设效应新技能

现代电影工业的成功除了产品质量精良外，宣传团队对影片的品牌打造更不容忽视。"人设"一词原用于形容小说、动漫等二次元作品中对虚拟角色的外貌特征、性格特点的塑造，现如今多用于形容明星在公众面前通过各种渠道包装、塑造的个人形象。吴京利用自己塑造多年的荧幕形象打造了极具个人特点的"吴京式传播"模式，将关注红利转化成票房动力。作为驰名华语圈的硬派小生，吴京的"拼命三郎"形象深入人心。在《战狼2》拍摄过程中，战狼团队克服了自然环境、社会压力和政治局面等多重压力，吴京亲自上阵拍摄各种高难度镜头一度被人津津乐道,《战狼2》的宣传团队顺水推舟,将银幕上冷锋的铁汉形象与吴京的公众形象巧妙融合,利用社交媒体的软性文案进行推广,为吴京圈粉不少。在上映前期,吴京携剧组主要演员参加全国各知名综艺节目进行宣传,赚足噱头。首映仪式举行当天,战狼剧组邀请了圈内明星共同参与以提高话题讨论度。在电影进行宣发后期,战狼全剧组进行了"扫城式"营销,在北京、上海、深圳和武汉等城市进行多场路演。

除了传统路演和综艺节目的宣传之外,战狼剧组还采用了当下流行的"抱团营销"模式,与后期上映的《空天猎》剧组导演兼主角李晨相互宣传。李晨先在自己个人新浪微博账号上晒出《战狼2》宣传剧照为其加油打气,吴京不落人后地转发微博并提到"为你的《空天猎》打头阵",两位主创人员的互动一度成为微博热搜话题。

2. 中西合璧,知人善任

影片中恢宏激烈的大型战争场面由国内外精锐制作团队联合打造,结合好莱坞团队领先的制作技术和适应国人审美的剧情场景设置,铸造中国的新式大片。战狼剧组的动作指导由《美国队长3》的动作指导萨姆·哈格里夫担任,结合香港团队和美国团队的通力合作设计全片动作,让电影既有热门的好莱坞大片元素,又有中国文化特色,成为中国电影产业递向世界的一张成功名片。《战狼2》最具戏剧性的冲突是吴京饰演的冷锋和弗兰克·格里罗饰演的雇佣兵老大之间的矛盾,弗兰克·格里罗曾经在《美国队长3》中饰演反派人物"交叉骨",恰逢《美国队长3》在国内票房火爆,"交叉骨"的粗鲁残忍和雇佣兵老大的血腥暴力形象基本契合,弗兰克·格里罗的加入让《战狼2》的矛盾张力愈加展现。

战狼剧组的演职人员超过1700人,来自26个不同的国家,不同文化之间的交流和碰撞使电影呈现国际化和多元化风格。除了老戏骨和好莱坞演员的加入外,吴京大胆采用风格国际化的女演员卢靖姗担任主角,虽然是临时救场,但是吴京对卢靖姗在剧中的表现所做评价:"像是捡了一块宝",卢靖姗凭借在电影中的优异表现在播出之后大火。电影中,吴京给流量小生张翰设计了一位富二代熊孩子的角色，张翰将角色在战火中的浴火成长与人生态度大转变诠释得十分到位，大获圈内好评。

3. 节点赋能，契合热点

《战狼2》的市场定位精准，投放时间选取巧妙，作为一部符合主旋律的爱国主义英雄电影，这部电影的上映与建军90周年、朱日和大阅兵以及国际边界纷争的时机契合，票房一路飘红成为必然。在战狼系列出现之前，中国有很多驰名中外的影视功夫明星，也有很多以功夫为主题拍摄具有中国文化特色的电影，而表现当代中国军事强国实力、文化强国形象的影视作品屈指可数。如何打造一部既有主旋律又有市场号召力的个人英雄电影？这一直是业界摩拳擦掌但未实现的一个任务。恰逢我军2017年为庆祝中国人民解放军建军90周年在朱日和训练基地举行阅兵仪式，这是我军首次以庆祝建军节为主题的阅兵仪式，也是中国向全世界呈上一份军事答卷，国民高涨的爱国主义情怀和军事热情迫切需要投射到一个情绪释放的窗口。《战狼2》站在一个绝佳的投放节点上，加上国家对该题材电影的大力支持，给予《战狼2》较为宽裕的市场排片量，国民的爱国热情和民族自豪感瞬间澎湃，爱国题材电影的影迷热情演化成全民观看热潮，《战狼2》的票房火爆顺理成章。

三 傲视全球电影市场的华语影视大 IP

1. 点燃全民军事热情，喷涌民族自豪感

《战狼2》被称为暑期档遇冷之后国产现象级"救市"电影，四天突破十亿票房大关，口碑和票房呈现几何式态势爆发，《战狼2》的热映标志着中国主旋律爱国电影开始崛起。海陆空轮番上阵的《战狼2》比起《战狼1》而言，从主题立意到拍摄特效全面升级，故事取材于真实的"也门撤侨"事件，在政局最动乱的国家里，在最没有人情的血腥暴动中，与凶横的雇佣兵用现代武器展开一场激烈对决。各式先进的直升机、坦克、军舰和火箭在世界顶级的动作指导团队的打造下为观众带来酣畅淋漓的视觉观感。

男主角冷锋不是一个传统意义上的军人形象，不够绝对服从，他的热血和正义带有强烈的自我主义,但他的骨子里流淌着军队最深刻的教导:"一朝是战狼,终身是战狼","中国军人的意志力是永远打不倒的",在充斥着利己主义和等价交换的当今社会,唯有中国军人以"保护"为己任,甘于牺牲奉献,以护佑五星红旗下的人民为国家使命感,这种属于中国军人的硬气在影视表达中显得热血而浪漫。《战狼2》的成功之处不是主旋律英雄大片的逆袭套路,也不是全能战士保卫人民的绝对实力,让这部电影如此出彩的原因是在冷锋身上彰显出来了中国军人的精神力量,冷锋的英雄形象广受好评是全民军事热情被点燃之后的一种释放,是中华人民民族认同、民族自豪、民族自信的最佳表达。

2. 塑造中华影视自信,实现文化输出

作为华语电影中第一部能够和好莱坞超级 IP 稳定抗衡的电影,《战狼2》的现实意义发人深省。在商业电影中对观众感官刺激最大的电影是战争片、动作历险片和科幻片,这些类型电影的产出带动了对影视技术革新的需求,成就了今天美国好莱坞影视大鳄的霸主地位。在《战狼2》之前,中国电影依靠国产电影保护月分食好莱坞电影席卷之后的剩余票房。这几年在国内有口皆碑的电影多为具有中华特色的校园爱情片、古装武戏片和喜剧片,利用"扬长避短"的本土优势抢占票房,但从不能将影视作品作为文化展示的名片进行文化输出。

不将具有中华特色的当代英雄价值观推广到世界,就无法实现文化强国的目标。中国电影市场体量庞大,电影以及延伸产业链消费能力居世界前列,是一块具有巨大市场潜力的电影未耕地。随着国民的电影审美能力加强,圈钱烂片将无所遁形,中国电影市场已逐步走向成熟化和秩序化。《战狼》系列的成功是中国影视界的一场厚积薄发,也是号令塑造华语影视自信的一声号角。虽然《战狼2》被选送角逐奥斯卡遇冷,但作为中国本年度最成功的代表作打入西方电影世界,从本质上说,是一场具有深远意义的中国电影实力展示。《战狼2》作为唯一跻身全球票房前一百名的国产商业片,已经成为华语影视的一张名片让世界影坛对中国电影刮目相看。《战狼2》的成功预示着实现利用中国电影输出中华文化的目标指日可待。

B.3

《人民的名义》：心有所敬，则行有所止

曾仪　陈冲

摘　要： 反腐题材电视剧《人民的名义》，一经亮相便获得收视率和口碑的"双丰收"。该剧由业内一流团队制作、实力派老戏骨加盟，并凭借符合时代潮流、契合观众心理需求和环环紧扣的剧情，外加传统媒体和新兴媒体的多屏互动，在 2017 年掀起了一场反腐剧观看和讨论的热潮，真实客观地反映了时代风貌，传播了正确的价值观，用收视数据再次证明："内容为王"仍然是这个时代内容制作者坚守的一个重要准则。

关键词： 《人民的名义》　反腐　时代主题　精品意识

2017 年 3 月 28 日，由最高人民检察院影视中心组织创作、国家一级导演李路执导、"中国政治小说第一人"周梅森为编剧的电视剧《人民的名义》在湖南卫视首播。作为近年来少有的一部反腐题材电视剧，它刚开播就获得了社会各界广泛的关注，收视率也节节攀升。它由当红实力派演员陆毅、张丰毅、吴刚等联袂主演，讲述了最高人民检察院反贪总局检察官精英侯亮平面对一系列的官场贪腐迷雾，抽丝剥茧、层层递进地与犯罪官员斗智斗勇、殊死较量，并最终将违法分子一网打尽的故事。这部具有突破性、极高话题度，并能调动全民收看热情的反腐电视剧，创下了湖南卫视 3 年来所有开播电视剧收视率的最高纪录，并最终以近 8% 的实时收视率的骄人成绩收官；网络播放量也相当可观，截止到 2017 年 6 月 31 日，

《人民的名义》网络总播放量达 350 亿，是一部名副其实的"现象级"电视剧。

一　反腐出重拳，精品应时而出

反腐，一直以来都是古今中外备受关注的话题。"十八大"以来，中国掀起的"习式反腐"让世人眼前一亮，反腐新序幕从此揭开，力度空前的"反腐风暴"横扫全国。知名历史作家二月河说："当前的反腐势头可谓蛟龙愤怒、鱼鳖惊慌、春雷一击、震撼四野。"据不完全统计，"十八大"以来查处的省部级以上官员至少 171 人，最高级别为正国级，这充分表明了中国共产党为人民服务的决心。

作为世界电视剧产量第一大国，2017 年在中国通过的备案公示电视剧剧目共 1175 部、46685 集。在这其中，穿越、宫斗、玄幻、谍战等题材的电视剧占了很大的一部分，而敢于贴近生活、切中痛点的现实题材电视剧则少之又少。市场对于既符合主旋律，又能够直击痛点的政治剧的需求只增不减，但经验教训则表明，政治剧话题的高度敏感性直接导致了此类电视剧制作以及审查上的困难。2004 年，因政治剧数量的泛滥和相关题材的过度开发，国家广电总局要求限制"涉案、反腐、恐怖"题材电视剧的播出时段，自此反腐剧退出黄金剧场，涉及官场生态和塌方式腐败的文化作品和影视作品数量也随之减少，这就导致了 2004 年以后的十几年间，只有《我主沉浮》《高纬度战栗》等少数几部反腐题材的电视剧播出。

随着十八大后反腐工作的大力推进，反腐剧也迎来了"解禁"。2015 年 6 月，沉寂了十几年的反腐剧作为议题出现在了有关部门的桌面上。为适应时代发展，宣传部提出了加强反腐题材影视剧的创作和生产的要求。"每年最少一两部电影，最少两三部电视剧，而且必须是精品"的任务摆在了广电总局面前。被誉为反腐剧"三驾马车"之一的周梅森答应执笔并决心创作出一部反映时代特色、弘扬正确官场价值观的作品。周梅森说"反腐败这么恢宏的一件事，肯定会在中华民族历史上、中国共产党的历史上留下一笔，这么大的事件，我们的影视剧迄今为止一点反应都没有"。在这样的背景下，《人民的名义》应运而生。

二　精雕细刻成就精品

2017 年，可以说是反腐类题材电视剧的复兴之年，沉寂了许久的反腐剧，因为《人民的名义》的播出而再次走入人们的视野，该剧因其良心制作、老戏骨加持和紧扣时代热点的内容，获得了良好的口碑和社会各界的认可，尤其是征服了大批"90 后"和"95 后"的年轻观众，再次证明了"内容为王"的正确性和合理性。

1.顶尖编剧操刀，成就出彩剧本

在剧本方面，编剧周梅森被誉为"中国政治小说第一人"。作为一名资深的作家和编剧，周梅森曾经创作一大批具有社会影响力的作品，如《绝对权力》《国家公诉》等，并且这些作品很多都被改编成影视剧，屡次创下收视纪录。为了更好地创作《人民的名义》剧本，周梅森经常到监狱、反贪侦查中心等一线与服刑官员、办案人员交流，获得了第一手的写作素材。除了体验生活之外，周梅森还花费了大半年的时间翻阅了"十八大"以来很多的案宗与卷宗。据称，"这次他把积蓄十年的洪荒之力都用在了这部作品中，这是他创作生涯以来最好的作品，写得酣畅淋漓，全面超越了他过去的作品"。

在故事选材上，为了增强剧作的真实性和现实性，剧中的一部分案例取材于众所周知的事件。例如剧中由侯勇饰演的贪官赵德汉，原型是著名的"亿元司长"魏鹏远——国家能源局煤炭司原副司长。检察机关从魏鹏远家中搜出 2 亿余元的赃款，这 2 亿余元现金呈现在屏幕上，无疑给观众们带来了相当强烈的视觉冲击与随之而来的心灵震撼。同时为了符合更多 90后、00 后的审美需要，在剧本创作阶段，周梅森更"刻意"地将人物和剧情贴近现代生活。例如剧中提到"九一六"事件，该事件发生现场的

实时状况曾被直播，并在微信、微博广泛流传，引发很大的舆论。对现实事件的还原无疑大大增强了年轻人的代入感，当然也推进了故事情节的发展。在剧中人物的性格刻画方面，周梅森对人物形象和心理刻画得十分到位，任何角色都是个性鲜明、有血有肉的人。例如作风果断，爱惜自己政治"羽毛"而忽视了家庭的达康书记；因为"一跪"而内心黑暗，为仕途不择手段的祁厅长。

在剧情方面，《人民的名义》对反腐类电视剧内容尺度进行了大胆的突破。剧中的腐败官员不仅涉及副国级干部，而且涉及了信访、强拆等政治话题。其中演员台词中也不乏"处长算什么，在北京，一板砖下去，能砸到一大片处长"等，这样大尺度的反腐剧最终能够呈现在荧屏之上，不仅反映了党和政府壮士断腕的决心，还在一定程度上增加了人们的观看欲望。该剧剧情紧凑，环环相扣，给观众以悬念。谁给丁义珍通风报信导致他逃跑？达康书记到底是好人还是坏人？陈海出车祸是人为还是意外？这一系列的问号都让观众沉迷其中，持续追剧，并参与到与《人民的名义》相关话题的讨论中，从而造就了居高不下的收看热潮。

最值得一提的是该剧得到了最高检察院和国家新闻出版广电总局的大力支持，相对于之前的反腐剧《绝对权力》《国家公诉》送审后少则几百条修改意见，多则需要伤筋动骨，《人民的名义》样片送审后只有几十条修改意见，这些意见也只是对剧情中办案的专业意见，并且短短十天便通过了审查部门的审核。

2. 老戏骨加持，演绎精彩剧情

在演员方面，《人民的名义》聚集了一大批优秀的实力派演员，如侯勇、张丰毅、陆毅、吴刚、许亚军、张凯丽等。《人民的名义》投资人兼制片人的高亚麟曾经担心过，在这个小鲜肉横行的时代，这些老戏骨能否赢得受众喜爱。但电视剧的热播证明了老戏骨依然是一部好作品的保证，更为重要的是老戏骨依然可以获得年轻观众的喜爱。

截至 2018 年 12 月 2 日，《人民的名义》豆瓣评分为 8.2 分，共有208780 人对《人民的名义》进行评价，其中 4 星评价占比 42%，五星评价占比 38.3%，可见观众对于这部电视剧是非常认可的。在这部剧中，每个人都有自己独特的经历和性格，都有自己的优点和缺点，而不是"脸谱化"的人物塑造。由侯勇饰演的某部委贪官，一边吃着炸酱面，一边面不改色地与反贪局检察官们谈为官之道，让观众都认为是不是抓错人了，可当 2 亿多元现金赃款被查获时，侯勇立马痛哭流涕，由检察官搀扶走路，全然没有了当初的镇定自若，前后落差之巨大，让观众久久感慨。侯勇事后透露剧中吃炸酱面的戏，其实拍摄时已吃了五、六碗，而且那碗面其实是白水面，是没有味道的。剧中饰演达康书记的吴刚，也因为高超的演技圈粉无数，获得年轻人的喜爱。"达康书记表情包"、"鬼畜"视频、"达康 CP"等在年轻人中间广泛流传，受到年轻人的追捧，吴刚也凭该剧荣获第 23 届上海电视节白玉兰最佳男配角奖。饰演沙瑞金书记的张丰毅，当知道自己要饰演一个省委书记之后，为了演好这个角色，就到云南去找从小就是朋友的省委领导交谈、做功课，如平常的坐姿和发言语态等；此外还有格外吸引女性网民的京州市公安局局长赵东来的扮演者丁海峰、因为离世激起无数人洒泪的汉东省检察院前常务副检察长陈岩石的扮演者白志迪等，无一不是凭借自身精湛的演技而获得观众的喜爱。

3. 良心制作，奠定成功基础

现在的影视圈可以说是小鲜肉盛行的时代，一大批年轻演员开启了霸屏模式，只要你有颜值、有流量，不只能够上各种综艺，而且在电视剧和电影中也时常出现。即使拍的东西再烂，也会有粉丝买单，这就造成了许多影视作品口碑低而投资方也能够获得高额利益的怪象。在利益面前，一些投资人争相用一些有流量却无演技的小鲜肉挑起了影视剧拍摄的重担。虽然这样的影视剧短时间内能够获得大量的关注，但就长远来说，并不能给观众留下启发和情感共鸣。在筹备初期，作为该剧导演、制片人、出品人的李路就给这部戏确定了这样一个标准：必须全艺术家阵容，全戏骨阵容。可想而知，把《人民的名义》中 80 多名老戏骨凑到一起是多么巨大的工程，并且很多老戏骨在平常的作品中是不会给人做绿叶的，都是演男一或女一的，因此很多人觉得请这么多老戏骨来是不可想象的，是不可能的，而李

路做到了。

作为一部政治现象剧，在拍摄期间，编剧周梅森和最高检察院的专家也会对演员的台词进行反复斟酌：这个台词不能改、这个台词怎么改，这个法律名词是什么、法律程序是什么，甚至连人物相互之间的称呼也相当的考究。在剧中抓捕祁同伟的戏码中，为了使剧情更显真实，剧组专门请来了公安部首批"全国公安特警示范队"南京特警龙虎突击队的 30 名全副武装、手持枪械的队员，剧中的机降、抓捕过程，全部是按照实战动作和过程进行的，实战中如何处置这种事件，他们就怎么演。

三　卫视 + 多网络平台，引发社会关注

近年来，移动网络、智能手机以及各类视频播放 App 的大量普及，很大程度上改变了人们的生活习惯，人们不仅能够通过电视，而且能够通过各种网络平台随时随地获取资讯和观看电影电视。在这样的大背景下，内容产品运营商只有打通传统媒体和新兴媒体两条大路，才能够吸引足够多的不同媒介使用习惯、不同年龄段的用户。《人民的名义》正是通过卫视 + 多网络平台的多屏播放的方式，引起持续的口碑发酵，最终成为 2017 年最具影响力的影视作品之一。

首先，"传统媒体 + 新兴媒体"的双屏播放最大化了受众群体。最初湖南卫视以 2.2 亿元的价格购买了该电视剧五年内的台、网播出权与分销权，随后 PPTV 又获得网络独播权，形成了"湖南卫视 + PPTV"的"传统媒体 + 新兴媒体"的双屏播放。之后 PPTV 又将网络版权分销给爱奇艺、搜狐、优酷、腾讯等几个大的视频播放网站。凭借湖南卫视全电视频道最高比例的年轻受众以及各个主流网络播放平台的流量优势，《人民的名义》实现了电脑、手机、电视的全覆盖传播，最终这部好剧不仅吸引了湖南卫视的一大批年轻受众，更成为一部在网络持续发酵的"网红剧"，最大限度地满足了观众多平台观看的需要。

其次，主流视频网站的大力宣传大大提高了《人民的名义》的知名度

和影响力。除了由剧情走向引起的舆论外，网络平台背后的写手也成了这部剧爆红不可忽视的力量。PPTV 依靠《人民的名义》大量的预告版和演员版独家花絮来吸引受众，而网络疯传的表情包、"鬼畜"视频等，更是快速地让《人民的名义》在年轻观众群体中圈粉，并且网络写手在各个社交媒体平台进行宣传互动，大大增加了《人民的名义》的话题讨论量。以微博为例，以"人民的名义"为关键词的相关话题累计阅读量达 23.2 亿次，提及量 230 万条，掀起了一场全民讨论反腐的高潮。同时，为了使广大观众了解该剧拍摄过程中的不易，《人民的民义》官方微博通过大量软文和拍摄花絮详细介绍了当时遇到的种种问题，通过情感营销和口碑营销提升了观众的好感度，并挖掘了已播剧情的亮点和槽点，不断刺激着观众的观剧兴趣。

四　文以载道，剧亦载道

近年来中国国产电视剧类型丰富，数量繁多，在玄幻剧、热点 IP 改编剧、古装剧、都市生活剧层出不穷的电影电视市场，反腐剧其实算是一个冷门题材，反腐题材的电视剧中，能像《人民的名义》这样从收视到口碑都取得如此喜人成绩，成为现象级文艺作品的就更是少数了。文艺作品的精神属性决定了其既有娱乐功能，又有教育功能，让人从繁重紧张的现实生活中抽离的同时也引人深思。文以载道，剧亦载道，《人民的名义》价值需求与艺术审美高度融合，以电视剧的形式把当今社会的热点痛点展现在观众的面前，引人热议、冷思。

1.精诚高质，树立标榜

越来越多"现象级"电视剧的出现是整个电视剧市场大环境走向优质化的标志，观众审美水平提高，不再盲目追看情节浮夸或是低俗幼稚的电视剧作品，电视剧制作单位也更注重作品质量，不再盲目地追求所谓的明星效应和粉丝效应，而是从剧本的内涵与深度、演职人员的演绎和精良的制作等各个方面全面优化电视剧创作。《人民的名义》自开播以来，就引发了社会

各界的广泛关注和热烈讨论，虽然电视剧的播出早已结束，影响却深远持久，这也刚好证明了文艺作品的巨大社会价值和精神力量。一部好的电视剧或者其他形式的文艺作品，都应该真实客观地反映时代风貌，弘扬社会正能量和主旋律，体现民族向心力和家国情怀。《人民的名义》展现了新时代、新形势下党和国家反腐征程的惊心动魄，是为反腐斗士的坚定信仰和无畏勇气谱写的赞歌，起到了积极引领大众文艺创作方向的作用。现实生活中难免存在负面甚至沉重的部分，而好的文艺作品不仅不能回避这些部分，还要敢于面对和揭露，成为广大人民心中的"灯塔"。

2. 蛰伏已久，重拳出击

《人民的名义》从剧本的创作、电视剧拍摄到该剧的热播，各个过程都凝聚了无数人的努力与心血，相对于以往反腐剧在"反腐"情节上的无关痛痒以及送审、过审难，《人民的名义》可谓开了先河，不仅在有关反腐的剧情上贴近现实、深入敏感地带、引发受众共鸣，而且在电视剧送审环节以远低于预期的难度通过。党的十八大以来，中央要求大力惩治贪官污吏、整顿党风党纪，让党和政府能够更加公正廉明、更好地服务于人民。这一作品诞生的种种细节都体现了党对于打击反腐、净化官场风气的决心与信念。

剧中不仅揭露了各层次官员的腐败细节，还展示了完善的腐败举报制度，更着重展现了治理腐败的成果。《人民的名义》热播以后，首先是越来越多的人参与到群众监督当中，监督政府及相关部门的工作，敢于曝光一些官员的腐败或者不作为现象；其次是给予在职的官员一个警醒，促使其重塑"人民公仆"的形象，清晰地认识自己，不因官大权大而作威作福，为谋一己私利不惜牺牲千万家。

3. 正确导向，影响深远

《人民的名义》借"反腐"话题，实质上是向全社会传递一种价值取向，反映了社会主义核心价值观的内在要求，对社会各阶层的价值观都有一种正面的导向作用。这一电视剧的播出所引发的热议也从侧面反映了全社会对廉洁和谐社会的期盼与渴望。《人民的名义》一剧所取得的成就绝不仅仅是高收视率及其经济价值，更是其带来的社会效益，是"反腐"，却又不止于"反腐"，而是对一切偏离正轨的处世方式与价值观的反对，更是对一切损害广大人民利益行为的抵制。在官唯明，莅事唯平，立身唯清。为官之道亦做人之道。

B.4

《中国有嘻哈》：解锁网综 freestyle，引领 hiphop 新潮流

黄琳

摘　要：《中国有嘻哈》是视频网站爱奇艺于 2017 年暑假推出的以嘻哈音乐为主题的真人选秀综艺节目。这档斥资 2.5 亿元的网络综艺节目以紧张激烈的赛程进展和扣人心弦的情节走势吸引了广泛的关注，继《爸爸去哪儿》后成为近年来最火爆的"现象级"综艺节目之一。勇于创新是《中国有嘻哈》持续火爆的制胜之道，剧情式真人秀的创作和剪辑手法也为节目带来了流量和口碑的双增长。爱奇艺通过对节目 IP 的环形衍生形成了完整的产品链，通过与中国本土文化的充分融合，成功打造出一个独具中国特色的影视文化产业品牌。

关键词：中国有嘻哈　剧情式真人秀　IP 产品链　文化收编

一　火爆今夏：网络综艺掀起新奇嘻哈风

2017 年暑假，一档名叫《中国有嘻哈》的网络综艺节目横空出世，以惊人的话题传播速度，迅速在大江南北掀起一股"嘻哈"热潮。"嘻哈"，音译自英文单词"hip-hop"，是指发源于 20 世纪 70 年代美国纽约布朗克斯与哈林区的一种地下音乐艺术门类，涵盖富有节奏的饶舌说唱、DJ 打碟等

表现形式，受到当今年轻人的热烈追捧。《中国有嘻哈》是以嘻哈音乐为主打的真人选秀节目，由著名视频网站"爱奇艺"在 2017 年 6 月独家制作播出。这档爱奇艺号称斥资 2.5 亿元人民币制作的超级网综堪称 2017 年夏天最火爆的文化景观。根据爱奇艺官方网站统计，《中国有嘻哈》在首次上线 4 小时后点击播放量便已破亿，单集播放量最高达 2.7 亿次，截至 2017 年 9 月 7 日，播放量高达 2990 亿；节目播出期间，围绕《中国有嘻哈》的新闻看点以及由此引发的网络热词层出不穷，与之相关的微博话题阅读量超过 71 亿，讨论量达 2671 万；水涨船高，参赛选手（rappers）的人气也随着节目关注度一路飙升，一些地下嘻哈音乐团体也逐渐进入了大众的视野。另外，《中国有嘻哈》火爆的背后也蕴含了广阔的市场空间：继农夫山泉以 1.2 亿元高额广告费拿下节目冠名后，麦当劳、绝对伏特加、小米科技、音乐短视频抖音 App、腾讯旗下 QQ 音乐等企业蜂拥而至，主动寻求合作、成为节目赞助商。据了解，《中国有嘻哈》拿到的广告冠名费总额不仅远高于"现象级"综艺《爸爸去哪儿》和《中国好声音》第一期的冠名费，甚至已经超过近五年来中国综艺史上所有"爆款"综艺的冠名费总和。爱奇艺在这个夏天点燃的嘻哈之火，不仅引领了时尚文化的新潮流，更是树立了网络综艺品牌的里程碑，为中国影视文化产业走出了一条值得借鉴的成功道路。

二 潮流密码：剧作思维引爆现象级话题

1. "创新"是"爆款"的命脉

不同于传统综艺节目的温情脉脉甚至催人泪下，《中国有嘻哈》反倒以桀骜不驯的姿态征服了台下的年轻观众。这批"90 后"甚至"00 后"的参赛选手，脸上充满张扬与不屑，更不时口出狂言，用一系列连贯的饶舌说唱表达出绝不向权威低头的态度。"谁不想活得真实一点呢？"《中国有嘻哈》总制片人、爱奇艺高级副总裁陈伟如是说。那些站在台上的年轻选手，或是坦诚地让人拍掌，或是执拗得让人心疼，竟意外地引发了人们心中久违的共鸣。葛怡婷在报道中说道，"那些真实的表达，那些张扬的个性，那些清晰的态度，那些直溜溜不拐弯的东西，能够引发人们内心的震动"——而这正与倡导率真自我的嘻哈文化不谋而合——在浙江卫视摸爬滚打了十几年的陈伟认为，在当前中国年轻人身上，自我意识在不断崛起；当一档娱乐节目能真实反映出社会思潮和文化认同的时候，高关注度和流量便是水到渠成的事情。

实际上，在2016年筹备来年暑期综艺档的时候，陈伟手里已经有一部传统选秀节目的全套制作推广方案，同时还有已经达成意向的3亿元广告费。按正常商业流程操作，对于爱奇艺来说无疑是一步风险极低的"稳棋"。但正如《孙子兵法》所言，"凡战者，以正合，以奇胜。善出奇者，无穷如天地，不竭如江河。"此时的网络影视市场主要由爱奇艺、搜狐和腾讯"三分天下"，随着网络平台自制栏目的日益成熟，网络影视产品之间的竞争也愈加白热化，暑期综艺档更是每年各大影视平台争夺市场份额的重要一役。多年的经验让陈伟心里生出预感，或许下一步正需要放个"奇招"。

正式的转折始于2017年2月召开的爱奇艺春季策略讨论会。爱奇艺创始人、CEO龚宇听完每个部门高管的发言后，提出了自己的看法："从这几年的发展来看，无论是《老九门》《盗墓笔记》，还是《原罪》，都是以往从没出现过的题材门类——反常态，这实际上就是规律，我们得遵循这样的规律，才能持续引领风口——一句话，创新是'爆款'的命脉。"正是这句话，让陈伟下定决心，走一步从来没有人走过的"险棋"。为了在最短的时间内"逼"出最大胆创新的成果，陈伟把他的核心团队从海淀带到顺义郊区一间宾馆"闭关"，大家没日没夜地进行"头脑风暴"，不断提出新的想法，又不断细化、推翻。在经历了一轮又一轮的自我怀疑和否定后，第七天，《中国有嘻哈》的轮廓清晰了起来。

陈伟回忆，当他和总导演车澈交流意见的时候，都曾不约而同地提到"中国嘻哈"这个点。而当他们一起把所有细节敲在白板后，大家都惊呆了，关于这档节目的制作模式、推广渠道等内容，全和以往的不一样，满是创新。

2. 强大团队打造网综神话

这部耗资 2.5 亿元的超级网综，汇集了国内顶尖一线的制作人、导演、剪辑师、动画师等创作团队，就连参赛选手当中也不乏中国当红嘻哈音乐团体的队长和 rappers。包括上文提到的总制片人陈伟、总导演车澈，由于曾推出多部口碑上佳、反响热烈的知名综艺节目，而被列入"中国十大金牌制作人"的榜单。如陈伟，国内著名卫视台浙江卫视前节目中心副主任，亲自操盘担任制片人、总导演或总监制，打造了《我爱记歌词》《中国好声音》《跨界歌王》等家喻户晓的音乐综艺节目；车澈，这位年轻的"80后"，被国内多家卫视竞相挖抢，曾作为总导演担纲《加油！好男儿》《中国达人秀》《舞林大会》《蒙面歌王》等，2017 年正式加盟爱奇艺担任副总裁，《中国有嘻哈》便是他贡献给爱奇艺的第一部作品。另外，还有总编剧岑俊义、视觉总监宫鹏、音乐总监刘洲等业界知名顶尖制作人和音乐人，无论哪一个都是业内响当当的人物。在中国综艺史上，从来没有任何一档电视综艺节目能够像《中国有嘻哈》那样，同时聚集了五位以上、各自都可以独立操盘的金牌制作人及团队，陈伟、车澈、岑俊义、宫鹏、刘洲——这被誉为"综艺梦之队"，为《中国有嘻哈》的成功提供了充分的保证。

在这支"梦之队"的精心策划下，《中国有嘻哈》开创了全新的"剧情式真人秀"的节目形态。他们把室内演播厅录制的全过程置于户外真人秀的框架里，同时又打磨出一条耐人寻味的剧情主线，把 12 集的比赛单元都串连成一部嘻哈主题的"电视剧"，情节仿佛围绕着一众 rappers 互相竞争、互生嫌隙、明争暗抢又互相扶持的故事发生。这种全新的节目形态决定了每一集不同的赛制、场景、舞美和叙事逻辑，对于后期制作团队是一个极大的挑战。《中国有嘻哈》斥重金聘请了近 50 名国内顶尖剪辑师，录制现场布满上百台摄像机，精确捕捉场内选手、导师和观众等人的表情和动作细节，为后期制作积累了大量的原始素材。为了解决冠名商的荧幕 logo 问题，近 20 位动画师重调了 1269 个镜头，对 142763 帧画面逐帧进行抠像跟踪，成功地在节目中实现了对冠名商 logo 的追加。所有这些工作都必须在不到 3 个月的时间内完成。在高强度的压力下，后期团队仍然以精益求精的态度和顶

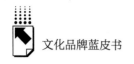

级的剪辑水准完成了《中国有嘻哈》的剪辑制作，成功实现了节目收视与口碑双赢，掀起了大众对中国嘻哈文化的空前关注热潮。

值得一提的是，由于嘻哈音乐人散布于全国各地的地下团体，在短时间内要请到真正优秀的嘻哈歌手参赛，就必须节目组主动出击寻找。陈伟在节目拍板后便派出了一百多名选角导演奔赴全国各地寻找 rappers，与他们一一面谈，采访他们"玩嘻哈"的经历和缘由，把这些都记录、拍摄成素材插入后期的节目制作里。在三个月的时间里，百余名导演几乎走遍了整个中国版图，面见了上千名说唱歌手，这些都是一点一滴完成的实在功夫。幸运的是，这些年轻的说唱歌手在地下"野蛮生长"了十几年，没有成规模地上过任何一档综艺或选秀节目，没有庸俗肤浅的商业气息，与矫揉造作、空谈梦想的选秀节目相比，这帮嘻哈说唱歌手具有真正让人动容的年轻和真实的力量，这也是中国嘻哈文化能够在短时间内走进公众视野的关键。

3. 剧作思维钓足观众胃口

《中国有嘻哈》一反传统网综的叙事表现形式，大胆采用"美剧"式的叙事手法构建嘻哈音乐真人秀充满竞争张力的娱乐性主题。一方面，节目内容以激烈的竞技比赛为核心，通过严酷的赛制设计，刻画出参赛选手之间甚至选手与导师、选手与粉丝之间矛盾迭起的剧情主线，营造出扣人心弦的紧张气氛，强烈吸引观众及各路选手粉丝追踪观看。赛制包含 1v1 battle、临场 freestyle、小组赛、复活赛等多种形式，12 集比赛的赛制均是即场公布而不作提前预告，要求选手在规定的短时间内完成编曲、谱词、背词、风格选定及舞台表演等任务，以此决定淘汰和晋级。这样时间短、节奏快、赛程紧、要求高的赛制设计与嘻哈音乐动感明快的特点相契合，在极大地丰富了看点的同时有效调动起观众的追逐情绪。陈伟认为，当下的观众倾向于碎片化的观看方式，只有充分利用观众的零碎时间才能占有更大的市场。张洪川等关于网综制作的研究指出，网综业内一直有一道公认的"135"法则，即"每1分钟一个笑点，每3分钟一个爆点，每5分钟一个悬念"。《中国有嘻哈》对这道"135"法则的运用技巧，可谓炉火纯青。

另一方面，节目组积累大量的拍摄素材，通过强大的后期剪辑技术不断推动节目剧情化发展，在国内首次开创了一种全新的"剧情式真人秀"节目形态。众所周知，剪辑在后期制作的过程中对节目的走向和效果有着直接影响，而音乐网综节目更是考验剪辑师对整部节目的音乐把控和叙事把控能力。节目组宣称，《中国有嘻哈》在拍摄过程中动用了数十个机位、近50名国内顶尖的后期剪辑师参与。因此，通过对每集节目乃至选手赛前经历录制的大量素材进行整合再造，《中国有嘻哈》成功地构建了迎合观众猎奇心理的真人秀故事主线，同时采用倒叙、插叙等一系列与传统相异的叙事方法，利用参赛选手社会属性、身份属性之间的差异不断放大矛盾冲突，巧妙地设置了多条伏笔和悬念，使节目的剧情化张力得到了最大限度的提升，让观众自然而然产生代入感并获得观赏满足感。

除此之外，《中国有嘻哈》的节目舞美、选手衣着乃至宣传样式、推广渠道等都力求契合嘻哈音乐张扬桀骜的特点，采用大块的撞色和涂鸦设计，体现出浓烈的工业艺术风格，力求在视觉上呈现力量和个性。这些都是吸引年轻观众所必不可少的元素。从内容到包装，从策划到营销，节目组始终瞄准细分市场目标观众的口味和心态，催生出真人秀综艺节目剧本化运作的新型业态，成功破解大众文化的潮流密码并由此引燃 2017 年夏天最火爆的娱乐话题。

三　纵横联动：精准营销实现亚文化逆袭

1. 数据分析摸准市场门道

成功绝非偶然，多年深耕音乐综艺的金牌制作团队能准确预测下一个风口，靠的不仅是自身的经验，靠的还是精准的市场定位和数据分析。随着网络媒体技术的进一步发展，音乐选秀类节目的诸多问题也暴露了出来，当光鲜的外衣被扯下，当催泪的故事在雷同，当接连几个选秀节目的看点都是导师的"亮灯"和"转椅"，镜头前的闹腾仿佛一场苍白的盛宴，内容再好，也很难如当初那样打动人心。正如龚宇所言，"创新是爆款的命脉"，没有创新，"看点"都是"槽点"。继《奇葩说》《偶滴个神啊》之

后，爱奇艺要打造下一个"爆款"，就要走不同寻常的路线，勇于挑战传统音乐综艺节目一成不变的内容设计甚至音乐主题。这次，他们用上了大数据这一利器。

《中国有嘻哈》节目组在策划之初便充分发挥了爱奇艺平台的强大优势，联动社交媒体及音乐软件，对平台用户的年龄分布和音乐喜好做出了充分调研和精准分析，得出了当前网络视频平台受众平均年龄较低、受教育程度较高等特点及音乐收听频率、喜好音乐类别、海内外相似音乐节目关注度等方面的结论，明确了细分客户的实际需求，据此确定了嘻哈音乐这一独特的音乐体裁及后续的策划包装和推广途径。尽管嘻哈音乐在中国市场并不占主流，但它富有动感的韵律和鲜明的个性受到了许多年轻人的欢迎和追捧，比起传统的流行音乐节目来，嘻哈真人秀剑拔弩张的氛围特点更符号商业市场的定位和需要。

上文提到，《中国有嘻哈》把"美剧"的制作手法搬到演播厅的真人秀来，12个单元里就有12个独立却环环紧扣的剧情故事。为了达到节目效果，节目组同样模仿"美剧"，利用新浪微博等社交媒体的舆情反馈以及爱奇艺平台实时观看反应来重构下一期节目的逻辑结构，每一期的剧情走向都建立在千亿级数据的支撑之上，紧紧抓住了网综观众的猎奇心理和市场心态，通过前期累积的大量素材，精确瞄准用户需求剪辑出一档观众真正想看、爱看的节目，不断拉近真人秀与观众之间的距离和强化互动体验。制作团队的丰富经验加上精准的大数据分析，正是爱奇艺能够屡出奇招、出奇制胜的成功之道。

2. 明星导师带动粉丝经济

《中国有嘻哈》请来当红偶像吴亦凡、潘玮柏以及台湾知名饶舌歌手张震岳、MC Hotdog担任明星制作人，这一举动本来就为节目本身带来不少的话题。一方面，这四位歌手都在两岸具有极高知名度，其中吴亦凡作为90后新生代歌手、演员，因俊朗的容颜和出众的才艺而备受年轻人的青睐，其微博粉丝量高达4500万，出道数年间便拿下了诸多国际时尚品牌的代言，具有强大的市场号召力；潘玮柏是台湾著名流行歌手，多年前便凭借音乐作品《快乐崇拜》《反转地球》等红遍大江南北；张震岳、MC Hotdog 被誉为"台湾嘻哈教父"，在说唱界的地位举足轻重。这四位明星制片人组合名单一公布，便引发了广泛的关注和讨论，在节目并未正式播出前便已积累了大量的人气。

而在引发粉丝欢迎的另一边却是来自嘻哈界的质疑。他们认为，明星制作人中的青春偶像小生并没有相应的指导嘻哈音乐的能力。实际上，这些质疑的声音在总制片人陈伟看来是意料之中的。他认为，如果是一档纯音乐选秀竞赛，确实应该以更专业、严格的程序筛选明星制作人，但是《中国有嘻哈》本来的定位便是一档商业性质的综艺娱乐节目，这样的市场属性迫使他们不可能去找小众歌手，反而应该请到当前中国最红的明星来聚焦人气和吸引投资，尤其是像吴亦凡这样在大众市场具有强大号召力的明星。事实证明陈伟的决定是正确的。随着节目播出，明星制作人的专业点评也收获了越来越多的肯定，他们在社交媒体上对节目的评论和宣传转发也为节目赢得了更多的关注。明星的"名人名言"也被节目组及粉丝网友编辑成各类诙谐的表情包和网络用语，引发疯狂传播。如吴亦凡对学员考核的第一句话便是："你有 freestyle 吗？"，这句话被魔性化制作，加上吴亦凡的人气，成为当月社交网络上最火爆的段子。12 集节目下来，几乎每一期节目中导师或学员的表情、金句都会被以类似的手法加以炮制，《中国有嘻哈》天天"霸榜"（新浪微博热搜榜）已成必然。名人效应带来的火热更是引爆了粉丝经济，基于明星导师、人气学员的周边和衍生品开始在爱奇艺商城、淘宝等电商平台售卖，形成从节目内容到广告、会员，再到衍生周边，再到游戏开发、赛事巡演等纵横交错的超级网综产业链。

3. 融媒互动打造流量爆款

《中国有嘻哈》采取多种渠道的营销策略，融合传统媒体与新媒体平台优势，实现传播效果和商业价值的最大化。其一是根据节目本身娱乐化、碎片化、年轻化的特点，重点采取新媒体营销策略，有效降低了大众参与的门槛，扩大了大众参与的范围，还进一步强化了受众观赏与追踪的体验。其二是实现了多种媒体手段的重整与融合，打通了电脑、手机的平台边界，

吸引了大量观众利用闲暇的碎片时间观看节目。其三是有效利用了新浪微博、微信、"抖音"等社交媒体，创建了《中国有嘻哈》的官方专属账号，并专门设置粉丝留言和投票专区，粉丝还可以通过新浪微博回顾精彩视频，并可以在喜欢的偶像微博下参与评论，进一步增强了用户黏性和互动体验感。

具体来说，节目在爱奇艺平台上独家播出，同时在各大新闻、社交媒体上发起强大的宣传攻势，打通了平台之间的边界，更构建起高效的互动参与渠道，进一步提升了用户的黏性和节目忠诚度。节目播出期间，新浪微博上与《中国有嘻哈》相关的话题达到2600多万条，微信上与此相关的单篇推文阅读量均高达10万以上。而在线下营销方面，《中国有嘻哈》与火爆的短视频App"抖音"开展合作，在"抖音"视频里植入与节目相关的主题视频，同时在用户翻阅视频的过程中不间断地推荐嘻哈相关的内容，在潜移默化之中延伸了营销触角。《中国有嘻哈》与"抖音"的合作基础在于，他们的目标观众高度重合，都是乐于追逐时尚、经常使用手机、思维娱乐化的年轻人，两款产品的定位具有相似性，二者联动有利于进一步激发观众的追逐和猎奇心态。

《中国有嘻哈》吸引了农夫山泉、麦当劳、绝对伏特加等品牌的广告赞助，在为赞助商提供广告服务的同时，节目也通过这些品牌的资源实现了借势营销，如麦当劳广告《我们的嘻哈时光》、农夫山泉维他命水《拼命不如拼维他命》。节目在带火了系列商品的同时，也与赞助商合作进行线下互助：消费者购买《中国有嘻哈》授权的系列商品，有机会观看"尖叫之夜"的嘻哈音乐演出，多方资源整合共赢实现了商品价值最大化。

4. 环形营销贯穿衍生链条

陈伟直言，在节目筹备初期，节目组就没有打算把广告赞助作为节目唯一的收益来源，而是贯穿整个产品线来思考，广告、会员是最基本的收益内环，往外则是授权衍生品和周边，再往外便是网剧、电影等"番外篇"，以及游戏开发、演唱会巡演及线下赛事等，以"嘻哈IP"为中心，一环扣一环形成这档超级网综的产品市场，以充分发挥《中国有嘻哈》的真正价值。

视频平台和广告收入为节目盈利提供了保障。《中国有嘻哈》为付费节目，观众必须充值爱奇艺 VIP 会员才可以观看节目。其实，在节目播出前，许多广告商都对《中国有嘻哈》持观望态度。第一集播出后，节目口碑"炸裂"，农夫山泉以 1.2 亿元火速敲定冠名权，其后又陆续收到了麦当劳、Absolute 绝对伏特加、QQ 音乐、短视频 App 抖音等品牌的加盟赞助。这些品牌希望通过《中国有嘻哈》鲜明的个性巩固产品年轻化的定位，从而实现对年轻人群体这一细分市场的精准营销。这些品牌在节目中的广告营销也颇具新意：通过选手在说唱词中植入品牌、冠名播出前情提要、邀请明星制作人和选手担任嘻哈主题广告代言人等方法，以观众喜闻乐见的方式成功地提高了品牌的知名度和影响力。

爱奇艺利用自身商城的优势，精心设计周边衍生品，覆盖服饰、配饰、酒水、食品、电子产品等多个门类，紧紧围绕节目主题 IP。目前，爱奇艺商城上线了 1049 件相关商品，爱奇艺天猫旗舰店上线了 398 件相关商品，而淘宝上的相关产品则多达近五千件。爱奇艺商城根据原创 IP 将视频内容和衍生市场联结起来，把视频流量和粉丝经济转变为商品交易额和市场利润，充分实现了产品线的相互联结和影视文化产业化。陈伟说，他一直以来都把自己定位成一名"产品经理"，节目和 IP 只是产品线的前端，前期的策划，后期的运作、包装推广直至商品化的全过程实践，都要被作为一个系统通盘考虑，所有的环节、细节都要纳入产业布局。他举了一个例子，便是选手晋级拿到的印有"R！CH"字样的金链。"R！CH"这一设计样式本身便象征了财富和地位，也象征着社会大众对选手个性和才华的尊重。通过将节目中的这一标志性 LOGO 与嘻哈文化加以融合，爱奇艺将"R！CH"再次设计衍生成涵盖服饰、配饰等产品线的街头潮牌，进一步达成了原创网综产品价值的升级。目前，围绕《中国有嘻哈》主题的粉丝社群已成型，网络游戏和线下巡演等项目正在筹划包装中，爱奇艺下一步便是将"嘻哈 IP"产业链全线贯通，全方位融合付费用户、广告代言、衍生周边、出版发行、线下巡演、游戏运营等资源，实现环形营销价值的最大化。

四　中国嘻哈：文化收编引导新青年奋起

"Fighting war 只有奋斗才能改变命运"、"我努力奔跑，把一切全部看透，我想让我爱的人过得更好，所以才去战斗"、"世界的面积可能大到让人抵触，但时间的延续就是你最大的礼物"……当嘻哈文化与中国青年相遇，便转化成充满昂扬斗志和向上精神的"中国式嘻哈"，与颓丧消极、暴戾谩骂的欧美说唱形成鲜明对比。这种让人惊喜的中国式改变，展示了当代中国青年昂扬向上的主人翁姿态，也证明了当代中国青年完全有能力创造和表达属于自己的时代精神，体现了中华民族的鲜明个性和文化自信。中国文化对欧美说唱音乐艺术的收编，有力地推动着当代新青年奋斗前进。

历史土壤培植民族气质，时代精神谱写文化旋律，"中国式嘻哈"的流行正反映了当代中国生机勃勃、昂扬向上的社会环境。改革开放以来，中华民族以自信包容的姿态广纳四海文明，从流行到摇滚，从蓝调到说唱，几乎每一种音乐艺术在充分吸收中华文化的精髓后，都成功完成从"非主流"到"主流"的转变，而中华文化的主旋律也在海纳百川的过程中持续地获得活力和生机。青年是中国的未来，作为中华民族伟大复兴梦的奋斗者和建设者，中国青年在说唱艺术中注入了梦想、友爱和拼搏，使这一地下音乐在舞台上迸发出精彩的正能量。这场持续了一个夏天的嘻哈焰火，把光芒洒向了每一个为梦想奋斗的中国青年。

B.5

《印象·西湖》：天堂一景　人间一梦

黄思源

摘　要： 大型都市山水实景演出《印象·西湖》是由张艺谋、樊越和王潮歌组成的"印象铁三角"团队所创作的印象系列之一。自 2008 年首次正式公演后，不仅成为杭州旅游的一张金字招牌，更成长为中国的一个优秀文化品牌。十余年来，以真人和真景为创作基础的《印象·西湖》坚持以高质量的演出一路求索，吸引了无数海内外游客的目光，将西湖文化、杭州文化和中国优秀传统文化带到了更广阔的世界。

关键词：　《印象·西湖》　都市山水实景演出　杭州

2004 年，张艺谋的团队开始着手绘制中国第一幅都市山水实景演出《印象·西湖》的创作蓝图。与以往的"印象"系列作品不同，《印象·西湖》是目前印象系列中唯一一部用都市实景演绎的作品，借助名山名水搭建"隐形"舞台，利用高科技手段将夜西湖的美展现得淋漓尽致。每晚两场演出赋予了《白蛇传》《梁祝》等民间故事新的生命力，通过艺术化的手段将西湖文化演绎得高雅且通俗，快速拉近了与观众的距离。大自然和高科技无疑是《印象·西湖》基础且坚实的载体，二者相辅相成造就了《印象·西湖》的成功，在首次公演之后，仅三年内就实现了盈利，填补了杭州旅游夜游市场的空白，实现了杭州政府的"214"计划。2016 年，对杭州

和《印象·西湖》来说,都是丰收的一年。这一年,G20 杭州峰会召开,《印象·西湖》推出《最忆是杭州》作为峰会文艺表演节目,将西湖的形象以及杭州的形象以更浩大的阵势带到了全世界人们的面前,《印象·西湖》的成功,是创作团队努力创新的结果,是文化力量的有力体现,也是"破土"需创新的最好证明。

一 源起:古典艺术与西湖美景的水乳交融

1. 咬定青山不放松,任尔东西南北风

2004 年,当"印象·西湖"项目对外宣布启动时,并没有得到期待和叫好。比起张艺谋领衔的创作团队、政府的大力支持、结合杭州区域旅游资源创造更大的经济效益以及将西湖打造成一张文化名片等一系列的"先天优势",大家更关心的是舞台搭建工程会不会给西湖的环境带来破坏?规模如此宏大的演出会不会造成噪声污染?现代化的设计会不会破坏西湖原本的自然风貌?用于演出的大型舞台会不会对白天的观赏造成影响?环保是这个时代最敏感的话题之一,《印象·西湖》必须在环保的前提下才能立足,零破坏、零污染、零负影响是摆在组委会面前的难题。作为中国首个大型都市实景演出品牌,一定要一炮打响,这是创作人心中最初的目标。于是针对这些难题,组委会邀请了舞台设计各个方面的专家进行反复研讨与协商,历经四年的打磨,最终确定了一套完整的设计方案。但设计方案终究是在纸上谈兵,投放到具体实践中依然面临许多操作困难,但正是一次次的迎难而上,终使得《印象·西湖》取得如今耀眼的成绩。

2. 西湖天下景,夜色更醉人

杭州是中国历史文化名城,其旅游业的发展一直名列中国各大旅游城市前茅。但是基于特殊的地域文化背景,十年前,杭州这座城市的夜生活并不像如今这般热闹。如何解决夜游不兴一直是杭州市政府始终在思考的问题。政府多次提出"241"计划,意思是让游客多停留 24 个小时,为全市多带来 100 亿元的收入。《印象·西湖》在这个时候应运而生。

白天游客沉迷于西湖的美景，这样的沉迷除了对大自然的鬼斧神工的赞叹之外，还与对众多与西湖相关的神话故事的喜爱有关。从前人们或从书中读取故事，或从影视剧里看故事，站在真实的西湖岸边，各种故事画面通过想象涌入脑中、心中。而《印象·西湖》的出现，将美好的、凄美的中国民间神话故事画面化、印象化，以真实的西湖作为演绎背景，这种表现方式能将观众迅速带入故事的情境里，能给人带来震撼的往往是抽象而又美好的事物，让人身临其境，同时给人无限想象的空间，这让游客从白天西湖游览中得到满足后，又在夜晚对西湖的美景流连忘返。《印象·西湖》自公演以来，每晚两场的演出，不仅成为中外游客的心之向往，在杭州每年举办的"杭州国际日"期间，更是吸引了各国政要、公司高层以及学者的目光，在一定程度上将西湖以及杭州带上了更高更广阔的舞台，将中国文化传递到世界各地，同时也为这座城市带来无限的机遇。

3. 水光潋滟晴光好，山色空蒙雨亦奇

在《印象·西湖》问世之前，创作团队一直在寻找能表达西湖之美、江南之美的意象。最终，一句"水光潋滟晴方好，山色空蒙雨亦奇"给了团队启发和灵感，西湖及江南之美，正是美在其空灵、其难以言说。几经商讨，创作团队最终决定用"雨"这一意象贯穿演出始终，通过灯光的变换让雨中西湖在夜色中变得更加变幻莫测，无形中为每场的故事演绎增加一丝神秘与唯美。一个"雨"字，让《印象·西湖》的景致美得刚刚好，将西湖故事中的"哀而不伤"表现得刚刚好，把中国审美中的写实不如写虚、传真不如传实表达得刚刚好。

但雨不是天天有，为此，创作团队在"造雨"上下足了功夫。不仅运用高科技手段"造雨"，还利用灯光将每场"西湖雨"打造得美轮美奂，保证了观众每晚能见西湖之雨，每晚能赏雨中西湖。此外，演出的主题曲也取名《雨》，由日本当代作曲家、音乐家喜多郎作曲，中国著名流行女歌手张靓颖演唱，乐曲在风景优美的湖面上更加优雅动听，使人流连忘返。

二 升华：西湖美景演绎出的都市山水画廊

1. 春花夏荷秋月冬雪，诉说江南美

《印象·西湖》的成功首先要归功于其准确的定位。不同于印象系列其他原生态的表演方式，《印象·西湖》作为在都市背景下创作的实景演出，如何避免城市喧嚣之俗以及如何直切江南之美是创作团队在创作之初就担心的问题。

再者，自古以来，江南之美都很难表达清楚。各大诗词名家写尽江南之美，也将此美置于朦胧之中。导演王潮歌说："原来都以为西湖是静美的特征，结果来了一看完全不是那样，风景随时都在变化，西湖十景没一处是实景。比如雷峰夕照，你得刚好等到夕光照到塔尖上那一刻；曲院风荷，你得刚好等风流过荷叶那一刻；三潭印月，你得刚好月亮出来映在湖面那一小块地方；南屏晚钟，你还压根就看不到风景，只能在晚钟敲响那一刻去听去想，你得钟声恰好映衬了心情才行……这就叫一期一会，错过了就没有了。"于是创作团队决定一景只取一点，将《印象西湖》的演出地点确定在了春花、夏荷、秋月、冬雪均有呈现的岳湖水域，集合西湖意象化和碎片化的审美特性，抓住当代人较高的审美需求，充分挖掘杭州当地民俗文化资源，将虚无空灵的西湖美景与具体的杭州民间故事相结合，借助高科技手段、运用灯光和音乐等元素将演出呈现出来，自此，虚便得以画面化、形象化、具体化，梁祝读书、曲院风荷、花港观鱼、羽毛之舞、雨雾西湖均以高品质、高标准的艺术形态直击人心，真正做到了以高品质定位好品牌。

2. 文化搭台，西湖故事"唱戏"

我国的歌舞表演创作在很长时间内处于停滞的状态，没有取得突破性的成绩，消费者市场也出现了衰退的趋势。张艺谋的印象系列在此做了突破性的创新，从艺术特征和文化内涵上对大型歌舞表演类节目做出了涅槃式创新。不同于《印象·刘三姐》和《印象·丽江》是在原生态环境中进行创作，《印象·西湖》是"印象"系列第一次将抽象的舞台搬到城市中央，在内容创意上面临了更大的挑战。

《印象·西湖》最初总投资 1 亿元，参演人数为 400 人左右，只在夜间演出，舞台白天潜入西湖湖面之下，三年间实现盈利，观众关注度一直处于上升趋势，这一切都取决于每一场扎实精彩的演出，成千上万名观众的口口相传。毋庸置疑，《印象·西湖》良好的口碑绝不可能来源于所谓高科技的"炫技"，而是来源于演出内容的创意与厚实。

与西湖有关的故事，对于中国观众来说，早已经耳熟能详；关于高科技在舞台上的运用手段，对网络时代的观众来说，也早已不足为奇。那么，对于《印象·西湖》的创意挖掘，路在何方？路依然在优秀的中华民族传统文化里，在中国观众对民族文化的认可里，在文化自信的本位上。为了避免千篇一律的印象演出给观众带来审美疲劳，创作团队下重力打造出了梁祝读书、曲院风荷、花港观鱼、羽毛之舞、雨雾西湖等节目，在定位高品质的基础之上，坚决避免形式大于内容的空洞，将一个个爱情故事和神话传说展现得更加唯美、更加深入人心。

3. "闹市不闹"里的极致体验

在当今这个"消费者为王"时代，消费者的产品体验尤为重要。文化产业的关键在于创意，而创意除了内容创意之外，还有使内容创意得以实现的形式创意，这些创意让观众沉浸在极致的观赏体验中，流连忘返。

激光照射和升降灯光是《印象·西湖》演出区域的一大特色，通过灯光技术可以营造出各种各样的场景；现场通过生动地模仿白鹤的啼叫使观众的情绪随着旋律的不同而变化，这是立足声音变化的又一吸睛点。而其中最值得一提的是，《印象·西湖》有一个宣传口号，即"每天借用西湖两小时"，在岳湖水域中专门设计了一个菱形舞台，舞台可以随着演出需要自由升降，只在夜晚浮出水面，白天则沉入湖底；同时专门设计了可升降收缩的容纳两千人的梯形看台，演出开始前将其打开，结束后便可收走。在保证了夜晚演出质量的同时，也毫不影响游客白天的游玩体验。

西湖身处"杭州闹市"，考虑到大型演出必然会造成噪声污染，《印象·西湖》的幕后团队最终决定采用每位观众一副独立耳机、台上演员 2 个船

载定向舞台返听音箱的办法,不仅成功解决了噪声污染的问题,还保证了观众高质量的视听效果,可谓一举两得。根据监测,项目声源所产生的噪声值在各监测敏感点约为45dB,比正常情况下项目相邻的北山路交通噪声值还要小。

4. 最忆杭州江南景,G20峰会璀璨星

2016年对《印象·西湖》来说,是浓墨重彩的一年。G20峰会于这年在杭州举办,张艺谋带领团队花了整整一年的时间,将《印象·西湖》进行升级,衍生出升级版《印象·西湖》:《最忆是杭州》。

《最忆是杭州》取名于中国唐代诗人白居易的名篇《忆江南词三首》。"江南忆,最忆是杭州;山寺月中寻桂子,郡亭枕上看潮头。何日更重游!"是大部分中国人都耳熟能详的精彩词句,它表达了自古西湖在国人心中举足轻重的分量,也彰显了西湖久远浓厚的文化积淀。中国作为东道主,希望通过这样一场文艺演出,拉近与世界的情感距离,共享和平盛世。2016年G20杭州峰会主题是"创新、活力、联动、包容",《最忆是杭州》在契合峰会主题基础上,还满足了"西湖元素、杭州特色、江南韵味、中国气派和世界大同"的要求,五十多分钟的文艺演出,一方面将中国传统文化元素置于舞台之上、手足之间,令来自世界各国的与会来宾惊叹于每一种跳动的中国元素,另一方面也将世界名曲置于西湖景色之中,让有着不同文化背景的外国友人感受到了世界不同文化之间的交融与碰撞。

而在此美轮美奂的诗情画意背后,是创作团队带领各领域专业人士通力合作的艰辛与不易。演出的氛围紧紧围绕"诗情画意"四个字,色彩要典雅、切忌张扬,灯光与夜晚的月色、湖面倒影的光影变化相结合,用100个以上的灯光变化将西湖独特的文化韵味呈现出来,种种要求实现起来实属不易。创作人员在演出前经过反复的协商和打磨,最终将中国古典名曲、杭州民间小调、中国古琴曲、世界芭蕾舞剧、中国民歌、世界交响乐名曲等多种形式的节目放进《最忆是杭州》里,邀请了中国国家交响乐团首席指挥李心草担任指挥,中国国家交响乐团杭州爱乐乐团进行演奏,采用了曲目和曲目之间音乐串编上的无缝连接的方式,整台演出一气呵成,远观大气磅礴、近看典雅别致，张艺谋与其团队以其敏锐的艺术嗅觉、扎实的创作功底，使这台晚会名扬内外。

为了让 G20 峰会的宝贵精神和文化财富持久保留，2017 年 5 月 1 日起，《最忆是杭州》恢复演出，并长驻西湖。这一版被称为"旅游版"，依然由张艺谋导演团队操刀，基本保留了峰会文艺演出元素，让观众依然能体验到G20 杭州峰会的演出现场。

三　硕果：一流的运营团队打造一流的品牌

1. 精准触摸市场，积极对接需求

"印象"系列同类项目——《印象·刘三姐》自 2004 年开演以来，每年平均接待人次 60 万，门票收入超过一亿元，这样的成绩很大程度上为《印象·西湖》的创造带来了信心与动力。在此基础之上，《印象·西湖》的营销者不仅对杭州入境旅游者客源进行了仔细分析，还对杭州夜游市场情况进行了准确的把握。在《印象·西湖》之前，杭州城内白天游客量为4000 万人，而每晚观看既有项目的观众仅为 8000 人次，与白天的旅客量相差甚远，杭州巨大的夜游市场开发潜力再次给了《印象·西湖》团队信心。

再回到杭州这座历史文化名城本身来看，具有地处长三角地区的独特地理优势，经济尤为活跃，人口十分密集，市民受教育程度较高、审美水平较高、对文化产品的需求较大等种种有利因素仿佛都在向《印象·西湖》团队招手，而这个团队，不仅看到了这个契机，也抓住了这个契机。首先，大型都市山水实景演出这一新型表现方式是《印象·西湖》的独有特色，团队克服重重困难最终以高质量、高品质的演出再现了西湖历史文化，给观众带来穿越时空的体验；其次，从创作到演出，《印象·西湖》产业化的发展思路、企业化的经营管理模式和市场化的营销手段确保了产品的质量，从售票到观演，最大限度方便了消费者；最后，《印象·西湖》团队在宣传上的表现十分出色，巧妙利用张艺谋的名人效应、成功利用媒体宣传这把钥匙打开了市场，把艺术做成了产品，从而在推广营销上取得了优异的成绩。

2. 坚持政府引导，细化公司运营

作为大型都市实景山水演出，《印象·西湖》与"印象"系列其他都市作品一样，具有演出规模宏大、演员数量庞大、投资金额巨大等特点，这对于项目的产业化运作来说无疑是道难题。以往那种或靠当地政府或靠某一个表演团队就能完成的小、中型演出项目运行方式显然不合适。因此，政府的支持和引导、投资主体的多元化以及市场化的运作显得尤为重要。"印象"系列的每一个项目都需要政府有关部门立项，经审批通过后才能实施。《印象·西湖》自然也不例外。"印象铁三角"主创团队根据当地的自然环境和人文特征进行规划，报当地政府立项审批通过后，创作进入实质研发阶段。在此过程中，政府扮演那只"无形的手"，牢牢占住着主导地位。同时，政府积极发挥民营资本的活力，倡导非公经济参与投资，最终实现多方共赢的局面。

在此基础上，一方面，《印象·西湖》依然采取了"印象"系列原本的运营机制；另一方面，由于《印象·西湖》具有都市演出背景、江浙沪目标市场以及高素质观众群体等特性，《印象·西湖》的运营公司必须在变中求细。

《印象·西湖》的运营公司是杭州印象西湖文化发展有限公司。与"印象"系列其他作品的运营公司不同的是，杭州印象西湖文化发展有限公司有更为健全的组织架构，包括实行总经理负责制，设有副总经理（同时兼任营销总监）、营销副总监和两名总监助理；还有明确的岗位职责，比如营销副总监负责推广北京、上海和江苏市场，另外两名总监助理则负责信息处理、创意推广以及华中、华南、西南、浙江市场推广工作。公司还设有销控中心部门，下设检票处、换票处、财务结算、现场售票和市场售票部门。不仅如此，《印象·西湖》团队与演职人员均签订了合同，规定了他们的收入要根据其舞台表现力和演出效果来决定。另外，运营公司也与主创人员签订了协议，协议规定了主创人员在定期维护和改善演出上的责任，同时也保证了主创人员可以从每年的演出收入中获取一定版税，这种种举措无疑在极大程度上保证了演出的质量。

3. 创造双料奇迹，效益与责任并行

立足西湖以及杭州本身的文化价值和艺术魅力，凭借自身脚踏实地的实干精神，《印象·西湖》成功开了中国都市大型山水实景演绎品牌的先河，创造了艺术与票房的双料奇迹，实现了社会效益和经济效益的双丰收。

"旅游版"《最忆是杭州》上演，受到了海内外观众的热捧，2017年开演首年，在短短不到半年的时间里，接待观众近40万人，总收入突破1亿元，销售和利润双双创出历史新高，成为业内"新标杆"。5月下旬，"杭州夜十景"出炉，"一曲轻歌迷雾远，数围山色共春行"的《最忆是杭州》毫无争议地强势入选。观众中，境外游客占到25%，这从侧面说明了《最忆是杭州》的国际知名度。全球最大真实点评的国际网站TripAdvisor（猫途鹰）及国内众多点评网等都对演出好评连连，称这是一台"不可思议的演出"。亮眼的表现，也让《最忆是杭州》荣获浙江省"五个一"精神文明建设特别奖。2018年，《最忆是杭州》保持了良好的势头，营收再次破亿元，公司荣获了杭州文化消费试点工作"十佳企业"称号。

承担社会责任与打造企业竞争力，犹如人之双足、鸟之双翼，缺一不可。《印象·西湖》这些年一边在创新创收的道路上勇往直前，一边积极承担起社会责任。

2017年，《印象·西湖》的各项公益活动频频开展，为了回馈杭州市民的关爱，杭州印象西湖文化发展有限公司联合《杭州日报》推出了邀请200位市民免费观看《最忆是杭州》年末公益活动。在休演期，《印象·西湖》艺术团积极编排了以《最忆是杭州》经典片断为主要内容的演出，送往浙江淳安临岐镇，参与商旅集团"百千万"送文化下乡等活动，让那里的村民在家门口感受"文化自信"。2018年，《印象·西湖》继续致力于公益活动，在演出季末推出了"感恩有你　重磅惠民"的公益活动，以空前的优惠力度回馈观众，这一活动激起了极大反响。三天里，共有5000多位观众通过"惠民票"欣赏到了美轮美奂的《最忆是杭州》。与此同时，印象西湖公司还邀请了武警官兵、消防官兵、公安民警系统内劳模及优秀党员代表等先进人物进行免费观摩，在美好的视听享受中，让大家真真切切地感受到

"中国文化自信"。

2018 年，中央电视台、韩国 KBS 电视台以及美国国家地理电视台都先后对《印象·西湖》进行了专题报道，可以预见《印象·西湖》在国际上的影响将进一步扩大。作为杭州城市文化金名片，《印象·西湖》始终牢记自己的社会责任，始终以向更多观众传播中国文化为己任，是"公益性项目、市场化运作"的典范，它也将继续在这条路上勇往直前，继续为我们呈现高水准的"文化盛宴"。

B.6

中文传媒：互联网时代的华丽转身

赵小虎

摘　要：　2017年，根据"十三五"规划，中文传媒致力于构建"传统核心主业、新兴科技业态、资本创新经营"三足鼎立的利润格局。以全面提升出版主业盈利能力和品牌建设、构筑基于互联网平台的商业模式等为抓手，积极进行转型升级、融合发展，同时加快推进国际化的步伐，取得了良好的经济效益和社会效益，成为我国传统文化企业改革转型的典范。

关键词：　中文传媒　互联网　改革

中文天地出版传媒股份有限公司（简称"中文传媒"）是一家具有多介质、平台化、全产业链特征的大型出版传媒公司。近年来，随着互联网的快速发展和国家对文化体制改革的不断深入，传统的出版传媒行业已经难以满足市场的需求，这对出版传媒企业市场化、多元化的发展带来了新的机遇和挑战。在此背景下，2017年，公司按照年初确定的"防控风险、稳健发展"整体要求，精心谋划发展目标和路径，深入推进全面振兴传统出版主业、大力发展新媒体产业、跨界发展多元融合、加强资本创新经营战略举措，有效健全各项发展机制。在行业发展整体趋于平缓增长的形势下，公司继续保持了良好的发展动能，经营质量不断提升，全年整体收入超过133亿元，股东净利润超过14亿元，均实现稳步增长。公司经营效益的不断改善，为整体

规划的完成进一步夯实了基础。如今，中文传媒正一步一个脚印，为打造行业领先的现代传媒企业而奋勇向前。

一　厚积薄发，深度挖掘企业资源

近年来，中文传媒的营业收入、总资产、净利润等主要经营指标均跻身全国同类出版公司前名，市值稳居同类上市公司前三名，在传统媒体领域表现出强劲的实力。这与企业长久以来的资源积累以及公司厚积薄发的能量密不可分。

1. 品牌资源

品牌作为企业的一种特有资源，对企业的发展起着至关重要的作用。中文传媒作为一家综合性的公司，出版、印刷、游戏、艺术品等行业均有涉足。在全方位发展的同时，中文传媒也非常注重品牌资源的建设。在新媒体、在线教育、互联网游戏、数字出版、影视剧生产等新业态业务中积极有效利用旗下 9 家出版社和 25 种报刊积累的优质 IP 资源，在主题出版领域、少儿出版领域、青少年文学领域、影视文学领域以及文化艺术领域皆已形成独特的优势品牌。其中以二十一世纪出版社在全国青少年文学和少儿科普动漫出版领域占据领先地位最为典型。另外，公司不断优化公共文化服务基础设施，着力打造集图书、餐饮、娱乐、教育等于一体的综合性文化空间。如井冈山红色书店、婺源最美乡村书店，旗下百余家新华书店已具有强大的渠道控制力和品牌聚合力。

2. 信用资源

在任何时候、任何市场环境下，企业信用都至关重要，只有有良好信用的企业，才会有长远的发展。作为出版业中的佼佼者，中文传媒始终坚持把社会效益放在首位，实现社会效益和经济效益相统一。在企业信用建设方面，近年来，公司屡获"中国主板上市公司价值百强"、"上市公司监事会积极进取 50 强"、2015"中国企业信用 500 强"、"中国服务业企业信用 100 强"、"中国上市公司信用 100 强"等殊荣；2017 年 6 月，公司股票成为首批纳入 MSCI 指数的 222 只股票之一。同时获得权威评级机构中诚信国际 AAA 级主体信用评级，公司征信大幅提升。这些权威信用评价作为一张亮丽的"经济身份证"，为公司下一步的战略实施准备了利率优势、行业排名优势、地区影响优势及资金来源。除此之外，中文传媒还是业内最先提出全面征信建设的企业，在构建信用生态体系的同时，积极开展国际评级，打造全球信用体系。当前，中文传媒与基金、保险以及信托机构开展深入合作，同时拓展政策性银行、商业银行和外资银行等融资渠道，努力降低企业融资成本，构建多元化的融资格局，为创立投融资平台夯实基础。

3. 人才资源

对企业来说，人才是关键要素，人才对企业转型升级和经济发展具有重要作用。中文传媒不仅拥有中宣部全国文化名家暨"四个一批"人才、中国政府出版奖先进个人以及国务院特殊津贴专家等高端人才，并有一大批在经营管理和投融资领域的精英。同时，近年来，中文传媒实施了包括北京百分在线、北京艺融民生、昆山立华彩印在内的多起并购，从并购重组中直接收获技术专利和高端科技人才。除此之外，为了培养高端人才队伍，企业依托高等院校成立出版传媒研究学院和共建实践教学基地，与国内外知名大学和机构合作，组织优秀青年编辑人才赴英国牛津大学培训深造，不断加大对人才的培养力度。

4. 文化资源

企业文化将是企业的核心竞争力所在，是企业管理最重要的内容。

中文传媒特别注重企业文化氛围的培养，始终将员工的幸福感摆在突出位置。倡导员工在工作中相互合作、相互信任，要认同公司的文化价值观。同时，在对员工的激励机制上，坚持"效益优先、效率优先，以人为本、一专多能，奖勤罚懒、兼顾公平"；坚持"人尽其才，才适其岗，以岗定薪，岗变薪变，重能力，重实绩，重效益，重贡献"。除此之外，中文传媒还致力于打造有诗意的公司，大力推进企业文化建设，高度重视文明创建活动与社会责任、党建工作、企业文化和公司经营等相融合，坚持常态长效地创建各项文化活动，努力构筑有特色的文化企业新格局。中文传媒通过开展

丰富多彩的文体活动，努力把公司打造成员工的"人生归宿、事业高地、精神家园和温馨港湾"。通过企业文化的建设，为打造全国领先的文化产业集团提供创新、优质、稳健以及可持续发展的动力与支撑。

二 筑牢基石，不断突出出版主业

作为中国文化产业领军品牌和江西文化产业的领跑者、整合者，公司上市以来，高度重视出版主业，努力夯实产业基础。2017年，出版主业的销售收入和利润占据了集团公司的半壁江山，市场出版物收入占出版物总收入的比重达到了55%。通过进一步强化出版主业地位，牢牢把握出版导向，切实贯彻"精品出版、精细出版、精准出版"理念，在出版主业方面，形成集主题出版、畅销书出版以及教材教辅出版于一体的品牌产品线。

1. 主题出版，亮点频出

在主题出版方面，公司深度推进内容创新，主题出版精品迭出。在国家新闻出版广电总局举办的各项主题出版活动中，中文传媒主题出版项目入选数量多次排在全国地方出版机构前三位。被中宣部、国家新闻出版广电总局选定为主题出版重点出版传媒公司之一。2017年，全年入选国家级奖励和重点推荐目录的出版物达98种，同比增长19.51%。38种出版物获省级荣誉，同比增长30.2%。其中《一百个孩子的中国梦》《列王的纷争》等14种出版物获得第十四届中宣部"五个一工程"奖，公司有53种出版物入选国家级重点项目推荐目录。"瓷上世界""乾嘉诗学研究"等10个项目获得2017年度国家出版基金资助。"中国吉祥文化丛书"等9个项目入选国家"十三五"重点出版规划增补项目和《2011～2020年国家古籍整理出版规划》。此外，中文传媒入选国家新闻出版广电总局CNONIX国家标准应用示范单位，获2017年文化产业发展专项资金1255万元，连续六年入围"财富中国500强"，成为我国出版文化企业的领军品牌。

2. 畅销书工程，继续发力

在畅销书工程方面，中文传媒持续推进出版主业"10＋N"工程，以工匠精神去锻造精品，创设中文传媒畅销书排行榜，以大数据分析引导图书推介和销售，市场图书建设成效显著。《2017 年中国图书零售市场报告》显示，中文传媒以占比 1.30% 的动销品种数取得了 2.60% 的市场份额，在全国图书零售市场中的占有率排名居中，位列全国第七，地方出版集团排名居第五；与 2016 年相比，码洋占有率上升了 0.11 个百分点，图书收益能力优于综合零售整体市场上所有出版机构的平均水平。在出版传媒企业不断上市的竞争格局下，中文传媒连续三年跻身全国出版集团年度排行 TOP10，2016、2017 两个年度稳定在第七的位置。据开卷公司统计，2017 年，中文传媒年销售 10 万册以上的图书有 38 种，同比增长 26.66%；年销售 5 万册以上的图书有 156 种，同比增长 71.43%。其中《不一样的卡梅拉》套书上市以来累计销量突破 2500 万册，《摆渡人》上市以来累计销量突破 550 万册，成为市场爆款图书。

3. 教辅教材，扎实基础

在教辅教材方面，中文传媒与江西省教育厅签订了《江西省 2017—2019 年度义务教育免费教科书采购合同》，合同总金额约 20.25 亿元。作为江西省义务教育免费教科书单一来源供应方，紧紧抓住国家统编统用义务教育《道德与法治》《语文》《历史》教材机遇，坚持教材经营"保存量、促增量、提质量、扩产量"理念，努力保持和扩大教材教辅经营优势，实现"稳中求进、稳中求新、稳中求精、稳中求升"的经营目标，进一步夯实教材经营基础，巩固市场经营格局。2017 年，在史上编辑印刷物流发行周期最短、难度空前的情况下，超前部署，科学调度，连续两个月高强度加班加点，战胜了挑战，圆满完成了"课前到书、人手一册"政治任务，获得国家新闻出版广电总局全国三科教材及中小学教材教辅检查组的肯定和赞许，获得总局颁发的 3 项"先进集体"和 5 个"先进个人"荣誉称号。

中文传媒以重点带动一般，注重旗下各出版社的精准定位以及产品线精细规划，专项设立重大出版工程项目种子库，对入库项目予以政策和资金扶持，适时进行滚动式增补调整，种子库工程的良好运作为中文传媒"十三五"期间做强主业、做响品牌提供了坚实基础与重要保障。

三 融合发展，传统业态转型升级

根据既定的"十三五"目标，中文传媒紧跟时代步伐，着力打造优强的"互联网＋"现代出版传媒上市企业。通过坚持传统媒体和新兴媒体的优势互补，以技术为支撑，以内容为核心，推动了传统业态在内容、渠道、平台、经营、管理等方面的转型升级。进一步夯实了"互联网＋"发展基础，加快了融合发展步伐。

1. 市场营销转型升级，效果显著

公司持续推进电商标配工程，在网络营销领域捷报频传。2017年，中文传媒图书出版社线上销售码洋为7.86亿元，同2016年比增长38.38%。网店码洋占有率2.79%，排在全国第六位。与此同时，公司进一步拓展图书发行、在线教育、科技物流、院线、餐饮以及教育培训等多元业态，着力打造出版物发行行业物联网平台、新华云智慧教育平台以及O2O新商业模式交易平台等六大平台，持续推动产业升级，逐步形成新华矩阵。此外，公司将物联网技术运用于物联网研发基地的建设，促进了物流、文创等出版新业态地升级聚合。

2. IP战略有序推进，硕果累累

在内容资源方面，公司不断强化"Super IP"思维。以互联网为载体，对旗下出版社和报刊的内容资源和版权资源进行整合运营，通过"全方位、全媒介、全产业链"的深度开发，推动畅销书IP向影视动漫游戏等产业的转化。通过旗下出版社和报刊不断积累大量的优质IP资源，着力打通内容资源与影视、动漫、娱乐、微电影、网络游戏等业态的通道，延长优质内容价值链。如公司根据《千古悲摧帝王侯—海昏侯刘贺的前世今生》改编的网络大电影《海昏侯传奇之猎天》在爱奇艺播出后点击量突破千万，"脑洞"出版服务平台获得30多部知名漫画的网络传播权，等等。

3. 探索布局融合发展，成效斐然

为推动传统出版的转型升级和媒介融合，中文传媒成功获批为国家新闻出版广电总局出版融合发展重点实验室之一，同时获得国家新闻出版广电总局、江西省发改委、江西省科技厅、江西省商务厅等融合发展方面荣誉 20 多项。在此之前，公司已在新闻出版领域的物联网研究中有所尝试，如研发了大数据行为分析系统、快速收银系统、RFID 分拣机系统以及物联网快速盘点系统等。为了传统出版和新兴出版的融合发展，未来公司还将图书仓储、行业标准、数字资产管理作为实验室重点研发项目，进一步为完善产业布局、探索商业模式贡献力量。

4. "互联网 +" 业态创新，华丽转身

互联网正在击穿一切基于信息不对称的行业，这也意味着，传统出版不得不加速与新兴出版"联姻"。以互联网思维谋划发展，"互联网 +"战略正带领中文传媒进入一个全新的时代。中文传媒拥有互联网出版许可证、互联网信息服务许可证、网络文化经营许可证等众多出版产业准入资质，同时享有文化企业和科技企业相关税收政策，这为企业用互联网平台思维深度推进自身转型升级提供了保障。通过对智明星通的并购，中文传媒成功融入互联网的浪潮，使得游戏业务成为公司新业态业务的主力军。智明星通作为全球 52 大发行商之一，位居 App Annie 中国出海全球收入榜首。2017 年中文传媒通过智明星通收入净利润 7.07 亿元。其中主力游戏《列王的纷争》年平均月流水为 2.46 亿元，对公司利润的净贡献同比增长 40.30%。智明星通的并购大大推动中文传媒接入互联网领域和构筑国际化互联网平台的进程，为其传统出版业的融合发展提供了新的途径。

四 文化"走出去"，国际化布局有序推进

1. 依托并购，加大国际化力度

近年来，围绕"内容为本，平台为王"的发展战略，中文传媒大力推动文化"走出去"，不断持续加大中韩、"一带一路"沿线国家和东欧国家合作力度。通过智明星通的国际入口，不断开拓全球市场。依托于智明星通研发的行云技术，利用其在全球的用户优势和网站布局基础，着力进行国际

出版平台的建设。借助"一带一路"的良好契机，逐步打通国际文化产品服务渠道，推动中观文化走向世界。智明星通已成为海外运营能力最强的中国游戏公司，具有强大的研发优势和完善的海外发行渠道，研发运营一体化优势明显。

2. 版权合作，加快走出去步伐

近年来，中文传媒致力于推动江西优秀文化作品走向世界，极大地促进了中外文化的交流与合作。在首届"江西省版权输出奖"中，中文传媒共有《熊猫的故事》等 9 个版权输出项目获奖。为适应新形势下中国文化"走出去"的新要求与新特点，公司以《中国文化 ABC》为基础和蓝本，深入阐释中华优秀传统文化核心理念，推出"器物与生活""文字与思想""文学与艺术""山水与建筑"系列丛书，借以系统地向国内外朋友讲述中国文化的故事。同时，中文传媒不断夯实与"一带一路"沿线国家和地区的版权合作，如江西科学技术出版社《让孩子不发烧不咳嗽不积食》输出至泰国、江西美术出版社"影响孩子一生的益智成长绘本"系列丛书输出至越南等。2018 年上半年，中文传媒共完成图书版权输出已达 97 项。这将极大地促进江西出版对外版权的交流与合作，推动更多优秀赣版出版物走出去，促进中华经典文化和赣鄱优秀文化在全世界范围内传播。

纵观国际国内形势与行业趋势，出版传媒行业既面临着转型升级的压力，也身处融合发展的历史机遇之中。中文传媒通过充分发挥资源禀赋优势和新媒体新业态领先发展优势，立足主业，狠抓"互联网＋"、物联网、数字出版、资本创新经营等具有引爆力的多元产业，为未来发展提供了无限可能。

B.7
中国国际电视总公司：
传媒航母　大国之声

庄　园

摘　要：　中国国际电视总公司是中央广播电视总台中央电视台全额投资的大型国有文化企业。在央视优势的品牌基础上，总公司近些年通过转型升级传统广播电视新闻板块的、加速发展影视动漫产业、融合开发新兴业态、加强国际合作等一系列措施，打造了以传媒为核心的全媒体产业链，成为中国文化产业里百亿级的传媒航母。如今这艘传媒航母以崭新姿态出发，传播新时期新阶段的中华好声音。

关键词：　广播电视新闻　影视动漫　融合发展

中国国际电视总公司（以下简称总公司）1984年成立，是中央广播电视总台中央电视台全额投资的大型国有文化企业，是其全产业链经营、国内外布局的市场主体。总公司2017年的营业收入达到153.48亿元，实现利润总额9.94亿元、净利润7.63亿元，比上一年分别增长了2.58%和3.25%。已过千山万水，仍需跋山涉水。作为一个有着三十多年历史的老文化品牌，总公司没有躺在功劳簿上睡大觉，而是积极作为，勇于进取。近些年通过转型升级传统广播电视新闻板块、加速发展影视动漫产业、融合开发新兴业态、加强国际合作等一系列途径，总公司进行自我改革，赢得了新市场、新

机会，打造了一批国内领先的旗舰企业，培育了众多业界知名品牌，讲好了新时期的中国故事，展现了新阶段的大国风采。

一 新闻板块转型升级 主流媒体迎来新机

广播电视新闻是总公司的传统板块，只有传统业务做好了，其他业务才有发展的底气和空间。可如何在新媒体的冲击下，做稳新闻立台，做好主流报道，留住观众？总公司在渠道、技术、内容等诸多方面，走出了一条创新发展的媒体转型升级之路。

1. 三台合并 打造舆论最强音

中央电视台、中央人民广播电台、中国国际广播电台先后成立于20世纪40、50年代，是"央"字牌广播电视机构的三兄弟。谁也没想到，一纸文件让三兄弟如今成了"一个人"。2018年3月，中共中央印发《深化党和国家结构改革方案》，其中提出"三台合一"方案，让三大国家级主流媒体共同组建中央广播电视总台。总台是国务院直属事业单位，归口中共中央宣传部领导。这样的举措是党对重要舆论阵地的集中建设和管理，对增强主流广播电视媒体整体实力意义重大。2018年4月19日上午，中央广播电视总台举行了揭牌仪式，这意味着三台正式联手，共同打造舆论最强音。

在4月召开的博鳌亚洲论坛现场，央视主持人何岩柯、央广主持人杨晓菲和中国国际广播电台主持人周微，冲着镜头一起喊："我们是中央广播电视总台主持人！"这是中央三大台主持人首次同框直播报道。接下来的直播长江、五一特别报道、中秋晚会、庆祝改革开放40周年等，也是三台共同参与完成。2018年上半年，央视频道组全国网份额33.85%，与全国卫视组相比高出12.82个百分点，较上年同期高出0.1个百分点；对比2017年，高出0.26个百分点。纵观频道格局，双网收视份额前五的频道均归CCTV麾下，领跑优势显著。短短数月，三台合并之后的这份收视成绩单令人满意。

2. 技术先行 传统板块换新装

同样的内容，换上不同的包装，效果会截然不同。近些年，总公司在

"包装"上下大力气，让"老样式"的电视新闻有了"新看头"。

借助互联网等技术，制作互动新闻，切实拉近新闻与观众的距离。"十九大"期间的央视《两会帮你问》节目就有 H5 互动页面互动的环节，通过网友提问、代表委员在线解答的方式，屏幕内外有了互动，让新闻活了起来，有了趣味，有了温度。网友"小苹果"不仅在央视节目里看到了自己在客户端的留言，还看到自己的头像从手机小屏传到电视大屏。据统计，《两会帮你问》互动总人次超过 300 万，参与提问 102962 条，在提问中留下真实手机号的用户多达 167440 位。节目共有 50 多个代表和委员参加，针对 160 条问题进行了解答。得益于技术的保驾护航，新闻变得好看又生动。总公司旗下设有中视科华公司，科华又细分出新闻技术服务分公司，专门服务新闻包装。同时总公司引进了挪威的维斯公司 Vizrt 和傲威公司 ORAD 的包装系统，买入了国双公司的大数据服务、人工智能语义分析数据处理端口，并大力引进、培养新媒体人才，这些在技术上的大投入都让央视新闻焕然一新。

新"看法"还不局限于此。央视打响了 4K 电视的第一枪，虽然相关技术已较成熟，但之前 4K 电视片源的生产难以量化。2017 年央视率先完成一号厅和 2000 平方米演播室从高清升级为高清兼容 4K 的系统改造，4K 直播转播车的建设也基本完成。2018 年 10 月，央视 4K 超高清频道开播，目前已落地 15 个省份，标志着中国电视超高清时代拉开序幕。大屏发力，小屏也不甘示弱。总公司目前建立了三十多人的 VR 专业制作团队，在 2018 年春晚期间进行了 VR 拍摄制作试水。如今在央视网上有专门的 VR 频道，APP 里有 VR 专栏，上央视 App 收看 VR 新闻已成常态。为了纪念改革开放四十周年，央视 VR 团队制作了《穿梭"时光博物馆"》等一系列 VR 小视频，受到观众的喜爱。

3. CGTN 开播 国际传播新时代

2016 年 12 月 31 日中国国际电视台（*China Global Television Network*，简称 CGTN）宣布成立，下设 6 个电视频道、3 个海外分台、1 个视频通讯社和新媒体集群，是中央电视台全新的国际传播机构。作为国家外宣旗舰媒

体，CGTN 的开播意味着央视开启了国际传播新时代。

"十九大"报道期间，CGTN 用五大语种（英语、法语、西班牙语、俄语、阿拉伯语），向全世界超过 30 亿人口同步报道会议盛况。记者全球布局，首次采用场外即兴提问、场内即刻回答的直播方式，制作了《十问十九大》系列节目，聚焦了时下国际社会对中国发展最关切的问题，深入探讨了经济改革、从严治党、中国模式等，充分体现了大国的自信和开放。节目中创新模仿了西方选举中常用的民调方式，在上海组建了一支由各行各业年轻人组成的"焦点小组（focus group）"，用微信等即时工具做民调，拉近了与外国观众的距离。坚持"移动优先"，升级客户端，放大了视频和直播功能。据统计，CGTN 客户端下载量在"十九大"期间增长了 60 万，其中海外用户占比 95%。128 人的上会记者报道团，外国记者与中国记者的比例是 5∶3，首次实现外籍记者上会报道党代会，且人数超过中方记者。从国际视角，以"融通中外"方式报道十九大，展现了开放的大国姿态。

开放视角带来了流量激增。十九大期间，CGTN 新媒体总发稿量将近5000 条，阅读量接近 4 亿次。十九大报道推动了 CGTN 社交平台账号注册量大幅增长，多平台粉丝数净增 535 万。目前，CGTN 在全球最大视频网站 Youtube 平台的视频观看总量超过 3.7 亿分钟，全球点击量超过 3 亿次，居国内主流媒体首位。

CGTN 用更坚定的国家立场、更新颖的表达方式、更大气的播出形态，讲好了中国特色社会主义进入新时代的故事。

二 影视动漫大鹏之翼 品牌驱动价值凸显

广播电视新闻是总公司的传统优势板块，好比大鹏的身体，影视动漫这两块产业就如同大鹏的双翼。有了这一体两翼，总公司方能大鹏展翅，上达九万里。近些年，总公司把原创影视动漫作品作为"敲门砖"，在全球各大影展上崭露头角，与世界一流品牌寻求合作，将"走出去"和"请进来"相结合，闯出了一条文化意义上的"一带一路"。

1. 内容创新 织就完整产业链

"熊猫+"是总公司近两年开发的原创动漫品牌，它以中国元素熊猫为核心，进行跨国合作，让中国熊猫和世界各国的不同经典卡通形象相碰撞，激发灵感，以融合之道宣传中国形象，以合作之态拓宽国际市场。可爱的主人公大熊猫，取名"和和"，"和"是中国传统哲学范畴，包含着"求同存异，和平共处"寓意，借"和和"之名，总公司进行了积极的国际合作。在2017年10月16日至19日进行的第33届法国秋季戛纳电视节期间，总公司展出了两部中外合拍的熊猫动漫作品，一部是中国与捷克合拍的《熊猫和小鼹鼠》，一部是中国与俄罗斯合拍的《熊猫和开心球》，在电视节上备受好评。2018年4月5日至7日，总公司代表团出访阿根廷，代表们就与阿根廷因特格拉资本集团公司洽谈推进两国合拍动画片方案，合作签署了"熊猫+"协议。"熊猫+"品牌用中西合璧的"和"方式，创作出同时受中国以及国际观众喜爱的优秀动画作品，将中国的"和"文化推及全球。

"熊猫+"品牌的打响源于背后成熟的产业链。央视动画作为总公司旗下的动画专业制作公司，近年来在内容授权、商品授权、主题授权等多个领域积极探索，建立了关于核心IP的全产业链经营模式和衍生开发模式。脍炙人口的动画《大头儿子和小头爸爸》是成功案例之一。新的《大头儿子和小头爸爸》不仅是系列电视动画，还被做成了动画电影，开拓电影市场，获得亿元票房，并开发了一系列周边产品，牢牢掌握知识产权，将品牌价值最大化。

目前，总公司已经形成一套相对完整的以内容为核心的动漫产业链开发模式，从上游的内容制作到下游的游戏图书开发、网络音视频节目、舞台剧、新媒体版权销售、小程序开发等，开展多个细分领域的衍生开发，大范围织就IP价值网络。"内容为王"是品牌发展中的"定心丸"，过硬的内容是文化品牌比拼中的核心竞争力。只有优质的内容掌握在手，企业才不会随波逐流、迷失方向，品牌才能长足发展。

2. 影视出海 合拍提升影响力

过去两年里，可以看到总公司在世界各地舞台上活跃的身影，积极开辟话题，争夺世界话语权。2017 年 6 月 21 日，由总公司承办的"中国影视节目推介会"在 NATPE 17 匈牙利电视节期间举行，匈牙利语版《一带一路》《航拍中国》受到国际市场广泛欢迎。2017 年 7 月 4 日，在第三届中俄媒体论坛上，总公司承办了"2016～2017 中俄媒体交流年成果展"，公司旗下的三家公司组团参加了成果展。论坛期间，中视卫星电视节目有限责任公司与俄罗斯第一频道就其"喀秋莎"频道在华三星级以上宾馆等单位落地签署了协议。节目代理部还与俄罗斯巨星传媒集团签署了关于合拍电视剧、纪录片的意向协议。在韩国 BCWW 电视节、法国秋季戛纳电视节、GCB 印度世界内容市场展、迪拜电视节等多国的影视节影展上，总公司都表现出积极主动的合作姿态，取得了良好的经济效益和社会影响力。

影视出海，一方面是面向全球传播中华优秀的文明文化，另一方面也是在悄悄播种商机，争取与世界一流品牌的合作机会。2017 年 5 月 9 日，总公司带着《航拍中国》《超级工程Ⅱ》《自然的力量》等节目，参展阿拉伯广播电视节。启动了用阿拉伯语配音的电视剧《生活启示录》播出仪式，计划在 7 个国家 8 家电视台联播。参展交流的效果是显著的，礼尚往来，2018 年 9 月 20 日，覆盖中东北非地区 3 亿用户的中东广播中心，派高管来到中国，拜访了多家中国知名传媒和媒体零售公司，意图与中国公司共同开发市场。10 集电视剧《星际惊魂》是总公司与索尼影视公司、英国左岸影视公司联合制作的精品，讲述了距离地球 5 光年的西娅星球上发生的科幻故事。影片从创意到具体构思，从设计到具体开发，都是中外合力完成。总公司还与英国 BBC、美国 PBS、奥地利 ORF 等国际知名媒体机构合作，打造了国际市场"直通高速公路"，不论在合作地位还是利益分配上都获得新的突破。

国际合拍是总公司的国际市场策略。从节目创意到研制开发的各个环节，都与海外制作公司深度合作，从源头开始增强中国内容话语权，提升国际影响力。中国与英国、法国、澳大利亚、美国、奥地利合拍的纪录片《孔子》《东方主战场》《长征》《丝绸之路的复兴》《天河》等已相继在国际主流媒体播出。

3. "市场＋本土"　创新升级"走出去"

面对不同的文化土壤，不同的受众群体，中国的文化产品在国外如何克服水土不服，如何能生根发芽？总公司近两年通过市场化、本土化策略，大力创新升级"走出去"战略，影视剧、纪录片、动画片和综艺等节目海外平均年销售两万多小时，播出范围覆盖150多个国家和地区。

唱好戏还要搭好台。从单一节目销售发展为海外集成落地，总公司近两年实现了由卖节目向开时段、建频道的新飞跃。2015年至今，总公司以商业合作的形式先后顺利开播南非、阿联酋、尼泊尔、英国、塞尔维亚、缅甸、塞拉利昂、葡萄牙等8个海外中国时段，"China Hour""China Zone"新媒体专区在俄罗斯SPB和YouTube、Viki上积极开通，印尼、柬埔寨等海外中国频道也顺利落地。节目样式充满了中国Style，南非开普敦电视台开办的"China Hour"在播出《中国春晚》时，特意让主持人穿上中国唐装出镜，受到当地观众普遍欢迎。

本土关首先是语言关。语言本土化了，当地观众才有兴趣收看。纪录片《一带一路》被译为11种语言在国外播出；蒙古语版配音的《生活启示录》2017年在蒙古国家电视台播出，夺得收视冠军；西语版古装剧《琅琊榜》《楚乔传》，突破性地在拉美主流媒体播出。技术标准、收视习惯都要遵循本土化原则。欧美国家电视台的黄金时段并不像中国一样连续播放电视剧，国产电视剧的节奏也与欧美受众的收视习惯不同。总公司将《李小龙传奇》从50集浓缩成30集，开发了英语配音版，还配备了120分钟的电视电影版。

目前，总公司已译制30多种语言5000余小时的不同类型的节目，包括纪录片《航拍中国》《舌尖上的中国》，电视剧《生活启示录》《欢乐颂》《琅琊榜》《军师联盟》，动画片《小鲤鱼历险记》，综艺节目《中国春晚》《国家宝藏》等。总公司服务国家发展大局、配合国家对外与文化战略，充分发挥企业优势特色，出口市场从东南亚不断向欧美以及非洲、中东、拉美等地区迅速拓展。"走出去"的不仅是中国文化产品，更是中国文化本身，让各国观众通过影视作品生动直观地感受中华优秀文化。

4. "丝路"品牌　一带一路共佳话

2016年，总公司和多家国际媒体一起发起建立了"丝路电视国际合作共同体"。这是首个以"丝路"为纽带、面向全球的电视媒体联盟。成员们从节目制作到频道共建，从市场运营到商业融合等各方面展开全方位深度合作。

"以前的影视国际化之路都是各个企业分头努力。现在总公司希望能牵头让这些企业'抱团'，形成一个统一组织，提高自身的话语权"总裁助理申家宁在采访中说。目前"共同体"已成功策划举办了四次节目联播展，吸引了国外近50家主流平台参与。2017年1月的首次联播月，《舌尖上的中国》《超级工程》等十余部国产优质纪录片受到热捧，在29个共同体成员国家实现了本土化播出。当年4月的第二次联播活动中，《一带一路》在韩国、德国、匈牙利、马来西亚多家海外平台播出。2018年7月举行第四次联播活动时正值第十届金砖国家峰会在南非举行，《医道无界》《海上丝绸之路》等中国节目在南非多个媒体平台播出，为"金砖峰会"增添了丰富生动的中国声音。

2018年9月，首届"丝路电视国际合作共同体"高峰论坛顺利召开，来自世界各国以及亚广联、阿广联等国际组织的300余位中外嘉宾相聚古城西安。总公司董事长薛继军在开幕式上致辞："共同讲好'丝路故事'和'中国故事'，共同体成员一起助力'一带一路'建设。"会上除了发布《丝路电视国际合作共同体2018年度工作报告》外，还达成了许多新的重点项目：中意两国优秀的制作团队将共同打造纪录片《从长安到罗马》，专题片《从丝路到北极光》将由中加两国合作完成，中法将从法国视角创作《走进中国——拉法兰见证40年巨变》，多国还联合启动了2019年"金丝带"大型合拍节目《我看今日丝路》。另外"欧亚新闻共享交换平台"得以启动，为各国间的新闻分享搭建了一个新平台。论坛还邀请了多位海外高端人士，共同设计合作框架。阿拉伯国家广播联盟秘书长阿卜杜拉希姆·苏莱曼、美国全国电视节目专业协会（NATPE）首席执行官兼总裁鲍默尔等嘉宾出席了论坛。

目前"丝路"共同体成员伙伴越来越多，已发展 50 个国家和地区的 105 家成员及伙伴，包括电视台、影视制作发行公司、视频网站及亚广联、阿广联等区域性国际合作组织等。"一带一路"既是经贸自由之路，更是文化交融之路。五年来，总公司乘着"一带一路"的东风，围绕"丝路"做足了文化交流文章。

三 新兴业态多点布局 融合之道拓宽市场

总公司在不断稳固传统传媒优势的同时，进行多元布局谋求更大发展。近些年，总公司通过与互联网重点企业的深度合作、影视城旅游开发、电视购物 App 衍生、资本运作资源盘活等，围绕传媒核心大力发展新兴业态，科学布局产业结构，延伸相关产业链，为品牌在新时期的新发展谋求新机会。

1. 借网发力 谋求合作促发展

总公司拥有大量优质内容，与互联网企业进行深度合作，发展渠道、优化渠道以传播推广精品内容，是总公司进军互联网的战略。2018 年 4 月 28 日，总公司与阿里巴巴集团签订技术合作协议，商定从多个方面展开务实合作：联合打造混合云平台，提升内容推送能力；在大数据方面，开展多终端用户收视行为分析、广告大数据等合作；在人工智能方面，全面合作开发，将人工智能新技术广泛应用在视频内容生产、制作和发布的各个环节；在移动客户端合作方面，双方拟共建技术公司，基于内容和技术共同开发功能强大的移动客户端。喜事连连，2018 年 7 月 31 日，总公司又宣布与中国移动通信集团有限公司签订技术合作协议，拟在技术研发、内容分发、资本运作等多个领域进行合作，互利共赢。双方将合作建立 5G 实验室，建设相关内容生产、分发平台；共建 4K 超高清电视直播、VR 视频直播；内容层面，双方将深入挖掘各自积累的丰富 IP 资源，合力打造精品内容。资本层面，将探讨入股双方下属公司、共同成立产业基金等合作模式。通过类似这样的合作共建，形成"内容＋技术＋渠道"的融合发展模式，这对于增强品牌

的传播力、引导力，增强央视的影响力、公信力都将发挥积极作用。

2. 传媒旅游　利益增长深挖掘

2017 年春节期间一场"'鸡'祥如意，全城盛会"的文化活动在无锡影视基地热闹上演。春节七天假期中，影视城共迎接了 13.2 万游客，单日门票收入超过 200 万元。这只是影视城旅游火热的一个缩影。

无锡影视基地分公司是总公司旗下企业，也是国内最早建成的影视城之一，已接待了《三国演义》《水浒传》《大明宫词》《杨贵妃》《唐明皇》《大唐歌妃》《天下粮仓》等 250 多部影视剧的拍摄，是首家获评 5A 级旅游景区的影视文化景区。游客来影视城不仅是为了游玩，也为了能一睹各国明星的风采。景区里长年都有剧组进驻，影迷有机会和喜爱的明星近距离接触。进片场、看拍戏、照合影，已成为无锡影视城的必备游览项目。除了影视带动旅游外，在拍摄淡季的时候，影视城也主动出击，"旅游＋"战略是影视城近两年的文化品牌创新策略。结合景区汉、宋文化特色，向中小学生市场推出的特色研学游活动，涵盖"汉服""汉礼""瘦金体""活字印刷术"等多种优秀传统文化活动，备受市场欢迎。

无锡影视城和总公司旗下的广东南海影视城，河北涿州影视基地等一起，每年仅旅游观光、剧组接待等业务就盈利过亿元。在传媒旅游方面，总公司成立了中广国际旅行社有限公司、荧屏汽车租赁有限公司、梅地亚电视中心等，完善传媒旅游上下游产业链。除了影视城开发外，总公司依托电影产业，还成立了鹿鸣影业有限公司、入股浙江时代院线、参投 IMAX 电影基金项目，培育了诸多效益增长点。

3. "媒体＋货架"　玩转市场巧心思

拥有了诸多优质资源和背后的大数据技术支撑，总公司动起了"媒体＋货架"的巧心思，开创了媒体零售的新模式。聚鲨环球精选（Shark Shopping）隶属北京环球国广媒体科技有限公司，是总公司旗下企业。定位为"环球精选"，聚鲨环球精选电视购物频道覆盖全国超过 1.6 亿户家庭，辐射 6 亿多观众，"电视＋App""大屏＋小屏"让聚鲨环球精选与一般电商有所不同。通过大数据技术，平台精确服务 45～55 岁、家庭收入高且稳定的女性，平均每单交易金额超过 150 美金，高于国内其他电商。2017 年 9 月，聚鲨环球精选投资控股中东北非地区最大的电视购物企业 citrussTV，这是中国电视购物行业的第一笔海外收购案例，聚鲨环球精选也成为行业内第一家"走出去"的电视购物企业。发散思维，优化体验，总公司在网购竞争激烈的今天，依靠电视购物的独特优势，在电商市场上拥有了一席之地。

4. 资本运作　盘活传媒好资源

中视传媒股份有限公司是央视控股的上市公司，截至 2018 年第三季度，公司总资产 15 亿元，前九个月营业收入 4.9 亿元。通过多年发展，形成了以"影视、旅游、广告"为主的发展格局，在资本运作、盘活资源方面，中视传媒在过去两年也做出了积极尝试。2018 年 11 月中视传媒发布公告，与宁波梅山保税港区朴鸿投资管理公司等五家单位共同投资设立朴盈国视（上海）股权投资基金，目标认缴金额 10.02 亿元。基金主要投资融合媒体以及与融合媒体产业链相关的技术、应用等相关领域。公司作为基金有限合伙人出资 1 亿元，占基金总额的 9.98%，并新设立公司国视融媒进行基金的专门管理运作。与优势资本合作，中视传媒在盘活资源、优化资本方面越做越娴熟。

随着全媒体时代的到来，文化产业与资本市场深度融合，传媒行业的竞争日益激烈。总公司通过几十年的奋斗，成为中国文化产业的绝对领导者。在未来的发展中，我们有理由相信，这艘传媒航母将扛起大国文化品牌之旗，继续破浪前行，驶向光辉彼岸！

B.8

东方明珠新媒体：强强联合，
打造传媒航母

罗 茜　潘星宇

摘　要：　东方明珠新媒体是中国多元化产业布局最完整的文化传媒上市公司，目前总体用户规模已经突破亿级。集团内部子公司遍及媒体网络事业、影视互娱事业、视频购物事业以及文娱消费事业，实现了全文化产业布局，东方明珠新媒体立足"文娱+"战略，深耕产业链布局，连通线上线下，在深厚的品牌积累上展现了新的品牌风采。

关键词：　全媒体　产业链　文化产业布局　文娱产业

上海东方明珠新媒体股份有限公司诞生于2015年，由上海文广集团旗下的东方明珠股份有限公司和百视通新媒体股份有限公司换股合并而成，是上海广播电视台、上海文广集团旗下统一的产业平台和资本平台。合并后的东方明珠新媒体公司继承了百视通公司主营的IPTV、互联网电视、新媒体广告、游戏等新媒体业务，又融合了东方明珠公司主营的传统媒体、国内外贸易、旅游现代服务等传统业务，新媒体与传统媒体的有机结合使得东方明珠新媒体迸发出了前所未有的活力。

为了与时俱进、满足广大人民日益增长的对多元文化娱乐的需求，东方明珠新媒体提出了"文娱+"战略，以强大的媒体业务为基础，运用IPTV、

OTT TV 业务等优势渠道，构建全面涵盖线上、线下业务的泛娱乐产业平台，致力于打造国内领先，且具备市场价值和影响力的生态型互联网媒体集团。如今，东方明珠新媒体已成为国内综合型文化产业集团中的佼佼者，跻身世界媒体 500 强，入选"中国互联网企业 100 强"、"上海百强企业"以及"中国文化企业 30 强"。

一 发挥"全牌照"优势，打造全媒体网络

早在与东方明珠公司合并重组之前，百视通公司就拥有了强大的技术优势。它在一些前沿技术领域，例如机顶盒、电子节目指南、推送等领域，拥有先进技术专利，被列为国家重点高新技术企业。依托先天优势，东方明珠新媒体成为国内唯一一家拥有全牌照、全产业链、全渠道的互联网传媒集团。拥有有线数字付费电视、IPTV、OTT TV、公共交通移动电视、手机移动电视、楼宇电视等多种传播渠道，用户规模已达亿级。

1. 有线数字付费电视

有线数字电视自面世起，就凭借其清晰度高、抗干扰能力强等优势进入了千家万户，与之同行的还有电视付费模式的尝试与实践。如今，有线数字电视和付费电视几乎是不可分割的两个概念。在国内，广电总局先后批准了 4 家全国数字付费频道集成平台，东方明珠新媒体旗下的上海文广互动（SiTV）是其中规模最大的一家。近年来，为了响应国家政策，上海文广互动不断扩大其付费频道所覆盖的区域，用户规模迅速增大。截至 2015 年 12 月，上海文广互动已经运营 15 套数字付费频道，覆盖了全国 31 个省级行政区划单位，覆盖用户超过 1.64 亿户。为了更好地满足有线数字付费用户的需求，上海文广互动的数字付费频道致力于提供多种类的视频服务，目前已有的包括点播、回看、直播、增值内容等，涉及的领域丰富多元，包括影视剧、少儿、时尚、体育、电竞、音乐、汽车等。同时，上海文广互动非常重视高清频道的发展，在其运营的 15 套数字付费频道中，有 11 套是高清频道，领先于其他数字付费频道集成平台。此外，上海文广互动还是

DVB+OTT 产业的领头羊，致力于通过创新产品和服务，为用户提供更好的收看体验。

2. IPTV

IPTV 是我国"三网融合"背景下的重要产物。与传统电视相比，最大的区别在于 IPTV 是通过网络传送的，具有交互性特点。IPTV 的用户不再是电视内容的被动接收者，他们通过与电视内容提供商之间的双向互动，不仅能获得个性化的内容服务，还能及时反馈信息。IPTV 能为用户提供的服务种类多样，包括视频点播、实时快进、节目编排、网页浏览、即时信息、网络游戏、电子理财、网络邮件等。作为我国第一个获得 IPTV 运营牌照的公司，百视通公司已经有超过 10 年的 IPTV 运营历史。在此基础上，东方明珠新媒体不仅积累了大量成熟的 IPTV 运营经验，还拥有大规模的 IPTV 用户。东方明珠新媒体 2018 年上半年报告显示，其 IPTV 用户数量已超过 4600 万，此外，用户画像显示，东方明珠新媒体 IPTV 的用户男性比例高，学历水平与收入水平较高，这与其"为新中产打造最具价值的文娱消费服务平台"初衷一致。同时，具有一定的经济基础和购买力的 IPTV 用户，也进一步促进了公司其他产业，例如旅游、购物、电竞等的发展。

3. OTT TV

OTT TV 是"Over The Top TV"的缩写，意为"过顶的电视"，通俗地讲，就是通过互联网传输信号的电视。OTT TV 的出现一方面帮助用户解决了传统电视只能线性收看的问题，另一方面，因为拥有海量的互联网资源，用户可以自由地选择节目收看，参与评论，甚至左右电视节目的发展。OTT TV 极大地满足了广大用户的收视需求，因而备受青睐。数据显示，截至 2016 年 12 月，我国 OTT 终端保有量为 2.1 亿，覆盖了超过 3.67 亿的人口。专家预测，到 2020 年，我国将有超过七成的家庭使用 OTT TV。

百视通公司是全国七个互联网电视牌照商之一，2012 年底，百视通公司独立研发的互联网电视机顶盒"小红"一经推出就广受好评，2013 年春节期间的日均开机率一度达到了 52%。近年来，百视通的 OTT 用户数量不断上升，截至 2018 年 4 月，已超过 2100 万户。2018 年 6 月中旬，百视通公司联合倍乐生推出了面向少儿群体的"巧虎小红盒"，该产品通过大数据运营，为用户提供学、玩、购、游等高频次综合服务。此外，百视通公司不断加强与其他企业的合作，华为、天猫、兆驰、坚果等企业都与百视通有全方位的业务合作关系。2018年上半年，百视通公司先后与中国联通、欢网科技、国家地理、富士康、风行、阿里云、工业富联、学而思等企业签订了战略合作协议，旨在从内容、技术、服务、平台等方面完善其OTT TV业务。

4.其他传播渠道

除了上述几种主要媒体之外，东方明珠新媒体的全媒体网络中还包含手机移动电视、公共交通移动电视、楼宇电视等传播渠道。

百视通公司是手机移动电视网络的重要一环，它不仅拥有运营网络电视和有线数字付费电视的权限，还是全国六家手机集成播控平台之一。百视通公司推出的手机移动电视能够让用户摆脱固定场所，随时随地享受到优质的高清视频。不仅如此，百视通公司还积极地与电信运营商合作，试图借助其渠道和流量优势，为用户提供更优质的服务。

此外，东方明珠新媒体还拥有大范围的公共交通移动电视、楼宇电视等传播渠道，能够充分利用用户上下班、逛街等碎片时间，达到最佳的传播效果。

二 深耕优质IP，布局全产业链

对于东方明珠新媒体来说，全媒体传播网络的布局构成了其"传媒航母"的躯壳，但是，在这个"内容为王"的时代，优质的内容才是发动机，因而内容产业是其战略布局的重中之重。东方明珠新媒体的内容产业以"IP"为中心，通过不断开发和延伸产业链，最大限度地发挥其价值。其产业链布局大致分为三部分，上游的优质IP发掘，中游的影视剧制播，以及下游的衍生品开发。

1.上游：优质IP发掘

在国内，IP产业链的上游通常是一些出版内容公司，这些公司通过自

主培育或者购买等方式获取优质 IP，再通过对 IP 的自主开发、授权等方式获取利润。近年来，网络文学迅速发展，成为 IP 市场的重要组成部分。

五岸传播是东方明珠新媒体旗下专门从事海内外版权销售和输出的平台公司，是一个全球化的内容供应商和运营商。五岸传播成立于 2004 年，由上海文广集团斥资成立，当时只负责上海文广集团旗下的 13 家电视频道和 10 套广播频率的版权节目。时至今日，五岸传播已经成为"华语节目交易枢纽"。在国内，与其进行合作的电视台多达 300 家；在国外，五岸传播的影响力覆盖了 120 个国家和地区，新媒体领域的合作伙伴多达 20余家。东方明珠新媒体拥有国内最大的互联网媒体电视端、移动端版权库，精品版权内容超过 120 万个小时，拥有电影、电视剧、体育、少儿动漫、纪实等五大王牌资源。丰富且优质的 IP 资源，为产业链的开发和拓展提供了基础保证。

2. 中游：影视剧制播

一般而言，IP 资源的变现开始于产业链的中游，主要是通过拍摄和播出电视剧、电影、网剧等方式获取利润。国内有实力的影视制作公司通常从上游获取 IP，利用其原有的粉丝基础，对其进行二次创作，从而降低市场风险。

尚视影业是东方明珠新媒体旗下专门从事影视制作的平台，其出品的电视剧曾多次斩获"飞天奖""白玉兰奖""金鹰奖"等知名奖项。尚视影业最大的优势在合作、发行方面，它与 BBC、日本富士台、迪士尼等国际知名影视制作平台长期保持战略合作关系。2016 年尚世影业与 BBC 合作，推出电影《神探夏洛克》，在大陆的票房达到了 1.6 亿元。2017 年，凭借与日本富士台的合作关系，尚视影业获得了经典日剧《求婚大作战》的 IP，并成功制作播出，获得了较好的口碑和收视效果。近年来，网络剧市场日益繁荣，尚视影业又通过小说《他来了，请闭眼》改编的网络悬疑剧成功试水网剧制作。除了进一步与优质影视制作平台加强合作之外，尚视影业还提出了三点战略构想——精品化、国际化、互联网化，致力于打造精品影视剧，将优质 IP 的价值最大化。

3. 下游：衍生品开发

一个优质 IP 经过开发、创作，然后以影视剧的形式播出之后，其价值链还远远没有终结。IP 产业链下游的衍生品市场，也是 IP 运营的又一盈利空间，通常以手游、玩具、实景娱乐等为代表。

东方明珠新媒体在产业链下游的布局主要体现在游戏方面，自 2013 年起，百视通公司和东方明珠公司就分别拿到了微软 Xbox 和索尼 Play Station 的中国代理权。近年来，东方明珠新媒体一直致力于打造跨屏幕的游戏聚合平台，布局"两个主机 + 一个平台"体系，实现与上游开发和中游影视制作联动。2018 年第一季度，东方明珠新媒体宣布收购北京盖娅互娱公司，同时投入 4.73 亿资金建设其游戏板块，致力于打造用户喜爱的家庭游戏平台。

三　布局全媒体购物产业闭环，探索流量变现新模式

东方明珠新媒体股份有限公司的视频购物事业群主要由东方购物、上海东方希杰商务有限公司、上海东方明珠进出口有限公司等共同组成，涵盖商品采买、线上视频销售、仓储物流、线下门店零售等各个环节，整个事业群布局完整，规模庞大，目前已经可以依靠事业群内各子公司实现完整的销售闭环，是东方明珠新媒体股份公司的主要流量变现渠道之一。

东方购物作为整个事业群的领头企业，是当前我国电视购物行业销售渠道最全、盈利能力最强的品牌。频道于 2004 年 4 月 1 日开播，十余年来深耕电视购物领域，依靠上海电视台的知名度和影响力迅速取得消费者的信任，从众多电视购物频道中杀出重围，表现亮眼。目前已覆盖全国 12 个省份，辐射 3000 万家庭。2016 年东方购物注册用户已突破 1000 万人。东方购物成立于 Web1.0 的末尾，成立十余年来一路见证了中国互联网技术的崛起，也共同目睹了 Web2.0 时代的到来，东方购物没有囿于传统的电视购物模式，在互联网发展的浪潮中时刻保持警醒，积极探索全媒体渠道融合。过去一年里，频道在以往 PC 设备端口、移动设备端口、电视频道、购物杂志

的布局基础上，充分调动集团内部优势技术力量，重点打造 OTT + IPTV 购物平台，打破了传统电视购物的渠道限制，将电视购物的主战场转移到移动互联网上来，探索出"视频购物 + 互联网"的新模式，也成为中国第一家实现跨屏购物的电视购物企业。

与传统电商不同，成长于电视购物时代的东方购物以价格相对高昂、商品质量较好的生活用品为主要销售产品。目前，频道的销售商品种类逾 12 万种，涵盖了贵金属、汽车、宝玉石、艺术品、家装、厨房电器、生活家居、生鲜食品等生活用品。2017 年，东方购物加大力量开发旅游、房产、家装、教育、婚庆等无形商品品类，致力于为消费者提供更好、更完善的商品服务。"引领生活品质"是东方购物的战略口号。2017 年中国电子商务交易额超过 29 万亿元，电子商务的行业规模以超过 10% 的增速飞快扩大，面对如此竞争激烈的市场环境，东方购物对原有商品结构进行了大刀阔斧的改革，着力提高在售商品质量，完善现有品质管理流程，同时将企业的重心转移到准确把握消费者需求的工作上来。随着国民生活水平的提高，优质海外商品成为近两年来的消费热点。2017 年，东方购物旗下自营跨境电商栏目——《东方全球购》正式获得瑞士先锋口腔护理品牌 Curaprox 库诺登全国电视购物和电商平台总代理权，这也是东方明珠首次获得国际品牌的中国地区总代理权。此举开拓了东方明珠视频购物事业群的发展版图，为今后的海外商品代理摸清了道路。2017 年 6 月 29 日，东方明珠荣获"跨境电商专业奖——最佳跨境贸易企业"称号。此外，东方购物重点实施自有品牌战略，其自创的服饰品牌 Marie Bonne 在 2017 年上海时装周上大放光彩。

相较于淘宝、京东等线上购物方式，电视购物的最大优势就在于其丰富的节目内涵和全面的商品展示。作为传统电视频道，东方购物的节目策划、录制与制作能力不容小觑，东方明珠新媒体雄厚的财力使得其拥有演播间、舞美以及制播设备方面的优势。2016 年，东方购物就已经实现 24 小时高清不间断播放节目，也是国内第一家实现这种播放方式的电视购物频道。2017 年，东方购物着力发展 VR 购物和互联网电视购物两大新技术，紧跟时代发展潮流，为用户提供更新鲜、更便捷、更全面的购物体验。除了每天通过电

视直播将热销商品信息传递给观众以外，频道还开设了多档围绕电视购物主
要类别产品的电视栏目，包括《丹丹李强惠生活》（家居类）、《跟着高黎学
收藏》（艺术品类）、《家装第一站》（家装类）、《明天吃什么》（食品类）
等等，打破了传统电视购物频道内容单一的困局，以更精彩的节目形式为观
众提供商品信息和采购建议，努力寻找频道收视以及电商销售双热点。

我国电视购物行业开始于 2004 年，经过十余年的发展，如今已经成为
重要的虚拟购物渠道。2015 年 6 月，中国电视购物联盟成立，由三十余家
全国和省市级电视购物频道组成。东方购物作为联盟内的主要成员，于
2016 年牵头起草了中国电视购物行业首个行业标准——《中国电视购物行
业标准（试行）》。在我国的广电体制背景下，电视购物行业背后的主体既
包括播放电视购物节目的频道，也包括提供商品交易活动的经营企业，该标
准对这两部分主体分别做出了具体的节目制播规范与商品交易规范，完善了
国内的电视购物服务体系建设。东方购物作为行业内的领军企业，一直在联
盟中担任主导者和监督者的角色。2017 年，根据国家广电总局传媒司的要
求，东方购物联盟成员共同成立了行业标准执行情况调研组，并在 6 月至
11 月为期半年的时间内，对联盟成员单位的 1255 档节目进行抽查，结果显
示，有 67% 的节目符合标准规范，有 33% 的节目存在着不同程度的问题。
2018 年上半年，东方购物针对 17 年的调研结果，继续完善试行标准，根据
国内电视购物行业的实际情况，调整标准内不清楚、不完善的条款，面对层
出不穷的互联网购物新技术，重新定位电视购物在国内电子商务行业的位
置，力图推进该试行标准升级为国家标准，为中国电视购物行业提供新的行
为规范。

四　打造线下文化聚集区，承载文娱体验大场景布局

"娱乐触手可及"是东方明珠新媒体公司的经营理念，除了在互联网和
电视端口布局文娱产业之外，线下休闲娱乐场景建设也是该公司的布局重
点。上海作为中国的经济中心和文化中心，承载了国内大部分的线下文化娱

乐产业，而东方明珠集团作为其中的佼佼者，更是占据行业高地，控制了许多在国内甚至在国际上极具影响力的稀缺性资源，致力于打造面向新中产消费群体的最具价值的文化娱乐休闲胜地。

2017 年，国内文化旅游消费行业稳步发展，根据国家旅游局的数据，2017 年国内旅游人数达 50.01 亿人次，比上年同期增长 12.8%。随着国民经济不断发展，消费稳步升级，消费者闲暇时间不断增多，交通运输工具也不断升级，国内的旅游形式逐步由观光游览向休闲度假、品质旅游转变。未来，国内文旅消费企业将更多地依托升级旅游设施、完善服务项目、提高服务能力来调高自身的行业竞争力和品牌影响力。东方明珠新媒体目前正在依靠东方明珠广播电视塔、上海国际会议中心、梅赛德斯－奔驰文化中心以及东方绿舟搭建长三角地区最大的文旅消费板块，涉及观光旅游、酒店管理、场馆演艺、休闲度假、文化地产等多个部分，与配套地产开发、IP 文化输出紧密结合，打造综合性消费度假休闲新模式。

1. 东方明珠广播电视塔

东方明珠广播电视塔是上海的地标性建筑，该建筑于 1991 年 7 月兴建，1995 年 5 月投入使用，总投资共计 8.3 亿元。目前承担了上海 6 套无线电视发射业务，覆盖半径达 80 公里。

东方明珠坐落于上海黄浦江畔、浦东陆家嘴嘴尖，卓越的地理位置、独具匠心的外形设计以及独特的历史意义，使其成为上海的标志性建筑和旅游热门景点之一。2017 年，东方明珠塔继续加快打造丰富多彩的东方明珠城市广场活动，引入星巴克、小米之家等知名商业品牌，加快从单一的"旅游景点"向集餐饮、购物、观光、会展等于一体的文化娱乐旅游综合体转型。2017 年，东方明珠塔各项关键业务指标（收入、利润、人数）首次超过埃菲尔铁塔，全年汇聚流量突破 900 万人次，同比上年增加 71.3%，其中本地游客占比高达 30%。

2. 上海国际会议中心

上海国际会议中心位于陆家嘴江畔，得天独厚的地理位置使得会议中心拥有独特的江边景致。同时上海国际会议中心拥有着国内少见的会议中心搭配五星级酒店的组合，成熟的配套设施使其能够满足各种高水准的会议活动需求。2017 年，上海国际会议中心从传统的会议承接单位迈向 PCO（professional conference organizer）业务，未来将以更加积极主动的姿态面对市场需求的变化。

3. 梅赛德斯－奔驰文化中心

梅赛德斯－奔驰文化中心一直是国外演出单位到中国举办活动的首选场地。2017 年，奔驰文化中心持续稳定演出行业龙头地位，年营业额实现增长，盈利能力保持行业领先。2017 年共承接各类演出累计 169 场，如 NHL 美国职业冰球联赛、UFC 终极格斗及维多利亚的秘密时尚秀等。未来奔驰文化中心将结合东方明珠新媒体的线上线下布局优势，进一步整合内部资源，打造更多优质的线下演出活动和体育赛事。

4. 东方绿舟

位于上海青浦区的东方绿舟是上海唯一一家综合了青少年社会实践、团队活动、拓展训练以及休闲旅游的大型公园。总占地面积 5600 亩，其中水域面积达 2000 亩。作为上海市郊休闲旅游的新景点和中国最大的修学旅游中心，东方绿舟将工作重心放在了青少年校外活动营地的建设上。2017 年全年累计接待国内外的学生及游客 100 余万人次，其中约 8 万名为素质教育学生，35 万人次前往园区参加军训。此外，园区还接待了超过 10 万人次的冬夏令营以及 70 万～80 万人次市场游客。

B.9

咪咕公司：五位一体，全军出击

刘芳龄

摘　要：　咪咕文化科技有限公司是中国移动面向移动互联网领域设立的，负责数字内容领域产品提供、运营、服务的一体化专业子公司，整合了中国移动旗下音乐、视频、阅读、游戏、动漫数字业务5大板块，咪咕公司在移动互联网领域稳扎稳打、多面发展，形成了以移动娱乐分发为核心，包含IP培育、版权交易等内容的文娱新品牌。

关键词：　咪咕　移动互联网　移动娱乐

2014年咪咕文化科技有限公司在北京正式成立，咪咕文化科技有限公司是中国移动着眼于蓬勃发展的移动互联网领域所成立的，负责数字内容领域产品提供、运营、服务的一体化专业子公司，是中国移动旗下音乐、视频、阅读、游戏、动漫数字业务板块的唯一运营实体，咪咕文化科技有限公司由咪咕音乐、咪咕视讯、咪咕数媒、咪咕互娱、咪咕动漫五个子公司组合而成。目前，咪咕公司聚力于打造国内领先的全场景品牌沉浸平台，汇聚超过2000万+首歌曲、460万条视频、50万+册书刊、3万款游戏、47万集动漫画。着眼于融媒体的未来趋势，咪咕公司将大力探索"互联网+数字内容"运营创新，将内容孵化与渠道合作结合，着力开展跨领域IP运营，积极打造新媒体融合、数字内容聚合、版权交易、内容创业创新四大平台，从而为用户带来文娱生活方式的创新性革命。

一　得天独厚，应运而生

中国移动在通信业务发展到一定程度以后，根据人们对于数字信息消费的需求，从文化产业入手，于 2014 年 11 月 18 日在北京成立咪咕文化科技有限公司。咪咕公司，是中国移动针对移动互联网业务探索专业化运营所迈出的坚实一步。咪咕公司在五个城市分专业成立五个子公司，分别如下。

1. 咪咕动漫

咪咕动漫作为咪咕文化公司的子公司之一，前身是中国移动手机动漫基地，2010 年 4 月在厦门落户，2015 年咪咕动漫有限公司正式挂牌成立。咪咕动漫是中国移动在互联网二次元领域的实体运营公司，它以移动互联网 ACGNM（动画、漫画、游戏、轻小说、音乐）和短视频内容运营为核心，聚焦核心产品的制作发行和周边产品的生产销售、渠道运营推广、电子商务和资本运作等五大领域，在发行模式、编辑方式、传播速度、渠道覆盖等方面都优于传统动漫，主营业务既包括与广义上的原创作者进行业务收入分成，又包括在版权、演艺、衍生品销售等方面的多种收入。现如今，咪咕动漫能够主导从创作、发行、演艺、节展、数字衍生到实体衍生的完整动漫画产业链，实现前后双向的盈利模式，联手上下游产业，共建移动互联网新型文化娱乐产业生态。目前，咪咕动漫拥有 2000 多家合作伙伴，其中包括了大多数的一线漫画家及工作室。近年来获授权动漫形象超过 4800 个，获授权上线正版的动漫作品 47 万集。

2. 咪咕视讯

咪咕视讯科技有限公司的前身是 2006 年在上海成立的中国移动手机视频基地，2015 年中国移动手机视频基地改制为咪咕视讯并且正式进行独立化运营，如同咪咕动漫在二次元领域所起的作用一样，咪咕视讯是中国移动在视频领域的唯一运营实体。咪咕视讯目前拥有的专业化团队规模已达 700 多人，自公司成立以来形成稳定合作关系的各类产业链合作伙伴达 300 多

家。咪咕视讯的定位是以网络视频服务经营为核心，开展多元化的视频业务，并最终打造成为国内领先的综合型视频服务企业。公司战略愿景：打造国内领先、世界一流的综合性视频服务企业。战略目标：行业规模最大，最具产业链价值的音视频内容聚合平台。

3. 咪咕数媒

2009 年 1 月，中国移动浙江公司启动建设中国移动手机阅读基地——咪咕数媒的前身。2010 年 5 月中国移动手机阅读基地，正式推出手机阅读业务。2013 年 12 月手机阅读业务更名为"和阅读"。2015 年 4 月，咪咕数字传媒有限公司成立，2015 年 10 月，"和阅读"正式更名为"咪咕阅读"。2016 年，咪咕数媒提出"三全三者"作为企业使命，即做"全媒出版的创新者，全民阅读的践行者，全新知识的传播者"，在这一使命的驱动下，咪咕数媒建立了以咪咕阅读、咪咕灵犀、手机报为核心的三大产品体系。截至 2017 年底，咪咕数媒实现行业价值 51 亿元，旗下咪咕阅读业务平台汇聚了超 50 万册精品正版图书内容，全场景月活用户数达 1.1 亿，已在全国 200多个城市举办超过 1000 场名家活动。咪咕数媒全力服务全民阅读发展，推动开创中国数字阅读崭新纪元。

4. 咪咕互娱

2009 年中国移动手机游戏基地在南京成立，6 年后，随着咪咕文化公司的成立，中国移动手机游戏基地改制为咪咕互动娱乐有限公司，重点聚焦移动游戏和互联网体育两大领域，是中国移动数字内容游戏板块的唯一运营实体。一方面，咪咕互娱向合作伙伴提供了大量的综合型平台服务，其中就包括专业的产品引入、多样的渠道分发、多层次深度运营、大数据算法支撑以及营销推广等。另一方面，咪咕互娱为用户提供热门游戏和体育的数字内容、互动娱乐资讯、电子竞技、体育赛事、互联网健身等服务，它既是中国泛娱乐产业的融合者，也是创新者，更是引领者。

5. 咪咕音乐

咪咕音乐的前身是中国移动音乐基地，2006 年 5 月，中国移动手机音乐基地在四川成都成立，随后其推出了随身听全曲业务，到 2008 年正版内容库存已经达到 100 万首，2009 年其自主研发出了 PC 播放器。2015 年 1 月咪咕音乐有限公司成立，签约落地天府新区，投资近 10 亿元。8 月咪咕音乐客户端进入 "2015 最具成长性 App 排行榜" 前 100 位。随后第九届音乐盛典咪咕汇在成都成功举行。12 月咪咕音乐公司总经理廖宇获得 "榜样中国·2015年度四川经济影响力人物——四川互联网＋影响力人物" 荣誉称号。咪咕音乐作为咪咕文化科技有限公司旗下负责音乐领域产品、运营、服务一体化的专业子公司，为万千热爱音乐的用户提供高品质音乐产品和一站式音乐服务与分享。

咪咕旗下的五个子公司均为独立法人，它们于 2015 年上半年几乎同步挂牌成立，并在各自所属的垂直领域内深耕，在互联网内容产业这个没有硝烟的战场上发挥特定作用。而从全局观看，中国移动的传统优势为咪咕的发展所提供的保障和便利是显而易见的，重点体现在四个方面：首先是对大方向的准确把握，中国移动作为强势的国企，在多年经营中充分了解国家文化的发展政策，从而将目标设定在网络文化精品化发展上；其次是中国移动庞大的用户规模，咪咕通过细分市场和细分目标群体能够将中国移动的 8 亿用户与各子公司产业进行无缝对接；再次是服务体系优势，打造五位一体全媒体模式，并且依托中国移动作为运营商的便捷的话费支付体系打通支付环节，这成为盈利的关键；最后是推广渠道和既有营销经验的优势，中国移动的业务覆盖全国，利用移动大市场多年累积的营销推广经验能够快速拉动业务发展，并且结合中国移动 2.3 万家移动营业厅根据当时的实际情况选择适宜的方式进行地面推广，打造高效的全触点推广体系。虽然咪咕背靠中国移动这棵大树，是所谓的 "衔金匙而生"，但移动互联领域的文化产业竞争异常激烈，从网络巨头公司到各种专业网站，无不在倾力抢占市场，进行着各自的 "圈地运动"。咪咕成立至今已经 3 年，在互联网这片竞争异常激烈的特殊战场，咪咕在注重自身技术与内容发展的过程中逐渐摸索出了一套属于自己的兵法战术。可以说，咪咕已经走出中国移动的舒适区，进入充分竞争的领域。

二 五位一体，运筹帷幄

Intellectual Property 的中文意思是知识产权，它更常见的形态是缩写的"IP"。"IP"是当下非常火的一个词语，尤其是在互联网文化产业中，广义的"IP"是指自身带大量粉丝和巨大开发潜力的原创作品。放眼互联网内容产业这片战场，IP 已经成为兵家必争之地，一个好的 IP 只要获得充分开发利用，极有可能成为一个关键的制胜法宝，为企业带来巨大的经济利润和品牌影响力。而咪咕公司正是看中 IP 潜在的巨大价值，瞄准全版权的 IP 资源，立足五大子公司特色功能，制定了构建全 IP 产业链、打造超级 IP 的策略。这一项策略，充分发挥了咪咕公司旗下五大子公司的协同性，使各个子公司不再是孤立无援地单打独斗，而是在头部公司的统一指挥下对一个 IP 进行全方位的开发，从而达到互相呼应的战略效果。

《女总裁的贴身高手》是咪咕在全"IP"营运领域的一次大胆试水，并且取得了超乎预想的成功。《女总裁的贴身高手》原来是一部原创网络小说，这部小说在咪咕阅读平台上进行连载，异常火爆，受到万千读者的热捧。该小说在连载期间创下近 10 亿次的点击量，是咪咕阅读平台上同类型中付费订阅销量最高的小说。咪咕看中这本小说背后潜藏的巨大价值，围绕这本小说制定了一系列的开发策略。咪咕阅读、咪咕游戏联合冠名，赞助乐视视频与云端传媒拍摄同名网络剧，第一季于 2016 年 6 月在乐视午间自制剧场上映，取得了极佳的成绩，斩获了 4.2 亿次的点击量。初尝甜头的咪咕决定趁热打铁，马上制作了第二季网络剧于下半年播出，牢牢维系住粉丝群体。同一时间，咪咕阅读和咪咕游戏、云端传媒联合开发了与小说内容、网络剧情节相联系的手游《女总裁的贴身高手之都市狂飙》，这一游戏采取全渠道发行的方式，用户可以在咪咕游戏 App 或者咪咕游戏的官方网站上下载。咪咕的这一次试水是一次非常成功的全媒体联动。

三 技术创新，一骑当先

1. 挑战4K与5G技术

体验是文化的载体，文化的实质就是体验，随着5G时代的到来，小说、电影、游戏这三大主要互联网内容产品将会随着技术手段的前进在终端形态和商业模式上迎来巨大的改变。咪咕作为中国移动的子公司，能够嫁接运营商的技术基因，发挥中国移动的技术优势，因此咪咕敢于在4K、5G领域大胆地进行探索性实践。2018年，咪咕公司成功地在世界杯、中超足球赛事以及CBA篮球联赛的直播中应用真4K技术。其中CBA篮球联赛直播是真4K技术首次在国内篮球赛事直播中进行应用。在这一系列赛事转播中，咪咕对这项技术的运用至臻至熟，咪咕计划将真4K直播技术应用于咪咕汇等演艺场景中。中国移动在5G技术等电子通信技术的开发上遥遥领先，因此，咪咕在5G领域有着先天发展优势。5G时代即将到来，5G所拥有的超高网速、超低时延、超大连接，将会使人们将它作为首选。如果说4G是"高速公路"的话，5G则是"高铁"。谁先搭上5G这趟高铁，谁就能在互联网新一轮的飓风中乘风而上。咪咕闻风而动，将借助5G这股东风，全方位打造5G与体育赛事、演艺活动直播的智慧融合。以直播、电竞为突破口，全力探索5G技术、网络建设与数字化内容的结合，以确保咪咕未来有机会进入新媒体第一梯队。

2. 结合AI技术与咪咕灵犀

人工智能技术是咪咕的另外一个重点发力方向，尤其是在智能语音领域的布局。咪咕灵犀就是由中国移动咪咕公司与科大讯飞联合推出的一个智能语音产品。咪咕灵犀最大的一个特点就是可以全程语音操控手机实现打电话、发短信、设提醒、查地图、找美食、翻译、速记等日常操作。同时作为一个AI助手，咪咕灵犀还为用户提供主动提醒服务。咪咕灵犀作为语音交互入口，可以很好地与咪咕的海量资源进行整合，更好地发挥五大App的协同性。首先，在咪咕灵犀的功能页就设置了咪咕旗下各类产品的进入口，用户可以点进跳转到想使用的内容板块；其次，咪咕灵犀对咪咕所拥有的海量资源可以进行深度信源整合，然后以内容的方式反馈给用户：当用户对AI助手说"我想看书"便会进入咪咕阅读，如果用户说"我想看 XX 书"，咪咕灵犀能够直接为用户跳转至该书；用户还可以使用咪咕灵犀的有声阅读功能，如果用户说"我想听 XX 书"，灵犀助手就会找到这本书并直接进行有声朗读的播放；如果用户说"我想看电影"则会进入咪咕影院，甚至可以在此直接购买电影票。AI 现在是一项火热的技术，但 AI 本身是一个载体，需要与内容资源结合才能够为用户提供便捷的服务。咪咕灵犀就像是一个技术与内容结合起来的大脑，在 App 上根据用户需求深挖垂直场景，设置闹铃提醒、导航、资讯等日常用户需要的功能，在这些基础上再发展出五国翻译、速记和智能主动提醒功能。目前，咪咕公司正计划将咪咕灵犀搭载于智能硬件上，打造以耳机为中心的"智能 + 内容 + 运动"的穿戴生态圈，咪咕耳机将会是一个主打运动场景下语音交互的 AI 产品。

四　多线开花，决胜千里

1. 深挖网络文学的源头活水

近年来，咪咕数媒在网络文学精品佳作的挖掘与传播上投入了大量的资金与精力，通过举办各样的网络文学大赛和全国范围的作家见面会，鼓励通过专业编辑的精导读及评论家的精评，促进网络文学迈向一个新的时代。近年，咪咕牢牢把握了新时代的主旋律，鼓励用现实题材讲好中国故事，每年遴选发布年度最具影响力十大文学作品榜单，为文化产业发展注入源头活水。在第四届中国数字阅读大会的 IP 版权峰会上，咪咕数媒在中国作协网络文学研究院的指导下，与合作伙伴代表共同发布"'鹤鸣杯'2018 年度潜力 IP 价值榜"[1]，从 2017 年的首发图书中甄选出最具潜力价值的精品 IP，

---

[1] 由咪咕数媒主办，其他国内知名的网络文学公司联合举办，旨在评选业界具有价值的网文作品及网文作家，鼓励优质原创文学创作，以名家优质内容引导潮流，全面贯彻落实十九大精神，构建积极向上的网络文学核心价值观，引导网络文学产业健康发展。

为后续的创新性开发与深度运营储备资源。此外，"咪咕杯"网络征文大赛（由咪咕数媒主办、多地网络作家协会协办的一场网络文学大赛，旨在发掘具有潜力的新兴网络作家以及优秀的网络文学作品，其中设置"IP 向作品赛区"，重点挖掘优质 IP，将对其进行重点包装和重点孵化）积极鼓励优质原创文学创作，以名家优质内容引导潮流，为未来的重磅推广与下游产业开发注入新鲜血液。

2. 用硬实力赢得品牌美誉

2018 年 5 月 22 日，咪咕视频击败了众多竞争者，从国内多家视频网站中脱颖而出、拔得头筹，成为 2018 央视世界杯直播新媒体及电信传输指定官方合作伙伴，这是国内电信运营商首次运作国际大型赛事直播版权。据统计，每天有 1 亿人次通过咪咕视频观看世界杯直播，总共有 43 亿人次通过咪咕视频观看了世界杯比赛。对于这场大型的体育赛事，运营商端电信级的保障优势就体现出来了，从 AR、VR、4K、线上、线下、大屏、小屏，多个角度保障大屏小屏、端到端的高品质传输与互动，足够的技术支撑，就是咪咕的底气。除此之外，咪咕考虑到用户的观赛体验，立足专业度与趣味性，打造了包括詹俊、李元魁、张路、颜强等名嘴大咖在内的"地表最强解说天团"，突破性创造了同场赛事不同解说，用户自行挑选的观赛模式。另外，创新运用了"AI 技术"，利用 AI 的人工智能选择性地剪辑观赏度高的画面，剪辑准确率达到 100%。例如，第一轮小组赛中由 AI 剪辑的 C 罗进球短视频 24 小时内观看人次就过亿；结合 4K 技术，首创 50 帧原画直播，为用户提供身临其境般的看球体验，这在国内实属创举。咪咕还充分发挥咪咕矩阵全 IP 运营、多业务协同的优势，旗下其他产品也围绕世界杯展开了全矩阵联动。

世界杯让咪咕视频的用户数量呈现爆炸式的增长，单日用户增长甚至超过 1000 万人。不仅如此，世界杯余威不断，世界杯结束后一个月里，咪咕视频在视频 App 的下载量排行榜中，也一直稳居前三。借助世界杯，短短一个月内，咪咕视频的行业排名至少提升了 10 位。咪咕将运营商和互联网公司的优势结合，在线上线下共同发力，让世界杯的内容能够在第一时间直

触广大用户。通过世界杯这样的超级 IP，咪咕占据了整个世界杯直播环境中的主导地位，用自己的硬实力得到了用户的认可，也赢得了品牌美誉。

3. 紧跟热点，打造中国虚拟偶像组合

"麟 & 犀"是首个中日合作推出的次元偶像组合，由中国移动咪咕公司和日本通讯巨头 NTT DOCOMO 共同打造。这对次元偶像的形象由"初音未来"的设计师 KEI 亲自设计，由 SEGA 公司提供技术支持并执行制作。2017年 3 月 25 日，咪咕麟 & 犀在"2017 日本动漫展"（Anime Japan 2017）Blue Stage 正式"出道"，并于 4 月 26 日的杭州中国国际动漫展上，首次和国内漫迷、二次元粉丝见面。麟 & 犀这对中国虚拟偶像组合赢得了众多粉丝的喜欢与业界的高度评价。2017 年 8 月 17 日咪咕推出了网络直播节目《麟 & 犀 xAI 韵律》。这档直播节目在 NICONICO 动画上放送、咪咕直播网络直播，第一季已经完结，共 8 集，受到众多粉丝追捧。8 月 24 日，麟 & 犀首支 MV《纪念日》公开，其歌曲的动感旋律在互联网二次元群体中掀起一波洗脑风暴。8 月 31 日，第二首 MV《你好》公开，短短一天内，在微博就已经突破30 万点击量。在 11 月 18 日咪咕次元文化节"麟 & 犀之夜"全息演唱会上，青春偶像张一山、工嘉尔、迪玛希、汪东城等三次元明星和铃木实里、冥月等二次元知名声优共同突破次元壁，与咪咕的次元偶像麟 & 犀组成"最强跨次元明星联盟"，为现场粉丝上演了一场燃力十足的跨次元视听盛宴。

麟 & 犀的诞生是咪咕首次尝试从形象 IP 孵化到造星，借鉴学习虚拟偶像界已具有名气和粉丝群体的初音未来、洛天依，但同时麟 & 犀又拥有自身的独特性和差异化优势。麟 & 犀是咪咕公司通过全息投影、虚拟现实、增强现实、人工智能等数字化技术，开展动漫直播、虚拟偶像实时互动的大胆尝试。在人设方面，麟 & 犀姐妹虽然对人类社会充满憧憬，但是初来乍到一片空白，需要借助人类的力量不断成长，通过互动和音乐赋予自己更丰富的个性和情感。值得注意的是，麟使用的是日本语，犀使用的是中文，从文化的角度看，这不仅仅是行业内高科技手段在语言文化方面的充分应用，更是一种不同文化之间的情感碰撞。

麟 & 犀进入大众视野不久，她们不仅深受二次元爱好者的喜爱，也被广大群众所熟知。这对次元偶像歌手将会有更多精彩的演出和成绩，领先踏入泛娱乐无边界扩张时代的咪咕公司也将为二次元市场带来新的气象。

4. 布局线下，建立咪咕咖啡 O2O 体验平台

咪咕咖啡是咪咕公司与韩国著名咖啡品牌 Coffine Gurunaru 合作的产物，以品牌咖啡店为线下据点，打造一个融合"咖啡文化＋舒适环境＋业务互动"的 O2O 体验平台。以咖啡为媒，向用户提供咪咕的各项互联网业务的线下体验和推广，咪咕咖啡是数字业务结合实体商业进行业务转型的一次大胆创新。2015 年 9 月 20 日，咪咕咖啡一号店在苏州开业，2016 年 10 月 28 日，咪咕咖啡北京西单店正式开业，2017 年 4 月，《速度与激情 8》电影上映期间，咪咕咖啡变身《速 8》主题餐厅，顾客在店内可以获得饮品、观影、手游、周边、音乐等一站式体验。在硬件设施配置上，用户通过进店前的门头 LOGO 与体验游戏、点餐时的美颜咖啡机、就座后的席卡＋餐前游戏＋iPAD、4G＋WiFi 的上网设备可以体验到多功能互动屏＋主题墙＋货架的立体式休闲。在文化氛围营造上，咪咕阅读旗下的特色业务"悦读咖"利用咪咕咖啡的体验平台定期邀请作家、明星、企业家等名人，以演讲、领读、对话、签售等方式与全国各地书友面对面，搭建名家与大众互通的桥梁，分享私藏好书，共享读书感悟，传递阅读之美，培养良好阅读习惯。悦读咖从 2009 年至今已走过 100 多座城市，200 多所高校，累计开展 1000 多场名家活动。文学大家、原创大神、历史学者、时事名嘴、财经大牛、影视明星，累计 600 多位名家，共同为阅读发声。截至目前，咪咕咖啡在全国已开九家门店。可以预见，咪咕咖啡这一种"咖啡文化＋舒适环境＋业务互动"相融合的 O2O 体验模式将会吸引更多年轻人。

· 内容产业品牌 ·

B.10
爱奇艺：内容产业的佼佼者

徐 宁

摘　要：　爱奇艺主打综艺与网络文学两大内容板块，从生产精品内容
维度，打造超级网综，创新综艺节目类型；建立系统的福利
保障制度，充分调动网络写手积极性。从全产业链开发维度，
探索综艺多元营收模式，总结了"前期免费，后期分账"的
网文产业链开发路径。各业务模块的串联是爱奇艺综艺未来
的制胜法宝，产业资源整合是爱奇艺网络文学全产业链的发
展方向。

关键词：　综艺　网络文学　内容产业

爱奇艺于2010年4月创立，2011年11月启动"爱奇艺"品牌并推出
全新标志。爱奇艺旗下有爱奇艺视频网站、爱奇艺文学、爱奇艺影视公司等
平台，为内容的产业化、市场化、商品化提供优质、便捷的服务。

爱奇艺在成立之初是一家视频网站，在发展过程中，爱奇艺充分发挥视
频平台优势，不断"招兵买马"，扩充视频内容，建立了涵盖综艺、影视、
动漫等不同类型的视频资源库；利用品牌资本优势，推进内容自主生产，创
新内容产业变现模式；立足于技术优势，建立"爱奇艺大脑"，运用大数据
指导内容产业的运营。2017年以来，爱奇艺重点布局综艺与网络文学两大
内容板块，推出"云腾计划"战略规划，有效整合资源，打造了一条集内
容生产、制作、营销、消费于一体的产业链；爱奇艺基于超级网综带来的流

量，通过多维度发散综艺内容，实现多元营收。爱奇艺自制剧《等到烟暖雨收》《灵域》《动物管理局》，版权剧《大将军司马懿之虎啸龙吟》《猎场》《盗墓笔记之重启》，综艺节目《国风美少年》《中国有嘻哈》都实现了流量、口碑的双丰收，"云腾计划"首部网络大电影《道师爷》首周票房分账破 1200 万元，爱奇艺品牌俨然成为内容产业领域的佼佼者。

一　重重把关：源头打造精品

创意内容是文化产业开发的源头，内容在产业格局中的地位日益突显，"内容为王"逐渐成为"玩家"的共识。爱奇艺积极引进优秀创意内容，同时增强自主创新能力，打造超级网综，培育网络写手"大神"，保证内容有"源头活水"，构建内容资源库。

1. 超级网综：品质源于投入

爱奇艺在成立之初就注重突出综艺的中国文化特色，关注平凡人的生活情感，多方寻求合作，尝试进行"生产 - 平台 - 营销"体系构建，提高视频产业运营的专业化、一体化水平。2011 年 7 月 15 日，爱奇艺联合台湾金牌综艺制作团队金星娱乐打造的综艺节目《爱 GO 了没》开播；9 月 1 日爱奇艺出品首部电视剧《在线爱》，开播广告超过千万元；11 月 11 日以城市为主题的微电影集《城市映像》正式上线，着重展现不同人对待城市生活的 8 种态度，强化节目内容的价值观导向。每集《城市映像》6～7 分的豆瓣评分，对"初出茅庐"的爱奇艺而言，是相当不错的成绩。

消费者个性化需求持续增长，衍生产品的利润增值空间，催生出个性化定制内容生产方式。能否依据市场需求，及时抢占适销对路，又具有改编价值的综艺内容，决定着企业能否在新一轮"洗牌"中占据有利位置。爱奇艺审时度势，适时构建属于自己的内容生产团队，在已有的基础上持续优化"自制综艺"战略布局。2018 年爱奇艺全面发力"说、舞、打、唱、秀"的超级项目，充分利用平台积攒的人气流量，打造爱奇艺综艺品牌。爱奇艺引进具有优质创意内容的综艺节目，同时基于平台大数据、视频平台定位，

通过一个个优质综艺项目，对用户资源、技术资源进行整合，将来源不一的商业资本转化为文化资本，自主生产符合市场需求的综艺节目，使爱奇艺成为综艺的生产、集散重镇。

为保证综艺质量，获得理想的收视率，爱奇艺重金打造超级网综，提升综艺品质，优化观看体验。随着中国综艺市场的竞合、内外环境的变化，内容对综艺节目的热度、收视率具有举足轻重的影响，而优质内容的生产需要高投入。2017年6月24日，爱奇艺自制的音乐综艺节目《中国有嘻哈》在爱奇艺网络平台首播，4小时的播放量过亿，第9期上映后，节目总播放量已超过15亿，《中国有嘻哈》凭其不凡的成绩，获得"2018爱奇艺尖叫之夜"年度综艺节目的荣誉。《中国有嘻哈》作为现象级综艺节目，其制作费用高达2亿元，而一般综艺制作费用在5000万元以下。

爱奇艺以高投入实现高标准配置，以流量明星带动综艺节目类型创新。2018年爱奇艺iJOY悦享会公布了数十部高能综艺节目的规划，包括《奇葩说6》《演员的品格》《偶像练习生2》《姐姐的花店》《恋爱捕手》《唱作人》《刺猬计划》等。除了延续以往注重节目价值观导向，以多元化内容满足消费者娱乐需求的制作理念外，新规划更着力于中国传统文化的展现，打造精品内容，以知名流量小生创新综艺节目类型，以更为开放的心态与国外综艺制作团队开展合作。综艺《国风美少年》重金邀请霍尊、张云雷、鞠婧祎，打造3+X的豪华阵容，三位"引路人"因其过硬的音乐素养，在中国古典歌曲领域有相当影响力。凭借明星效应，节目热度亦"水涨船高"。《国风美少年》的社会效益同样引人注目，在"文化自信"时代语境下，以综艺的形式展现国风之美，不失为对文化事业与内容产业融合路径的有益探索。

2. 网络大神：瞩目在于专注

对网络文学的布局，是爱奇艺大举进军内容产业的另一重大战略举措。2016年5月爱奇艺文学网站成立，助力新人培养，生产网络作家"大神"，力求成为全网最开放的网络平台。秉承培养作家、实现内容生产专业化的理念，爱奇艺花重金聘请到连续五年蝉联作家富豪榜之首的唐家三少、超级

IP《盗墓笔记》作者南派三叔、高人气言情作家 Fresh 果果、超人气美大神水千丞，作为爱奇艺文学的四大首席架构师，为网络文学创作"保驾护航"。2018 年，爱奇艺文学明星作家团已是群英荟萃，人才济济，除四大架构师外，还网罗了步非烟、晴川、却却、骠骑、流浪的军刀、酒徒、携爱再漂流、夜神翼、雨魔七少等共 33 位知名网络作家，有力地推进了内容生产的"硬件"建设。

爱奇艺遵循网络小说创作规律，设置多重福利保障，全心全意服务网络写手。爱奇艺基于尊重人才、培养人才的原则，设置了签约奖、全勤奖、保底奖、买断奖、完本奖，从"软件"方面为内容生产提供保障。2017 年爱奇艺文学公布的作者福利中，既有每月都可申请的全勤奖，又有小说完本奖，两种奖励可同时申请。考虑到存在不可抗力因素导致网络写手暂时不能进行写作活动的特殊情况，爱奇艺特别设立了保底奖，为这部分写手提供基本的生活保障。在爱奇艺文学网站上诞生的优秀作品，还可被改编为影视、动漫、游戏等，从而为网络写手创收。2018 年 9 月上线，由爱奇艺"云腾计划"出品的根据小说改编的网剧《等到烟暖雨收》，在短短三个月内，其分账金额已突破 3000 万元，按照比例分成，小说作者慵十一获得了不菲的收入。

爱奇艺深刻地认识到人才对内容生产的重要性，为激发网文写手的创作积极性、挖掘优秀人才、提高写手的社会地位，爱奇艺举办了多场有影响力的征文大赛。爱奇艺举办了三届"爱奇艺文学奖"征文大赛；2017 年爱奇艺举办第二届"中国好故事征文大赛"，复赛一、二、三等奖的保底合约奖励分别为 20 万、10 万、5 万元；2018 年爱奇艺举办了"首届华语创意征文大赛"。尤其引人注目的是，花溪小说网联合爱奇艺举办了第六届"2018 华语言情小说大赛"，此次大赛要求作品富有现实主义精神，凸显正面价值观。2018 年大赛于杭州收官，参赛作品的网络点击量突破 2.5 亿次，大赛总版权金高达 500 万元。"华语言情小说大赛"自 2007 年启动，有十余年历史，对网络小说创作革新、探索网络小说产业化新模式，均产生了积极影响。

作家收入与网络文学的产业效益密切相关，写手的经济状况是网络文学产业运营的"晴雨表"，在爱奇艺文学的运营下，内容产业"红利"日益凸显，写手的社会财富逐渐增加。截至 2018 年 5 月，爱奇艺文学有 5 万名签约作家，共计产出千余部优质签约作品。在 2018 年第十二届中国作家富豪榜之"网络作家榜"中，爱奇艺文学作家团的水千丞、雨魔分别以 2000 万元、700 万元的版税收入位列富豪榜第 11、17 名，这一成绩的取得离不开爱奇艺对网络文学的大力扶持。

二 步步为营：全产业链开发

消费者的消费行为日渐趋于理性，对文化产品的内容、种类提出了专业化、个性化的消费要求，文、影、游全方位消费体验受到热捧。而内容产业具有高投入，高风险的行业特点，单个企业在短时间内无法具备产业链开发所必需的人才、技术、管理、渠道、经验条件，发挥各个企业优势、分工协作成为内容产业全产业链运营的必由之路。爱奇艺顺势而为，发散综艺内容以助推产业链建构，探索多元营收模式；推出"云腾计划"，以网络小说的影视化，带动网文内容全产业链开发。

1. 紧跟政策导向，勇于探索综艺多元营收模式

《关于进一步加强电视上星综合频道节目管理的意见》成为国家广电总局加强综艺节目管制的开始。随后广电总局从综艺节目内容、价值观导向等方面，强化了对综艺节目的管制。2018 年 9 月，广电总局对综艺节目发出了"限薪令"，进一步整改综艺节目乱象，规范娱乐市场。单纯依靠明星"造"流量的局限性日益显现，爱奇艺立足于精品内容制作，探索新的综艺运营模式，释放综艺最强影响力。综艺节目播放周期较短，产生的用户黏性有限，仅通过综艺节目造就流量，以实现广告招商的传统模式，愈来愈无法满足综艺的变现需求。爱奇艺基于"超级网综"，创造性地多维度发散综艺内容，逐渐探索出会员收入、版权分销、节目特辑、衍生品销售等多元营收模式。

爱奇艺一改以往综艺节目播出后再着手打造产业链的营销方法，将头部IP的产业规划前置，在制作综艺内容之初便进行衍生环节规划，启动专门人才、专项资金的储备工作，力求增强综艺内容的影响力、扩散力、变现力。在综艺节目播出的同时，线上线下品牌合作以扩展营销渠道，联合开发产品以丰富产品种类，深入挖掘综艺的商业价值；上线偶像类漫画、同人小说进行周边产品售卖，利用广告赞助、品牌合作提高综艺的曝光度，实现综艺影响力的大范围扩散。2018年爱奇艺推出的《偶像练习生》堪称全产业链开发的经典案例。爱奇艺首先借助农夫山泉、小红书等广告节目赞助商的营销渠道，实现"未播先火"——先声夺人的宣传效果。再次通过《奇妙的时光》等衍生节目维持综艺内容热度，利用社交平台——泡泡社区增强明星与粉丝的互动。最后，深挖粉丝消费潜力，进行图书、动漫、玩具等衍生产品的售卖。爱奇艺为保证在综艺中脱颖而出的"NINE PERCENT"后续衍生运营的成功，专门成立了爱豆世纪经纪公司。

基于精品内容打造的产业链刺激了流量生产，提高了用户留存率，带来了节目的二次收益。网综节目流量的激增，增强了综艺吸引广告赞助的能力，爱奇艺综艺的变现能力进一步提高。爱奇艺在2018年，仅凭借《热血街舞团》这一综艺就吸引了6.5亿元的冠名招商费用。

变现营收能力的持续增强，使爱奇艺在与腾讯、优酷、芒果等视频网站的竞争中"技压群雄"。艾瑞咨询数据显示，2017年1~7月流量前30网综网站视频流量中，爱奇艺占据33.7%的份额，而2018年1~7月，爱奇艺则占到了50%的份额，增长了16.3%。

2.力推"云腾计划"，打造全产业链运营的航空母舰

2015年是中国网络文学的"IP元年"，网络文学逐渐成为影视、动漫的内容资源储备库，各内容产业运营商纷纷"入局"。爱奇艺视频网站丰富的影视资源储备、早期影视产品的制作经验、实力雄厚的作家团队，为爱奇艺文学的全产业链运营插上了腾飞的翅膀。2017年8月，爱奇艺推出"云腾计划"，以文学网站与影视公司为主力军，追求网络小说与影视的无缝对接。影视公司选择具有影视化潜质的内容，通过影视、动漫、直播等平台，

将网络文学场景化，打造年度网络热剧；文学网站则敏锐捕捉用户看点，充分利用影视对网络文学的反哺效应，打造爆款文学IP。

爱奇艺作为视频播放平台，其视频用户与网络文学消费群体重合度较高。2016年5月，爱奇艺文学作为原创文学门户网站应"需"而生。经过一年多的"攻城略地"，至2017年下半年，爱奇艺文学已经拥有4000多部原创文学作品，内容覆盖了现代言情、古代言情、都市、青春、幻想、悬疑、家庭、职场、历史、军事、儿童、经典、轻小说、非虚构、中短篇、其他16大类。爱奇艺文学凭借自身出色的"造血"能力，初步建立起内容资源库，为网络文学的影视化奠定了坚实的基础。

2017年8月启动的"云腾计划"旨在以文学驱动影视。"云腾计划"前期免费开放版权，在一年内向爱奇艺网络剧、网络大电影分别免费开放100部、500部文学版权，开放作品由爱奇艺文学签约作家与合作文学网站提供。而"后期分成"的模式将签约作者、影视公司、衍生品企业聚集到爱奇艺麾下，形成一条环环相扣、高效增值的产业链。

网络文学体量大，内容丰富，处于全产业链开发的源头。优质文学IP的筛选、内容评估是全产业链并发的前提。爱奇艺文学除了聘请知名作家作为首席架构师以保证优质内容的生产外，还于2018年11月24日成立"爱奇艺文学院"，立足于讲座、评奖、科技，通过主题活动、IP沙龙、理论作品征集评奖、中国网络文学评估分析系统研发等活动，打造网络文学"产学研"一体化发展平台，为网络文学的影视化保驾护航。"爱奇艺文学院"由爱奇艺主办，与出版广角杂志社、北京市海淀区作家协会等专业单位合作，一大批专家、学者入驻，实现了网络文学内容评估与商业运作的有效衔接，为影视化改编奠定了基础，同时专家对开发内容的集体"把脉"，有效降低了后续开发风险。

经过一年筚路蓝缕的经营，2018年9月，爱奇艺共收到380多家影视公司的950余封标书，213部作品定标，100多部影视作品即将或已经上映。其中《在悠长的时光里等你》《等到烟暖雨收》《道师爷》已正式上线，年度爆款大电影《道师爷》于2018年9月上映，并在众多玄幻题材电影中脱颖而出，获得了高票房和高口碑。爱奇艺指数数据显示，网络大电影《道师爷》自 9 月开播至 12 月，平均每日播放量在 2000~3000 次。可以预见，随着票房口碑的发酵，电影的播放量将继续飙升。

三　层层衍生：突破行业壁垒

"泛娱乐"战略基于互联网与移动互联网共生，旨在打通行业壁垒，打造明星 IP 粉丝经济，实现影、剧、漫、游、文联动，优化娱乐生态布局。各文化产业领域用户重叠度的不断提高，加速了泛娱乐格局的形成，随着资本入局、产业资源重组，泛娱乐战略在为各运营商带来发展机遇的同时，也使不同联盟体之间的竞争加剧。文化产业高投入所带来的风险、市场无序竞争引发的生存困境，呼吁泛娱乐布局者优化市场生态环境，建立良性竞争秩序，打破行业之间的壁垒，实现合作共赢与可持续发展。

1. 以三剑合璧之势，打通业务模块

在 2017 年 6 月爱奇艺世界大会上，爱奇艺提出以影游联动、综游互动的方式，实现纯网内容的衍生。未来爱奇艺将从科技、资源、营销三个方面着手，突破行业壁垒，优化产业竞争格局，构建多元 IP 支撑下的全产业链娱乐王国。

爱奇艺注重以科技创新驱动内容产业发展，目前 AI 人工智能已广泛应用于爱奇艺的剧本制作、选角、流量预测、审核、编码、剪辑、运营、搜索、推荐、宣发、热点预测、热点提取、追星、广告投放、在线交互等诸多环节。"爱奇艺大脑"与"创新实验室"共同助推爱奇艺"AI + 娱乐"战略实施。爱奇艺指数具有热度趋势、视频看点、舆情分析、受众画像四大功能，分别为用户提供视频观看群体数量、视频明星出镜场景统计、观众评价、观众年龄构成等信息，尤其是受众画像中以星座为依据统计观众分布，贴合了年轻一代的文化偏好。爱奇艺指数能够在第一时间帮助用户了解、甄别产品内容，实现个性化消费。

爱奇艺不断深化"一鱼多吃"战略思想，打造优质综艺节目只是全产业链开发的第一个环节，围绕 IP 生态规划，通过产业联动、整合资源，提升产业链各环节市场价值，是未来爱奇艺综艺的运营方向。爱奇艺在推出王牌综艺《中国有嘻哈》之前，已进行产业链延伸规划。凭借节目播出后的热度，爱奇艺综艺团队，将节目与广告、付费、衍生、销售等业务模块融合，授权合作项目品类达 200 多个，各行业资源在爱奇艺的规划下形成合力，有效放大了内容产业价值。

消费者群体受教育程度参差不齐，消费偏好差异明显，以消费者为中心，进行差异化生产、营销，规避内容的同质化，是爱奇艺打造综艺娱乐品牌、增强竞争力的重要路径。爱奇艺综艺数量多、类型齐全，满足了不同年龄段消费群体的消费偏好。2018 年 12 月爱奇艺综艺热度排名第 2、第 5 的《国风美少年》《上新了，故宫》两档节目，分别以歌舞、文化故事的形式展现中国传统文化之美，排名第 6、第 7 的《奇葩说第 5 季》《HI，室友》作为揭示年轻人日常生活、思想、才情的平台，受到网民的高度关注，产生了广泛的社会影响。

2. 树起一杆"云腾"旗，集结产业资源

"云腾计划"的瞩目成绩，坚定了爱奇艺推进文学影视化的决心。提高各产业开发环节专业化水平，优化产业链分账模式，吸纳更多企业加盟，促进产业资源的高效集结，是爱奇艺网络文学全产业链开发的发展方向。

爱奇艺在产业链专业化上持续发力，为业内和社会提供了有益的借鉴。爱奇艺"云腾计划"的专业化表现为知名导演、作家、专业人才的加盟与职能机构的成立。"爱奇艺文学院"的成立是爱奇艺向内容源头发力、增强内容"造血"能力的标志性事件。"爱奇艺文学院"的成立标志着产业内容的评估更加专业化、科学化、体系化，为爱奇艺文学内容衍生环节的增值奠定了坚实的基础。与爱奇艺有合作伙伴关系的影视公司有新片场、映美传媒、北京青藤文化有限公司、知了青年文化有限公司、蜂群影视文化有限公司等一大批实力雄厚，生产、营销经验丰富的企业，为文学影视化环节内容升值提供保障。爱奇艺数据研究院实时提供内容流量数据，采用先进技术抵制刷流量行为，为运营决策提供依据；合伙人创投联盟，加大孵化原创内容的力度；爱奇艺总裁李岩松为首的"好故事导师团"，发掘具有潜在开发价值的内容。金牌制片人张莉，台湾金钟奖最佳导演提名张健伟，著名导演林玉芬，著名作家、制片人南派三叔，加入"云腾计划"，"调兵遣将"制作优质影视剧；"网大一哥"彭禺厶、恐怖片女神张蓝艺、出演过《人民的名义》《武媚娘传奇》《三少爷的剑》等热播电视剧的老戏骨任青安等一批实力派演员，成为"云腾计划"的生力军。2017年12月推出的"北极星计划"，旨在培养专业素养突出的先锋型人才，为内容生产注入新动能。2018年7月16日在浙江开拍网络电影《别闹，天使大人》，爱奇艺邀请于谦、宋宁、著名相声演员武宾加盟演出，"云腾计划"演员阵容不断壮大。

爱奇艺持续深化对网大商业模式的探索。前期免费、后期分账的商业模式实现了作者、影视制作公司、平台三方利益共享、风险同担、优势互补。作者以其内容分得红利，提高了作者的创作与参与积极性，保证了后续改编过程中故事架构的合理性；影视公司则根据市场需求对内容进行影视化改编，拥有更多自由制作空间。为保障片方利益、提高片方积极性，爱奇艺不断优化片方补贴方案，优质网剧分成占比从50%调整到70%，单季正片时长在400分钟以上的优质IP剧，A、B级补贴分别上升至40%、20%。在多项政策合力下，热门IP的价值得到最大限度实现，中部IP有较多机会进入产业链运营环节。

"云腾计划"不断吸纳游戏、动漫、金融、玩具、服装等企业加入，带动了相关企业的广泛合作，资源整合效应显著。爱奇艺文学的内容产业链逐渐由影视向游戏、动漫、音乐等下游产业链延伸，进而辐射到服装、工艺品行业。爱奇艺文学握有大量精品IP，富有联运平台经营经验；而游戏、服装公司等专注于专业产品运营，这些公司的加入，实现了产业优势互补，在为用户提供全方位内容体验的同时，也最大限度地实现了内容产业价值的提升。2015年爱奇艺基于电视剧《花千骨》的热播，与天象合作开发了同名手游，半年总流水超过8.5亿元；2017年爱奇艺再次与天象合作开发热播剧同名爆款VR手游《醉玲珑》，彰显了"IP+VR"的手游新趋势，爱奇艺游戏直播进一步为游戏热度加温。2018年，爱奇艺有20部自制动漫在开发

中，改编自《灵域》的精品动漫，两季点击量超过 3 亿。2018 年 8 月，爱奇艺与新英体育建立合资公司——爱奇艺体育，同年 9 月爱奇艺体育平台推介会上，爱奇艺提出将借助于自有的 IP 生态，建构体育品牌，实现爱奇艺体育与娱乐产业的深度融合。唐家三少作品《神奇澜域无双珠》由网络剧、网大产业开发环节，向动画、漫画、游戏等下游产业链条扩展，进而向服装、体育用品等产业渗透。2018 年 5 月，爱奇艺与京东正式达成了会员权益互通合作，由《斗罗大陆》衍生的手办、手链、手环、手机壳、钥匙扣等实物衍生商品已可以在京东商城上购买。

B.11

天娱传媒：
娱乐产业的佼佼者

谢日安

摘　要：　天娱传媒依托湖南广电的强大品牌影响力，将其自身定位为
　　　　　青年文化敏感者和引导者，充分发挥其在娱乐内容制作和商
　　　　　业品牌运营上的强大实力，实现了娱乐业多元化与专业化经
　　　　　营的完美融合，造就了电视选秀时代的造星神话，形成了天
　　　　　娱偶像集群，打造了娱乐全产业链，通过资本重组，助力品
　　　　　牌再升级，成为国内娱乐产业中的佼佼者。

关键词：　天娱传媒　选秀　艺人经济　影视制作

　　天娱传媒（EE-Media）成立于2004年，历经15年的发展，现已成为华
语地区首屈一指的青年偶像经纪公司，唱片出品、音乐版权拥有量国内领
先，其娱乐内容产品与衍生服务主要面向12～25岁的年轻群体，业务涵盖
电视（网络）节目制作、影视剧制作、艺人经济等领域。公司与中、美、
日、韩等多个国家的顶尖娱乐公司强强联合，打造了国内领先的艺人培训团
队，拥有稳定的新生偶像人才培养、输出渠道，旗下推出的近百名优质偶像
在95后、00后人群以及二次元领域拥有强大的影响力与号召力。天娱传媒
凭借其在音乐、影视、时尚等领域的优势，成为华语地区年轻娱乐消费市场
不容忽视的娱乐产业品牌。

一　群星璀璨，造星梦工厂

1. 电视选秀时代的造星神话

2004 年，湖南广电重磅推出电视选秀节目《超级女声》，历经了《快乐大本营》《玫瑰之约》等王牌节目被大量模仿，受众关注度下降的窘境后，《超级女声》的横空出世无疑为湖南广电注入了强心剂。伴随着《超级女声》热度持续增长，为进一步增强《超级女声》的受众黏性，把电视节目资源变成市场资源，强化节目的市场化运作，提升"超女"的品牌效应，天娱传媒应运而生。

天娱传媒与《超级女声》的结合造就了在电视选秀时代的一个"神话"，从电视选秀延伸出移动短信、节目冠名、商业代言、商业影视、唱片发行、图书出版、零售商品等一系列增值服务业务，市场价值链的延伸也提升了《超级女声》节目本身的关注度，一群普通女生摇身一变成为星光熠熠的明星艺人，励志、青春、快乐成为她们的代名词，看"超女"、讨论"超女"、支持"超女"、为"超女"投票成为当时热门的话题。这一切都离不开天娱传媒对电视选秀节目内容的改革探索以及敢为人先的电视娱乐市场化运作，这使得《超级女声》从娱乐盛宴转变为一场全民狂欢。

在电视台强势的媒体年代，由天娱传媒深度参与打造的《超级女声》《快乐男声》和《快乐女声》，成为华语地区最具品牌知名度和影响力的音乐选秀节目，自 2004 年起的 14 年间报名参赛人次累计超过 400 万，成功推出过李宇春、张杰、魏晨、华晨宇、欧豪、陈翔、姜潮、于朦胧、白举纲、至上励合等近百名优质偶像及团体。天娱传媒签约艺人多次获得海内外权威颁奖典礼的最佳男歌手、最受欢迎男歌手、最受欢迎女歌手等荣誉。

2. 偶像养成，艺人梯队

2004 年《超级女声》开启了国内电视领域的选秀风潮，十多年间，选秀节目逐渐呈现同质化的趋势，各大电视、网络媒体也开始探索选秀模式的突破。2015 年底，浙江卫视、天娱传媒和腾讯视频联合推出《燃烧吧少年!》，为电视、网络综艺选秀带来了一种全新的风格。同样是偶像选拔，《燃烧吧少年!》突破了个人偶像的局限，以偶像群体、偶像男团为对象，节目中以男团组合出现的16位少年，经过严格的挑选与培训，在亮相后便得到粉丝热捧，新颖的节目形式也开创了综艺选秀节目的新样态。

《燃烧吧少年!》的成功并非偶然。天娱传媒自身拥有成熟的艺人培养体系，成立至今已培养出近百名优质青年偶像，尤其擅长打造新人并助力新人快速成长，形成了具有市场竞争力的偶像培训品牌和偶像养成机制，搭建了多层次多元化的艺人梯队，旗下艺人多才多艺、风格迥异。天娱传媒从新人挖掘培养、商业演出、品牌代言到影视表演、大型音乐活动全方位覆盖，通过"超级制作人""超级男、女团"等形式进一步提升艺人经纪业务的综合实力。

芒果超媒相关报告显示，天娱传媒公司艺人经纪板块稳步发展，以华晨宇、欧豪、陈翔、张新成、于朦胧、白举纲、魏巡、武艺为代表，其新兴艺人梯队品牌形象多级跃升。2017年天娱传媒艺人经纪收入大幅上涨，高达2.57亿元，位列艺人经纪收入排行榜第一名，艺人经纪收入占据公司总营收的52.48%。公司财报显示，华晨宇全年为天娱带来9000多万元的收入，顶部流量效应凸显，其他创收较多的欧豪、陈翔、姜潮、于朦胧主攻影视板块，同时辅以综艺、代言与商演活动，这五位艺人为天娱传媒带来的收入在全年艺人经纪收入中所占的比重达到77.8%。

3. "芒果"背书，青春内核

2004年湖南广电正式提出"打造中国最具活力的电视娱乐品牌"，坚持以"快乐中国"的品牌定位，在快乐之上再多一丝蓬勃的朝气，在明朗之外再多一缕奋发的正能量，这正是湖南广电一贯坚持的"底色"。天娱传媒延续了湖南广电"青春快乐"的品牌内核，与湖南广电的青春价值定位高度共鸣。

在娱乐更加多元、青年个性更加凸显、互联网与移动互联网交织的泛娱乐时代，天娱传媒定位于青年文化敏感者和引导者，重视理解青年文化，旨在打造青年文化平台，尊重青年人，了解青年人，更多地拥抱青年人。"明

天的派对"是一场融合了科技和艺术的派对，秉持着超越常规的理念，所有参赛作品都是全新创作，布展方案也由艺术家们亲自设计，当代优秀艺术家、音乐人及优质偶像共同参与，创造出了一场颠覆传统的视觉盛宴。"明天的派对"着眼于青年人眼中的明天，并尝试用青年人的创作方式记录这场非同寻常的合作，受到各界一致好评。

二　整合资源，打造娱乐全产业链

电视（网络）节目制作、影视剧制作、艺人经济是天娱传媒的主要业务，以此三大业务为基础，天娱传媒积极拓展娱乐产业的边界。在内容为王的时代，天娱传媒以青春向上为内核，深耕节目、影视、音乐内容创新，打造优质娱乐产品，以粉丝经济为纽带，积极拓展内容产品、市场运营、品牌构建的深度交叉融合，形成巨大的娱乐产业聚合效应。同时，湖南广电为天娱传媒提供了丰富的娱乐资源与传播渠道，为其打造娱乐全产链提供了强有力的支撑。

1. 艺人音乐及大型活动

天娱传媒艺人的音乐产品包括歌曲音频和歌曲视频（Music Video），以数字音乐和实体唱片为主要介质进行发行。天娱传媒签约艺人大多是在音乐选秀中以歌手身份出道，其中不乏原创型歌手。天娱传媒拥有专业的音乐企划、制作、发行团队，也与全世界的优秀创作资源建立了高度信任的稳定合作，为艺人音乐产品提供最完善的服务支持，帮助艺人完成并推广其艺术作品，同时大大提升艺人知名度。

艺人演唱会是天娱传媒最重要的大型活动项目，对艺人音乐作品的推广效应远高于媒体通告、歌迷见面会等日常活动。天娱传媒拥有完整的大型活动企划、制作对接、制片、宣传、商务团队，强调"唱片企划—音乐制作—演唱会制作"概念统一，与国内外优秀的导演、视觉团队、票务公司保持着长久合作关系，具有明确的品牌化运作意识，不仅推出艺人个人演唱会品牌，也推出如 Veelive、快乐男声巡演、快乐女声巡演等团体演唱会品牌。

天娱传媒成功地为李宇春打造了其个人专属品牌音乐会，2010 年李宇春 Why Me 演唱会的票房高达一千万元，首播的收视份额和重播收视率都位列榜首。2011 年 Why Me 更是"一票难求"，VIP 门票在短短三分钟内被一抢而空，大麦网的普通门票也在一个半小时内售罄。这些数据刷新了艺人的票房号召力极限，"Why Me"是天娱传媒的品牌化战略的重要标志，也开创了音乐行业的全新模式。华晨宇火星演唱会是歌手华晨宇的个人品牌演唱会，2014 年首演，2018 年 9 月 8、9 日，华晨宇在鸟巢连开两场演唱会，成为首登鸟巢连唱两场的 90 后第一人，首场演唱会门票在 1 分 35 秒内售罄，在售票网登记缺票的人数超出预期。鉴于歌迷需求，最终决定加开一场，门票同样供不应求，瞬间被粉丝抢光。

2. 综艺与影视制作

2018 年，爆款 IP 内容仍然占据了影视娱乐市场的主要份额，各大影视平台均加大了对头部 IP 的投入，对目标人群的娱乐内容投放能够显著提升平台用户黏度、打造品牌形象、提升广告投放精准度，也更加凸显了头部内容的价值。天娱传媒以打造青春偶像为核心发展方向，并拓展至影视及综艺节目产业，通过对艺人价值的深度挖掘和高品质娱乐产品的开发，建立起覆盖丰富内容产品、立体传播渠道、多层品牌体系的业务架构。公司在影视节目制作、综艺节目制作与发行等多个领域优势明显，旗下出品的电视剧与综艺节目也广受好评。2007 年以来，参与制作的电视剧《一起来看流星雨》《凰图腾》等以及电影《十月围城》《窃听风云》《龙门飞甲》《小时代》《匆匆那年》等均表现良好，2014 年《爸爸去哪儿》大电影春节档斩获 7 亿票房。

2017 年，天娱传媒管理层进行了人事调整，原湖南广播电台节目的主任肖宁接任公司总经理一职，新的天娱传媒在内容制作上重点发力，全方位多层次地探寻新的业务形态和增长亮点，在公司内部结构上将"天娱音乐"和"天娱影视"合并为艺人管理中心，着力在影视方面有所作为。近年来，天娱传媒推出《人民的名义》《亲爱的她们》《楚乔传》等多部

现象级作品，获得市场口碑双丰收。2018年重点影视剧项目有：《让全世界听见》《瞄准》《那座城，这家人》《网球少年》《艳势番之新青年》《千门江湖》等。

天娱传媒强大的电视（网络）综艺与影视制作能力为提升艺人价值提供了坚实的保障，稳定综艺、电视剧、电影产出，为其艺人提供了持续的娱乐资源支撑，提高了艺人的受关注度；同时，完善优质的艺人梯队为影视内容制作提供了人才保障，为综艺影视提供了强大的粉丝基础。两大业务相辅相成，共同促进。天娱传媒签约艺人主要优势为形象和年龄，在影视剧作品中塑造的人物角色比较受到年轻观众的喜爱。一部成功的影视剧，为艺人带来无可估量的推广效应，在为艺人洽谈角色时，天娱传媒也会同步思考规划相应的媒体公关、商务合作、粉丝经济，将线上线下的价值发挥到最大。例如影视剧《天子妃》和《三生三世》播出后备受好评，天娱传媒旗下艺人于朦胧也因连续参演两部剧人气飙升，收获大量粉丝。

3. 艺人商务运营

艺人的商务运营包括衍生品开发、品牌代言等，是艺人形象和知名度、作品艺术价值和影响力到达一定程度之后的增值结果。围绕签约艺人及其作品，天娱传媒为粉丝提供丰富的消费选项，有效提升受众黏度，也拓展了艺人的商业价值。天娱传媒艺人衍生品开发涵盖图书、写真等，如白举纲《少年白 PAX'S ATTITUDE》、欧豪《正当我年少》、武艺《别太想我哦》、陈翔《梦想家》等写真作品市场反响强烈。品牌代言在天娱传媒签约艺人的定位策划之初，就被列入规划范畴，为所有商业行为提供目标指向，有步骤地建立和培养潜在的商务合作关系，选择最适合艺人的合作品牌，在品牌代言合作过程中主动提供创意，达到双赢的结果。

三 资本重组，助力品牌升级

传媒行业需要投入大量资金用于艺人培养、节目制作、商务运营等业务，以及对艺人进行包装以及策划一系列商业活动，此外影视剧的制作、演唱会举办等都会带来高额成本，一旦后期回收资金环节出现问题，带来的打击是致命性的。但如果公司运转顺利，所产生的利润也颇为丰厚，所以很多传媒公司愿意在运营时投入大量资金。作为高投入型企业，天娱传媒科学高效的运营管理是其公司综合能力的重要体现。

2018 年，湖南广电又出重大动作。6 月 15 日，天娱传媒开启上市之门，快乐购以发行股份和支付现金的方式购买了包括上海天娱传媒有限公司在内的五家公司的全部股权。7 月 11 日，快乐购发布更名公告，公司名称拟由"快乐购物股份有限公司"变更为"芒果超媒股份有限公司"，股票简称则变为"芒果超媒"，公司重组完成后，主营业务由媒体零售业务大幅度拓展，全产业链拓展至平台运营、内容制作及媒体零售等领域。视频内容仍然是芒果超媒的核心，伴随着娱乐产业链向上下游的延伸，芒果娱乐生态更加丰富完善：具体来说，即以芒果 TV 为核心，辅以天娱传媒等优势资源，打造涵盖影视、艺人、游戏、音乐、金融、电视购物等在内的全产业链。重磅推出"超芒计划"，全面进军网大市场，加大对超级 IP 的投入，以动漫、网络综艺、网络剧、网络大电影为突破口，培育新的网络娱乐增长点。同时，持续打造丰富多元的艺人梯队，实现艺人经纪与娱乐内容制作的协同发展。

天娱传媒作为芒果超媒的重要成员，以青年娱乐文化产品的制造和优质青年偶像的打造为核心竞争力，同中国最优质的电视与网络媒体、知名商业品牌以及国内外顶尖明星保持良好的合作共赢关系，正逐步成长为华语地区领先的娱乐公司。

B.12

《参考消息》：大咖华丽转型
加快融合发展步伐

帅才 郭骏 刘华

摘　要：　《参考消息》是中国发行量最大的日报，是中国传统媒体领
域的经典品牌。1931年，《参考消息》与新华社的前身红中
社同时诞生，1957年改为报纸扩大发行。从革命战争年代到
改革开放各个历史阶段，《参考消息》以其独特的作用影响
着一代又一代中国人。进入新媒体时代后，《参考消息》融
合发展步伐加快，形成了报纸、网站、微信公众号、微博和
客户端等传播形态。近年来，《参考消息》打造优质原创内
容和加快融合发展步伐，适应新时代的发展，让自己的金字
招牌更加闪亮。

关键词：　优质原创内容　新媒体传播　受众需求

　　新华社创立初期的一项主要任务，就是编印供领导参阅的《参考消息》。
当时，先后以《无线电材料》《无线电日讯》等名称出版，主要是编印国民党
中央社电讯和少量外电，每期油印四五十份，供苏区中央局和红军领导参考。
1937年3月，《无线电日讯》改名为《每日电讯》，1937年10月，《每日电
讯》改为《参考消息》。到1937年底，《参考消息》已成为一份包括国内外和
敌我友各方信息的综合性参考刊物，每期二三十页，印发400份。随着形势变

化和工作需要，《中共中央对处理帝国主义通讯社电讯办法的规定》1949 年 1 月 18 日下发了，要求各地所有私营报纸和通讯社一律不得擅自抄收、登载帝国主义各国通讯社的电讯，一切国际新闻均须根据新华社广播稿发表；要求各地新华分社将总社发的新闻参考资料或抄收的电讯编印成专页，供党内外高级干部和需要阅读的人员参阅。这是中央首次正式授权新华社对"外电"在中国境内发布新闻信息进行管理的规定，而《参考消息》则是在国内一定范围扩大"外电"阅读的主要载体。1955 年 3 月 1 日，新华社把《参考消息》"一分为二"：一是《参考消息》（俗称"小参考"），篇幅减少，内容精练，侧重于重要动态新闻，供副部级以上干部和有关人员阅读，每天 1 万字左右；二是《参考资料》（俗称"大参考"），篇幅较大，内容较详细、全面，供中央领导及有关部门干部阅读，每天 8 万 ~9 万字。

1956 年 12 月 18 日，根据毛主席把《参考消息》改为报纸并扩大发行的提议，党中央下发了《关于扩大〈参考消息〉订阅范围的通知》，对《参考消息》改报后的性质、任务、订阅范围、阅读注意事项，以及编辑、发行、印刷等都做了明确规定。经过新华社各有关方面艰苦细致的工作，第一期报纸型、4 开 4 版的《参考消息》于 1957 年 3 月 1 日正式面世。随着我国传媒业的不断发展，虽然与其他报纸一样，《参考消息》大量读者被分流，但至今仍是全国发行量最大的日报。进入新媒体时代后，《参考消息》融合发展步伐加快，形成了报纸、网站、微信公众号、微博和客户端等传播形态。近年来，《参考消息》打造优质原创内容和加快融合发展步伐，适应新时代的发展，让自己的金字招牌更加闪亮。

一　特点

1. 坚持内容为王、渠道为霸

《参考消息》是当前中国公信力最强的报纸之一，具有 80 多年历史，它的品牌价值不断攀升，在"中国 500 最具价值品牌排行榜"中，2012 年《参考消息》被评估为 125 亿元，在传媒行业品牌价值中名列前茅。以《参

考消息》读者的话来讲，《参考消息》以独特的内容与独特的品牌深深地影响着"中国人的世界观"。在新兴媒体迅速崛起、传统纸媒备受挤压的当下，能够始终稳坐全国日报发行量的头把交椅，《参考消息》靠的是"按新闻规律办报"的理念，以及对报道权威性、参考性和贴近性的追求。

《参考消息》创立之初的定位是"天下独一无二的报纸"，而这个"独一无二"体现为原汁原味刊载外电外媒报道文章，忠实反映"外国人看中国"和"外国人看世界"，对国人看世界和审视自身有"参考"价值。在新闻内容同质化日益严重的今天，《参考消息》的"原汁原味"和"参考"价值是其得到广大读者喜爱的原因。

《参考消息》是业界龙头，既坚持传统，又与时俱进。在同质化竞争时代，把报道的差异性和独特性做出来，是《参考消息》近年来的发展策略。《参考消息》的独特性在于"独一无二"的参考性，强调的是"参考"而不是"消息"，在当今信息爆炸的时代，要客观、真实、全面地反映世界舆情，还要客观、真实、全面地呈现世界的复杂性，还要不断提高人们思考问题和判断问题的能力。《参考消息》以登载外媒报道和文章为主，核心竞争力是借助"外媒的嘴"说话。在《参考消息》的版面之中，特别报道版与众不同，除了刊登新华社驻外记者的文章外，还推出大型专题报道，刊登专家学者的文章，讲好中国故事。

在新媒体时代，读者获取资讯的渠道前所未有地丰富，《参考消息》以往在内容上某种程度的独享优势受到挑战，有时候同类题材的报道时效甚至还会迟于某些网站和自媒体。笔者发现，为了应对挑战，《参考消息》的报道在选择报道内容时取舍之间既要把握舆论导向，又应具有一定敏锐度和参考价值，向读者展示外国人心目中真实的中国，体现报道的专业性和独特性。

《参考消息》的编辑告诉笔者，外电外媒有关中国发展成就的积极报道可以振奋人心，但它们对我们发展过程中存在问题的客观揭示和建议也有让国人对镜自鉴、清醒头脑的作用。批评甚至偏见并不能抹杀中国的发展成就，反而可以帮助国内读者认清外国人和国外媒体眼中真实的中国，认清某些情况下外国媒体"公正客观"面纱下的虚伪。新媒体平台可以通过形式多样的评论和批驳，设置议题、引发讨论，培养成熟的读者群体。

2. 打造优质原创内容，培育新读者群体

全媒体时代已经来临，综合运用多种媒介和终端，以文字、图片、视频、动漫等元素全方位、立体化展示传播内容的全媒体化，已经成为传媒行业的发展趋势。传播方式的多样化、受众的碎片化决定了媒体如果不具备全媒体传播能力，不懂得打造优质原创资源，就必然要被淘汰。目前，很多报纸出现内容严重同质化现象，遭遇发展瓶颈，还有些报纸出于长期亏损等原因已经退出历史舞台。如今常有人说，现在是资讯爆炸的时代，新闻不值钱。在笔者看来，"不值钱"的恐怕只是一些常规的例行公事的报道。真正独家、优质的原创报道具有巨大价值，有时候甚至可以成就一家媒体，现成的例子就有半岛电视台和香港的凤凰卫视。近年来，《参考消息》的一些新媒体原创报道频频成为"爆款"新闻产品，这些报道紧跟热点，引发"病毒式"传播，对于聚拢人气、培育新读者群体有重要帮助。

笔者了解到，《参考消息》的原创报道由来已久，最初专题版面时常刊登新华社驻海外记者对所在国国情和发展的深度报道，以及海外专家看中国的访谈，近年来启动优质策划常态化，紧跟国内重大发展议题和国际热点开辟专家系列文章栏目，如"强国策""强军策""世界之问的中国答案"和"中国为什么自信"等，对于政府、学术机构和专业人士来说极具参考价值。

除了培育读者群体外，优质内容也是融合发展中拓展新收入方式的凭借。由于一般新闻消息的开源性和普通读者免费获取新闻的思维惯性，这类新闻短期内看不到成为付费阅读内容的前景。但是优质原创内容的独占性则让用户付费阅读与版权增值成为可能。

二　创新新媒体报道形式，内容强调内外并重

1. 借船出海，依托《参考消息》资源，打造爆款

《参考消息》注重品牌建设和内容创新，新时代要有新气象更要有新作

为。笔者发现，以往《参考消息》主要刊载转述外电外媒报道，如今，《参考消息》开始增加国内热点的国外反响以及国际涉华题材的主动策划报道内容。在媒体融合发展的今天，报道领域的界限不再不可逾越。《参考消息》新媒体平台不仅仅是报纸的电子版，更是勇于"跨界"，内外并重，主动对国内外热点设置议题，在新媒体平台打造多个标识度高的精品评论类和分析类栏目，形式上可以有短评、深度分析以及适合互联网传播的图文视频全媒体内容，形成集群效应，吸引不同群体的读者。

《参考消息》的编辑告诉笔者，目前《参考消息》新媒体的"锐参考"栏目就是相当成功的尝试。编译是《参考消息》报纸的特色之一，而"锐参考"的定位旨在提供原创时政新闻报道，力求以图文并茂的形式，打造有品质、有看点、受用户喜爱的原创时政新媒体融合品牌。"锐参考"栏目文章图文并茂，有观点、有分析、有采访，语言风格接地气，风格鲜明，发出来后门户网站转载率和阅读量都相当可观。"锐参考"是《参考消息》新媒体中心 2017 年起重点打造的一个新栏目。目前，这一栏目基本实现了"十万＋"点击的常态化——上年全年数据显示，300 篇"锐参考"中 220 篇点击量达"十万＋"。从目前来看，"锐参考"栏目品牌形象正在逐步建立起来。

2. 突破翻译腔，增加"酷感"，吸引年轻粉丝

在当今时代，很多报纸都在利用多渠道增加报纸价值。信息通过多个渠道传播，渠道越多，信息的再利用率就越高，信息到达的受众就越多，成本就越低，利润也就越高。一些传统报纸流失的读者大部分为年轻人，而吸引年轻人的注意成为《参考消息》近年来的目标。

笔者发现，很多年轻人已经习惯免费获得便利的信息，因为网络的影响，他们习惯只要动动鼠标便获得信息，所以这部分人中的大部分已经成为付费报纸难覆盖的受众。对于很多报纸来说，只要得到年轻受众的青睐，就能得到"半壁江山。"

笔者了解到，近年来，《参考消息》新媒体平台充分挖掘报纸印刷版丰富的报道内容。例如，科技版和军事版经常会刊登一些比较前沿和有趣的内

容，但语言上因"原汁原味"的传统报道要求，有时候会略显生硬和"翻译腔"较浓，在《参考消息》新媒体平台使用时，新媒体编辑进行语言风格改造，以群众容易理解的方式进行必要解读、诠释，形成对于年轻读者有吸引力的"酷"产品。

三　建立优质内容数据库，满足不同受众的需求

1. 打造优质双语文章，成为英语爱好者的首选

要衡量媒体融合发展成功与否，社会影响力和经济效益是两个最重要的标准。尤其是经济效益，决定着传统媒体发展新媒体的可持续性。如今许多欧美主流媒体为其在线数字内容建立付费墙或者采用会员制，用户需付费才能阅读完整内容，这成为纸媒另一个重要收入来源。目前类似做法恐怕无法完整移植到国内。新媒体平台提供的信息资讯服务要想让读者心甘情愿地埋单，必须能产生"价值"，满足特定读者群体的职业和专业需求。

笔者发现，《参考消息》非常注重其定期刊登的双语文章的翻译质量，其双语文章经常被很多英语爱好者和学校的英语老师当作范文学习。一些学习英语的读者告诉笔者，很多时候对于翻译词语拿不准的时候就会参考《参考消息》的翻译。

《参考消息》的编辑告诉笔者，《参考消息》编辑对于译名的把握非常精准，工作也非常认真，一些网络上的译名存在问题，很多读者都以《参考消息》的译名为准。例如："美国贸易代表署"是网络上的一种译名，而按照译名库，应该是"美国贸易代表办公室"。National Endowment for Democracy（NED）按照译名库是"（美国）国家民主基金会"，而不是"美国民主基金会"。Foreign Agents Registration Act（FARA）是《外国代理人登记法》，而不是《外国代理人法案》。"澳洲"是不规范的译名，通常以"澳大利亚"为准。

2. 为企业服务，进行分众传播

《参考消息》的新媒体平台不受版面限制，更注重开发更加丰富的满足

相关机构和个人专业和职业需求的内容和产品。笔者了解到，《参考消息》正在探索为不同的读者群体提供信息服务，其中为企业提供信息服务也成为其拓展服务的一部分。近年来随着"走出去"战略和"一带一路"倡议的大力推动，中国企业赴海外投资成为常态。他们对于目的地的政治状况、经济政策、基础设施配套甚至人口结构等信息咨询有迫切需求。

《参考消息》编辑告诉笔者，《参考消息》有着强大的选报和翻译团队，国外智库和论坛会定期或不定期发布相关研究报告和论文。这些信息对于企业来说无疑有巨大的参考价值。因此《参考消息》正在探索在新媒体平台建立类似数据库，分地区甚至国家提供面向企业的投资信息服务。

《参考消息》编辑告诉笔者，目前《参考消息》平台尽管"流量"可观，但变现能力还暂时不足以取代传统发行渠道，融合发展的后劲需要新媒体平台的变现能力支撑。在信息充裕但又快餐化和同质化的今天，坚守初心的同时又解放思想，坚持为用户提供有价值、有品质和有针对性的新闻信息产品，将是传统媒体融合发展的制胜法宝。

四　开通微信公众号，占领新媒体阵地

《参考消息》微信公众号于 2013 年 6 月正式运营，截至 2018 年 7 月下旬，公号粉丝数达 144 万。根据最新指数，位列时事公众号第八。目前，《参考消息》公众号工作日每天推送 4 期图文消息，发布 10 余篇文章。文章平均阅读量 7 万左右，每月"10 万＋"文章约为 60 篇左右。笔者分析，从粉丝结构来看，《参考消息》微信公众号受众主要是关心国内外时政新闻的中青年知识群体，活跃用户中约 80% 为男性。可以说，在时政新闻领域，《参考消息》微信公众号已经建立明确的品牌形象，并拥有较强的影响力，这与《参考消息》的"报格"也是相符的。

基于多年来《参考消息》的品牌形象，《参考消息》微信公众号的自我定位是：及时、权威、深度、原创——及时提供国内外重大消息，权威发布外媒资讯，深度解读国际时政热点，以原创报道为主要形式。笔者发现，参

考消息的新媒体报道有如下特点。

1. 讲政治，弘扬正能量，占领新的舆论场

"党的新闻舆论工作是党的一项重要工作，是治国理政、定国安邦的大事。"在党的新闻舆论工作座谈会上，习近平总书记提出了党的新闻舆论工作的职责和使命：高举旗帜、引领导向，围绕中心、服务大局，团结人民、鼓舞士气，成风化人、凝心聚力，澄清谬误、明辨是非，联结中外、沟通世界。这48个字，是新时代新闻舆论工作的"航标"和"灯塔"，也是包括新兴媒体在内，每一个新闻人都需要时刻温习并努力实践的行动指南。

习近平总书记曾指出，要加强网上正面宣传，旗帜鲜明地坚持正确政治方向、舆论导向、价值取向。在移动互联网已经成为信息传播主渠道，成为新闻热点生成、舆论发酵的主要策源地的今天，这就要求主流声音覆盖网上舆论，影响主流人群，"团结人民、鼓舞士气"。

截至2017年6月，中国网民数量已经达到7.51亿，占全球网民总数的1/5，手机网民达7.24亿，互联网普及率达到54.3%。媒体为网民提供什么样的内容信息，网络新闻从业者坚持怎样的舆论导向和价值取向，影响深远，意义重大。

《参考消息》的编辑告诉笔者，西方社会已经有很多正面肯定中国发展的声音。《参考消息》善于及时发现和汇聚这种声音并及时进行编译和传播。时政报道是《参考消息》的主业，也是报纸的特色和核心竞争力。一直以来，《参考消息》都能跟踪时事热点，牢牢抓住时政报道的主题，做一个成功的"话题引领者"。"话题引领者"是传播学中"二级传播理论"的一个概念，是指人们所信赖的、能够向其提供建议和解释进而改变其态度和影响其行为的人。与社会正规组织的领导人物不同，话题引领者是非正式的领导，给人出谋划策，其影响力常常比大众传媒更大。

《参考消息》微信公众号的"锐参考"栏目，有相当多的选题就是在汇聚外国媒体、学者以及网民的言论，评论中国各方面进步与发展。例如，2018年上半年成为热词的中国"新四大发明"（高铁、共享单车、移动支付、电子商务），以及中国海外重大基础设施建设所带来的"基建狂魔"绰

号，包括外国网民对中国治安状况、社会活力等方面的反映等，这也是《参考消息》特殊作用在新媒体平台上的体现。

2. 新媒体报道也要坚持原创特色

笔者了解到，作为一个百万级微信公众号，《参考消息》公众号的重要特点就是"原创"。基于参考消息报社的丰富新闻资源，《参考消息》公众号95%以上的文章为原创。据《参考消息》的编辑介绍，这些稿件的主要来源是：参考消息报社的外媒编译资源、参考消息报社新媒体中心的原创策划评论队伍，以及外部约写的专家和评论员稿件。

很多微信公众号的文章内容来源都是复制＋粘贴，正因如此，《参考消息》的原创内容显得尤为珍贵。不过，以原创文章支撑一个百万级公众号，对运营者无疑是一种考验，但一旦见效，也会带来实实在在的影响。由于《参考消息》以原创文章为主，有自己的原创队伍，因此在很多事件发生后可以第一时间"发声"，可以主动"选择议题"甚至"设置议题"，这是参考消息的核心竞争力所在。这也是很多公众号和网站愿意与《参考消息》合作的重要原因。

笔者访问很多《参考消息》的读者后发现，《参考消息》能够被他们所喜爱的原因就在于优质的原创内容，这在新媒体时代非常稀缺。

笔者了解到，目前，新华社、新华网等知名公众号均与《参考消息》建立了长期合作关系，这些微信公众号经常转发《参考消息》微信公众号的文章，也扩大了《参考消息》微信公众号的影响力。

据《参考消息》编辑介绍，近年来，《参考消息》很多原创稿件都得到相关政府部门和读者的高度评价，目前，《参考消息》原创文章日均被其他媒体转载次数达50家次以上，近期单日最高为转载210家次。2017年《参考消息》微信有亮眼表现。截至12月中旬，《参考消息》微信用户数达190万。根据第三方机构"新榜"数据，《参考消息》微信公众号目前在新闻资讯类总榜排名第七。2017年以来阅读量"10万＋"文章超过450篇。据新榜2017年11月《中国微信500强月报》，《参考消息》微信公众号跻身"中国微信十强"。

3. 融媒体报道创新，让"老树开新花"

在互联网时代，做好新闻产品的深加工，用读者喜闻乐见的形式讲好故事，才能真正留住读者，现在做新闻想要留住读者，必须要吸引人，还要打动人、引领人。说到底，内容创新是根本，而融合发展便是方向。媒体融合不是简单地整合文图视频，融合的重点，是跨界整合。很多传统媒体都在思考的问题是，媒体除了内容采集、生产、传播、营销之外，还能做些什么，媒体应该如何扬长避短，进行高质量的融合，创造群众真正喜闻乐见的新闻产品。

法国哲学家鲍德里亚所表达的："铁路所带来的'信息'，并非它运送的煤炭或旅客，而是一种世界观、一种新的结合状态。"任何新媒体的出现都会对人类社会带来深刻的影响，新的媒体形式对人类的发展进程起到了很大作用。这是一个全媒体、全介质的时代，传播介质决定了全媒体生产逻辑，因为传播介质不同，所以有了不同的内容生产编辑逻辑、不同的市场需求、不同的商业模式，受众需要在全媒体平台的不同平台上以不同的方式看到不同的内容。

《参考消息》也在不断进行融媒体新闻产品的实践与探索。新华社新闻信息中心与中国联通合作的手机报"参考消息手机报"受到了读者喜爱，这份手机报的订阅数处于攀升状态。2017 年底，"参考消息手机报"的用户数比上一年年底增加了近 100%，目前还在稳步攀升。"参考消息手机报"读者快速增长，一是依托《参考消息》引人入胜的内容，第二在于其拥有丰富的融媒体报道。在"参考消息手机报"中，每期编辑都会植入 H5 产品，有丰富的图文信息，可视化程度高。

五　注重深度，避免碎片化阅读

有人认为，在新媒体时代，特别是在手机阅读时代，读者喜欢的是碎片化、轻松化的东西。但在报道策划和组织方面，《参考消息》微信公众号略有一点"反其道而行之"的风格，即避免碎片化、噱头式的展示方

式，力争在新媒体报道中增加深度报道比例，用有营养的内容吸引读者、留住读者。

《参考消息》的外约稿件中，不乏国内学术界人士的严肃文章，经过编辑排版后，同样可以获得良好传播效果。例如，根据最近对印报道精神，报社邀请社科院系统南亚问题专家叶海林先后撰写《印度的大国迷梦还要做多久》等系列文章，刊发后获得了国内大量微信公众号和网站的转发。

笔者发现，《参考消息》微信公众号定期刊发书评和荐书稿件，这些书大多是历史、国际政治等严肃话题方面的，但在一定的策划下，这些严肃的书评稿件也可以收到很好的效果，阅读量甚至是"10万+"。

内容为王，渠道为霸。《参考消息》微信公众号的实践证明，只要展示方式得当，严肃的、深度的内容同样有人看。从长期而言，这种内容还可以进一步强化公众号品牌的"权威"色彩，提升粉丝群体的忠诚度。笔者了解到，未来，《参考消息》将加强内容策划和报道组织。在重大报道时期，坚持舆论导向，守好新媒体阵地，牢牢把住"内容关"。调整发稿频率，坚持公众号周末发稿。

笔者认为，无论是媒体还是自媒体，无论是国内传播抑或国际传播，影响力最终取决于内容背后的品牌。品牌带来受众，品牌带来市场，品牌带来公信力。近年来，《参考消息》注重品牌推广，加强线上和线下推广，注重与读者互动，提升其品牌忠实度。近年来，《参考消息》陆续以全国高校、人群密集区（如大型社区、商店、超市等）为主要推广渠道，以培养年轻读者，以提高品牌以及产品的知名度为目的，开展了多场新媒体产品线下推广活动。笔者了解到，在这些推广活动实施过程中，参考消息微信公众号用户黏性和产品指数均有极大提升。

B.13

《财经》：政经商学之宝典
专业期刊之楷模

乔泓瑞

摘　要： 《财经》是我国经济改革大潮中诞生的财经专业类新闻期刊，它承载着一代改革者的富强之梦，始终秉持"独立、独家、独到"的原则，通过公正、权威、专业的新闻报道推动着我国市场经济良好发展。以《财经》为核心衍生出一系列文化品牌，包括"一网两微两端"，《财经》年度峰会，产生了巨大的社会影响。同时，《财经》不忘责任，砥砺前行，设立《财经》奖学金、《财经》法律经济奖学金，推动《财经》环保公益系列项目，拓展出众多的权威榜单与交流峰会，在业内具有极大的知名度与美誉度，堪称专业期刊的标杆。

关键词： 《财经》　专业　商业

　　《财经》杂志是由中国证券市场研究设计中心主办的专业新闻期刊，自1998年4月创刊以来，基于公正、权威、专业的新闻报道原则密切关注着中国改革开放四十年来的经济制度改革与现代市场经济进程。《财经》对影响中国与世界发展进程的重大事件和焦点人物的细致报道与深刻评论，不断拓展中国媒体报道的空间与深度，奠定了其中国最具影响力的财经新闻杂志

的地位，是中国政、经、商、学各界的决策者、管理者、研究者的必读刊物。《财经》所属财讯传媒于2008年推出"财经网"，后随着手机移动端的发展又推出了"财经杂志"App，2016年海航资本集团有限公司收购"财经网"所属的北京联办财讯文化传媒有限公司80%以上股权，为《财经》的互联网平台注入全新的资本活力，同时《财经》（属于北京财经杂志社有限公司）仍以其公正、权威、专业的新闻报道全面观察并追踪中国经济改革进程，推动中国的改革开放进程。

一 应运而生，乘势而为

1978年中国开启了改革开放的进程，1989年中国证券市场研究设计中心（简称"联办"）正式成立，1990年上海证券交易所正式挂牌成立，标志着我国的股票市场正式登上历史舞台，1992年由联办主办的《证券市场周刊》正式公开发行，1998年《财经》正式创刊。

在我国经历了1997年由亚洲席卷全球的金融危机和国有企业股份制改革艰难进行之际，《财经》及时出现，紧扣改革开放二十年来"以经济建设为中心"的基本点，担负起它的历史重任，观察、跟踪着我国的经济改革与发展进程，为我国的改革开放保驾护航。

1. 改革富强梦，海归启新程

《财经》总编辑王波明，属于改革开放后最早的一批留学生，曾在纽约皇后学院学习政治和国际关系，后考入哥伦比亚大学主修国际金融，在留学期间他便与一同留美的同学发起了中国旅美商学会（CBA），希望能够为祖国的未来建设做出一份贡献。面对我国改革初期资本奇缺的现状，王波明与高西庆、王巍等八人共同起草了《关于促进中国证券市场法制化和规范化的政策建议》，成功提出了建立中国自己的证券市场的构想。

1988年王波明回到祖国，参与了时任中农信总经理王岐山等人发起的"万寿宾馆会议"，并参与起草了《中国证券市场创办与管理的设想》白皮书。1989年，在"民进推动，政府支持"的政策指示下，北京证券交易所研究设计联合办公室，（后改名"中国证券市场研究设计中心"，简称"联办"）建立。1990 年底，在联办协助下深圳证券交易所和上海证券交易所正式开业并建立起 STAQ（证券交易自动报价）系统。随后，联办创办《证券市场周刊》跟踪一周以来的证券市场股票的变化和公布的市场信息，王波明出任社长。

1998 年，联办创办杂志《财经》，关注我国市场经济发展与改革开放进程，王波明出任总编辑。2016 年哥伦比亚大学国际公共事务学院为《财经》杂志总编辑王波明颁发最高奖项——国际领袖奖，旨在鼓励其在中国改革开放中起到重要作用和做出杰出贡献，同日还宣布了《财经》哥伦比亚大学奖学金项目正式设立。2018 年，王波明成功入选"中国改革开放海归 40 年40 人"。王波明与《财经》共同见证并推动了我国的改革开放事业，与国家同呼吸、共命运。

2. 树专业品牌，创个性标识

《财经》的品牌标识设计极具个性特征，充分体现了其所承载的期许。《财经》的标识以蓝色长方形为底，"财经"两字呈白色位于画面中间，一条起伏上升的红色折线从左到右贯穿"财经"二字，画面右下方有较小的英文名"CAIJING MAGAZINE"。《财经》杂志的命名非常简明扼要地指出该杂志所涉及的领域与内容，其标识设计中那条上涨的红色折线，也充分反映出《财经》与中国证券市场研究设计中心密不可分的关系，同时也寓意了经济不断向好的发展前景。

《财经》始终秉承"独立立场、独家报道、独到见解"的编辑理念，提出"独立、独家、独到"的口号，将自身作为新闻事件的忠实记录者，以冷静理性的文字追求中立报道，严格区分新闻与评论，成为社会合格的"观察者"。

"财经网"延续了《财经》的品牌设计理念，同样以蓝色为背景，"财经网"三个白色字体位于画面中间，上涨的红色折线位于"网"字内部，画面正下方为财经网的网址"CAIJING. COM. CN"。"财经网"根植于《财经》杂志，却生长在互联网土壤之中，所以"财经网"提出了"价值观决

定影响力"（Value Makes Power）的口号，相较《财经》杂志而言，更加强调自身的价值输出及对社会的影响。

二 专业敬业，行业楷模

《财经》杂志秉持"独立、独家、独到"的理念，坚持新闻专业主义，通过公正、权威、客观的报道记录着新闻事件，同时也影响着历史。而以《财经》杂志为核心的衍生产品则在各个领域以多种方式体现着《财经》杂志的文化价值。

1. 刊物——历史的见证者与参与人

《财经》的纸质刊物是《财经》杂志最核心的文化产品。自创刊以来，《财经》一直以参与、成就一个良好的市场经济为己任，它不仅冷静地观察着、记录着，更以自己的方式参与着。

《财经》杂志如实反映着我国市场经济存在的问题。面对资本市场伊始，股市积弊与监管缺失的情况，该刊 2000 年、2001 年推出《基金黑幕》《银广夏陷阱》等文章，通过对问题公司和相关从业机构的专业调查，揭露出市场野蛮生长背后的根源，助力资本市场健康可持续发展；面对权力与市场的关系问题，该刊 1999 年、2007 年分别发表《军队"驶离"商海》《谁的鲁能》，开宗明义地提出，"让权势离开市场"，时刻保持着对中国走向权贵资本主义的忧惧；面对政府干预与市场自由的协调问题，该刊 1998 年、2003 年通过《"粮鼠"挑衅国民》和《城市土地之秘》给予深度剖析，剖析体制中的不完善，均引人深思。在进入 21 世纪的第二个十年，《财经》杂志仍保持其一如既往对独家深度报道的追求，以 2010 年《再问央视大火》、2014 年《衡阳竞选黑金》、2015 年《山西黑道风云》、2016 年《博弈大救市》等文章为代表的深度报道都以独到、专业的视角追问现象背后的深层原因。

《财经》杂志在保持"锐利"的同时，坚持在多元与分歧中为改革凝聚共识。该刊于 2012 年推出《改革抉择时刻》，2014 年推出《对症国企改制》，2015 年推出《反腐"砍树救林"》等文章，希冀以开阔的视野与深厚的学养为中国建设一个良好的市场经济，进而建设一个良好的社会竭诚奉献。

《财经》杂志同时保持着对热点事物的关注与思考。该刊以 2014 年《互联网中国变局》《还原阿里巴巴》，2015 年《专车生死劫》，2016 年《百度的冬天》，2017 年《京东重返青春期》等专业报道关注着信息技术对经济与社会的深刻影响，记录并前瞻信息技术对中国人生活与观念的改变。

《财经》杂志以优秀的采编团队，始终站在独立的立场，以独家的视角进行独到的报道，20 年来的新闻报道与我国改革开放的进程息息相关，为我国市场经济建设建言献策，为政、经、商、学等各界人士提供极具价值的参考。

2. 互联网——多形态的信息生产者

《财经》杂志于 2008 年正式推出"财经网"，2010 年后又先后开通了微博、微信公众号，发布手机 App 和电子阅读器，构建了以"一网两微两端"（门户网站、微博、微信、手机端、计算机端）为核心的互联网产品，覆盖互联网各主流平台。

为既保持《财经》杂志的高质量采编水准，又保证"财经网"的受众与流量，《财经》旗下特设两套采编团队，分属杂志与网站，对应的微博、微信公众号，各设置两个，分别为"财经网"和"财经杂志"。两个采编团队既保持着内容选取上的区别，又保持着"刊网"的紧密联系。"财经网"聚合大量财经新闻，为用户提供丰富的信息资源，据 Alexa 网站排名统计，"财经网"综合排名（2018 年 12 月 31 日查询）位于全球第 181 位，访客排名第 197 位，国家排名第 40 位，充分反映了"财经网"在互联网中巨大的影响力。同时，截至 2018 年 12 月 31 日，微博名为"财经网"的官方微博粉丝共有 3231 万，而微博名为"财经杂志"的官方微博粉丝共有 226 万，仅微博粉丝合计就接近 3500 万。而两者内容区分，以微信公众号为例，公众号"财经网"内容包含各平台来源的财经新闻，方便用户及时了解新近热点信息及相关评论；公众号"财经杂志"内容则较少有其他平台的财经

新闻，而以《财经》记者报道的独家文章为主。两个团队针对互联网特殊的用户现状，区分目标受众，区别推送内容，既吸引了很大部分对财经新闻的关注者与爱好者，又保持了《财经》杂志高质量的内容产出，为用户带来更多的思考。

《财经》杂志同时适应互联网传播途径开展了多形态的传播。数据新闻兴盛时，"财经杂志"微信公众号推出了"数媒"专栏，如2017年1月10日的文章《数说奥巴马这八年 | 数媒》以翔实的数据资料、独特的切入视角诠释了美国前总统奥巴马执政八年来的功过是非；在直播大行其道的时候，《财经》及时推出"《财经》V课"的系列直播，邀请专业人士就相关热点话题现场对话，将学者关于经济的思考通过直播的形式分享给不同受众，进行了专业知识领域直播的良好尝试，如2017年11月"《财经》V课"特别策划了"年度高峰对话"——国际教育新航线，对话邀请到了复旦大学副教授熊易寒、"台湾留美教父"张恒瑞等领域杰出代表参与。

当然，生产内容的文化品牌在互联网时代或多或少都面临侵权问题，《财经》杂志也不例外。但是《财经》杂志并不纵容这些侵权行为，而是利用自己的合法权利坚决捍卫自己的知识产权，据不完全统计，2017~2018年间，"财经杂志"微信公众号共发表"《财经》杂志反侵权公告"近六十条，每条均包含侵权平台及涉嫌侵权内容，为构建更加良好的互联网创作环境做出了努力。

3. 年会——中国市场经济的引领者

《财经》杂志不仅在内容生产与平台传播上不断扩展进步，它还借助多年积累的人脉资源开展了一系列线下的专业交流活动，吸引了政、经、商、学各界优秀代表的关注与参与。

自2004年始，《财经》杂志每年年末均组织以"预测与战略"为命题的《财经》年会，总结一年以来的经济发展局势，预测未来一年的经济动向。2017年11月28~30日，《财经》年会2018：预测与战略暨第十五届《财经》年会顺利举行，包括"十九大后的中国经济展望""全球经济复苏与不确定性""民营企业的未来和企业家精神""金融开放、监管与制度创

新""房地产大拐点""人工智能：风口与泡沫""大健康产业新格局"等
七大全会话题，包含国内、国外众多企业、行业、体制、领域等热点领域；
同时，年会期间举行了七次高峰论坛，话题包含"金融科技——智能化的
新驱动力""移动 5G 技术助力新经济""银行优化不良资产创新探索""城
市更新与特殊投资机遇""AMC 化解区域性风险路径""民营/外资投资不
良资产之道""智慧金融与风险管理"等方面；在晚宴结束后，《财经》年
会还安排了较为轻松的"煮酒夜话"环节，包含了"金融安全与金融法治
建设""不良资产与产业结构调整""私人财富国际税收监管与应对《CRS
背景下高净值人士国际税收报告》发布""大数据技术革新与前沿应用"等
前沿话题；此外，《财经》杂志安排了《财经》年度对话"对外投资：资本
诉求与国家战略"，邀请特邀嘉宾参加。2018 年 11 月 13～14 日，《财经》
年会 2019：预测与战略暨第十六届《财经》年会顺利在北京举行，会议流
程同样包括"全体大会""高峰论坛""夜话""年度对话"等四个环节，
邀请的嘉宾有清华大学国家金融研究院院长、国际货币基金组织前副总裁朱
民，美国联邦储备委员会前主席耶伦（Janet L. Yellen），恒大集团首席经济
学家兼恒大经济研究院院长任泽平，新希望集团董事长刘永好等众多该领域
杰出的中外代表。

　　《财经》年会始终保持着其在业内极高的影响力与美誉度，众多优秀学
者前来赴会，讨论时下最值得关注的经济话题并预测未来经济走向，在思想
的交锋与碰撞中结出累累硕果，为各界人士了解、研究相关内容提供了非常
有价值的参考。

三　勇担职责，砥砺前行

　　《财经》杂志不仅时刻关注着社会动态与经济变化，记录并参与我国经
济改革的进程，预测并引领我国经济朝着更好的方向发展，同时还牢记自身
的社会责任，积极关注、帮扶有需要的人和事，贡献着自身的一份绵薄之
力。它凭借在业内极高的知名度与美誉度吸引着政、经、商、学各界人士关

注这一品牌，而《财经》杂志也并未因此自满而故步自封，最终赢得了大家的肯定与长足的发展。

1. 强根固本——《财经》奖学金

专业素质过硬的采编团队是优质新闻产出的重要保障，《财经》杂志联合北京大学国家发展研究院共同打造了《财经》杂志奖学金项目，自1999年起每年一届，现在已成为中国媒体界最受尊敬、最受肯定的公益项目之一。此项目由北京大学国家发展研究院下属的北大国际MBA项目组织扎实的基础培训，旨在培养身在财经新闻报道一线的优秀青年新闻记者，使其系统地重温经济学相关理论，提高其理论素养，从而为中国财经新闻界生产出更多正确、前瞻、负责的新闻报道。事实证明，自该奖学金项目走出的一批熟知现代经济学理论的优秀财经新闻人才，正逐步成为业界的中坚力量。同时，该奖学金对于财经记者实现其个人职业发展与新闻理想也有着巨大的助益，使他们不仅成为具有新闻敏感度高、表达能力强、敬业精神足的优秀"声音传达者"，更进一步成长为具有深度、力度、预见性和分析指导能力，能联系理论与实践、政策与操作、宏观与微观的"桥梁专家"，最终成为秉持求真务实的专业精神，肩负起社会使命的中国新闻人。

2011年《财经》杂志再次携手北京大学国家发展研究院打造《财经》法律、经济学奖学金，以面对因改革与发展而日益凸显的社会问题，从法学、经济学的交叉领域观照社会事件，及时为新闻记者补充法律、经济学领域的知识储备和职业技能，得到业界的一致好评。

2. 共建家园——《财经》环境公益系列项目

《财经》杂志于2005年开始对"松花江水污染事故"等环境破坏事件进行深度报道，促使人们关注与思考我国环境与科技问题。随后《财经》杂志开展了一系列环境公益项目。

2008年，《财经》杂志主办了一系列"环保沙龙""环保人物看奥运"活动，邀请环保专业人士、爱好者，分享环保故事，传播环保理念，共同讨论民间环保的现状和发展前景；随后，《财经》杂志组织了拉市海环保行，招募各行各业热心公益、关注环保的共十名志愿者前往丽江水源地拉市海进行考察；2009 年，《财经》杂志邀请英国前首相布莱尔、时任科技部副部长刘燕华等中外政要、企业高层和环境专家召开环保论坛，探索如何驱动中国低碳经济变革。在之后的几年中，《财经》杂志分别关注了"5·12"地震灾区环境恢复、长江流域气候变化、森林可持续发展等多个环保话题。

3. 砥砺前行——财经新闻的行业楷模

《财经》杂志 20 年来，见证了我国改革开放所取得的巨大成就，为我国更加良好的经济发展做出了应有的贡献，也在业内确立了权威、杰出的地位，其文化品牌不仅涵盖了传统的期刊行业，更扩展到整个互联网领域甚至学术峰会。

《财经》杂志联合其他机构推出多份权威榜单，成为各界的重要参考。如《财经》联合智慧财经研究院发布"2017 年金融类上市公司最具投资价值榜"，从综合盈利能力、企业社会责任与金融科技发展水平等三大方向推出三大子榜单和一份总榜单，其中建设银行、中国平安、工商银行等多家企业荣登总榜；《财经》联合北京大学光华管理学院评选了"第二届长青奖暨《财经》年度最佳金融机构评选榜单"等。

《财经》杂志除了每年举办的《财经》年会外，还主办、承办众多金融峰会，如 2017 青岛·中国财富论坛、2018《财经》金融峰会、2018《财经》智能商业大会、2018 金融科技赋能实体经济高峰论坛等，均引起了极大的社会反响。

2018 年 12 月 9 日，《财经》更是与世界前列的财经信息供应商道琼斯公司在海南三亚达成战略合作协议，自 2019 年起，《财经》将基于独家版权合作，引入道琼斯旗下著名投资信息服务媒体《巴伦》（Barron's）的内容及服务，并将携手推出针对中国机构投资者和高净值人群的全球投资内容产品，且计划以此为基础打造一系列投资论坛、圆桌会议及财富管理培训等衍生服务，同时为中国经济与金融领域持续提供深度报道与独家分析，继续推进我国市场经济建设，担起我国经济的观察者与参与者的重要责任。

B.14

掌阅科技：用"工匠精神"
铸就电子出版传奇

朱雅筠

摘　要： 掌阅科技自 2008 年成立以来，专注于高品质阅读平台的打
造，现已成为国内最大的移动阅读平台之一。公司拥有的数
字内容超过 5 万册，在数字出版领域独占鳌头，在用户覆盖
率和活跃度方面位居行业 TOP1。掌阅科技以电子出版业务为
基础，打造自有品牌"掌阅文学"，并且参股潜力内容平台，
加速网络文学布局，积极打造综合性数字阅读平台，构建泛
娱乐矩阵。这家上市企业始终坚守"引领品质阅读"的理
念，以用户体验为核心，加大技术投入，积极实施"走出
去"战略，促进中国电子出版业走上高品质之路。

关键词： 掌阅科技　工匠精神　电子出版

掌阅科技于 2008 年 9 月 8 日在北京正式成立，并在天津、深圳等地开
设分公司，2017 年 9 月 21 日在上海证券交易所主板挂牌上市。掌阅科技员
工总人数超过 500 人，并且参股多家公司，2018 年上半年营业收入超过 9
亿元。

该公司 2011 年 1 月正式发布"掌阅文学"App，专注于数字阅读，并
以其为基石，积极布局硬件产品以及游戏联运等领域，打造全产业链，构建

泛娱乐矩阵。2016 年 6 月掌阅用户突破 6 亿，实现了用户数量的规模增长。在国家十三五关于文化产业战略规划布局的引领下，公司紧抓数字阅读行业的发展机遇，结合自身特点，立足主业，不断做大做强。掌阅科技实行全球化战略，为 150 多个国家和地区的数亿用户提供高品质的图书内容和智能化的用户体验，积极打造数字阅读多元化的新格局。以"全球最专业的阅读平台"为愿景的掌阅科技，用"工匠精神"铸就了我国电子出版业新的传奇。

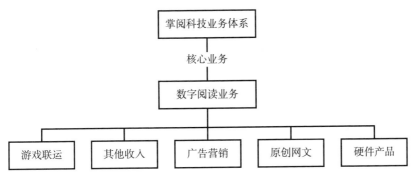

图 1　掌阅科技业务体系

一　内容为本，增色数据运营

以数字出版图书为核心优势的掌阅科技，始终坚持核心竞争力的建设，积极打造自有文学平台，与多家出版社强强联合，获取精品与原创资源，以满足阅读者的阅读需求为目的，不断提升平台内容的数量与质量，增强核心优势。在打造平台的同时，根据大数据时代的用户需求，利用大数据技术，对数据进行深度营运，增强用户黏性，使其核心优势得以最大化，让内容建设与大数据先进技术相结合，共同铸就电子出版业新的传奇。

1. 聚焦精品内容，发挥数字阅读内容优势

掌阅科技以其优质的图书资源作为立足之本，打造一个多渠道全方位覆

盖的品牌矩阵。以电子出版文学作为矩阵核心，加速网络文学、有声、动漫等原创文学的布局，始终坚持对内容进行严格的审核，取其精华，去其糟粕，正如掌阅 App 首页醒目的标语——引领品质阅读所述，掌阅科技始终聚焦精品内容，致力于缔造高品质的正版阅读享受。根据中国音像与数字出版协会发布的《2017 年度中国数字阅读白皮书》的数据，2017 年我国数字阅读行业市场规模达 152 亿元，同比增长 26.7%，作者数量达到 784 万，增长 30.2%，掌阅科技把握时代大趋势，积极建设综合性阅读平台，其图书大部分为已出版图书的电子书。公司已与大量的出版公司、文学网站、作家建立合作关系，拥有专业的团队，对图书资源进行收集、制作，目前已与国内外 600 多家优质的版权方取得合作。截至 2017 年 12 月，公司拥有数字内容超过 55 万册，其中出版图书超过 40 万册、杂志 11 万册、动漫作品 2 万册。出版图书方面，公司积累了较多知名图书版权，优质重磅书覆盖率达 80%，代表作如《三体》《微微一笑很倾城》《三生三世十里桃花》《冰与火之歌》等。掌阅科技斥资 100 万元从人民文学出版社手里买下《围城》独家的数字版权，也使其获得了许多关注。公司年分发图书超过 15 亿册，月上线图书超过 6000 册，图书日更新超过 1 亿字，公司月活跃用户达到 1.1 亿。具有创新意识的公司面向互联网发行有声、动漫等数字阅读产品，拥有掌阅 IReader、掌阅听书、掌阅漫画等独立 App。公司将全方位覆盖的内容优势发挥得淋漓尽致，抢占了移动阅读市场大量用户，着力打造一个多内容、多渠道、全方位、高品质的电子出版品牌。

掌阅科技始终坚持从流量端打造良好文学环境，提高内容的全市场影响力。如表 1 所示，2017 年 2 月掌阅联合百度文学、阿里文学、中文在线、磨铁文学等发起"原创联盟"，推出"精品内容全平台共享计划"，与行业内领先平台强强联合，将平台内优质资源加以整合，营造出良好的"正版"环境，维护文学市场的可持续发展。多平台正版内容的共同建设，不仅能够使读者获得更多的文学内容，更有利于电子出版平台的快速发展，带动优质内容创作，最终达到互利共赢的目标。

表1 2017年掌阅科技大事件

时间	事件
2017年1月	掌阅科技举办首届掌阅文学创作大赛
2017年2月	掌阅科技联合百度文学等发起"原创联盟"
2017年2月	掌阅科技重金签约月关、天神奥斯卡等大神级作家
2017年4月	掌阅科技上线大咖开讲，挖掘知识付费领域

2. 深度营运数据，增强用户黏性

公司通过深度运营数据，建立了高效数字阅读运营体系。掌阅科技始终聚焦社会热点、娱乐风尚等高品质的数字文化内容，筛选优质内容加以推广，建立起精确的数据分析系统，以内容与用户需求为导向，对用户数据进行深度运营，形成了精细化且高效的数字阅读运营体系。公司基于用户行为等数据，通过大数据分析总结，形成用户习惯标签，建立系统的流程化推荐，结合标签定期为用户推送内容。此举带来的不仅仅是更为精准的用户定位，更能满足不同用户的阅读需求，实现更高品质的阅读体验，以此增强用户黏性，大大提高了用户的活跃度。

二　布局全产业链，构建泛娱乐矩阵

掌阅科技紧跟时代潮流，在加快电子出版品牌建设步伐的同时，加大创新力度。积极参股与投资原创网文公司，加快网络文学建设，布局上游产业链。公司在电子阅读器、版权衍生、有声产品等方面持续创新，打造优质产品。经过长期的用户积累以及市场拓展，公司已经具备巨大的用户规模，在明确的品牌定位引导下，掌阅科技加快探索新的流量变现方式，通过建设流量与内容的增值业务，加快全产业链布局，走泛娱乐化的道路。

1. 开拓新布局：运营IP，打造网文基地

掌阅科技积极布局网络文学，紧跟时代潮流，促进电子出版品牌产生内容增值。在内容资源系统化的整合拓展要求之下，2015年掌阅斥资10亿元成立了掌阅文学，进入原创文学领域。在打造自有品牌内容"掌阅文学"

的同时，参股红薯中文网、趣阅小说网等有潜力的外部内容平台，积极布局网络文学原创内容。他们重金签约月关、天神奥斯卡、携爱再漂流、唐欣恬等大神级作家，在原创文学领域奋起追击，全网点击量迅速过亿。例如签约作品《绝世武魂》（作者洛城东/连载中），掌阅点击数亿，全网点击近 10亿，日销破 10 万，百度指数 2.7 万（2017/9）。积极布局网络文学平台，掌阅科技积累了海量的内容资源和用户资源，建立起庞大的用户群，加速追赶阅文集团等原创网文品牌。根据小说质量进行深度分析和预测，判断小说的 IP 价值并进行深度运营。对于具有 IP 潜力的作品，企业进行深度孵化，积极推广，提高产品的影响力，以吸引更多的用户。在打造原创网络文学产业链环节，掌阅文学虽然起步较晚，但是增速惊人，无论在创作的数量还是质量上已经超过国内诸多竞争对手，顺利进入网络原创文学第一阵营，每日更新超过 1 亿字的优质作品。电子出版内容 + 原创网文内容，使得掌阅科技傲立于移动阅读市场。

随着原创文学产业链布局的进一步深化，IP 资源的重要性与日俱增。掌阅科技始终坚持"引领品质阅读"的核心理念，重视人才挖掘，谋求互利共赢，共同进步发展。公司 2017 年举办了首届掌阅文学创作大赛，发掘一批优质文章与作者。例如，原创小说《尘风志》，已被达达影业看中并预购；著名作家小椴携新作《键客》和掌阅科技签约，达成深度合作。2017年，掌阅科技、蜻蜓 FM、完美时空三方共同签约，联手开发优质 IP 作品，加大 IP 开发力度。截至 2017 年底，掌阅文学签约作者超过一万，月收入破 10 万元的作者超过 40 人。掌阅在保证版权内容、数量的同时，不断吸引优质作者，努力提高内容质量，构建读者、作者、平台的良性循环。

2. 创造新产品：拓宽数字阅读外延

掌阅科技在打造自身数字阅读服务体系的同时，注重拓宽数字阅读外延，自助研发并销售搭载掌阅软件系统的电子书阅读器硬件产品"掌阅iReader"，通过打造产品闭环，进一步加强了数字阅读内容的黏性。作为移动阅读重要形式之一的电子书，与平板电脑等具有阅读功能的设备相比有着明显的优势。为了加速产品闭环的打造，掌阅科技在 2017 年先后发布了

iReader Light 和 iReader Ocean 等多款电子阅读器，2018 年发布具备手写功能的 IReader Smart，产品线日趋丰富，由于打造了更为完美的阅读体验，硬件产品收入同比增长 97.03%。在当今移动生活时代，在这个移动阅读平台内容以文字呈现的时代，IReader 无疑是掌阅科技的第二张王牌。如今，iReader 收录图书超过 42 万册，日更新数量超过一亿字，让公司积累的丰富资源在 iReader 上展现得更加充分。现在，iReader 系列产品可以与掌阅全平台内容互通，实时更新图书资源。对于掌阅科技而言，这是一个重大的战略布局，以"少了一点浮躁，多了一点纯粹"的战略理念，吸引了众多深度阅读用户以及读书爱好者。

3. 实施新战略：全版权运营，打造泛娱乐矩阵

"掌阅"数字阅读平台经过长期的市场积累与渠道拓展，已经具备较大的用户基数。基于此，公司在不影响品牌定位以及品质阅读体验的情况下，逐步探索实现新的流量变现方式，加快打造泛娱乐矩阵的步伐。

公司基于"掌阅"平台的用户群体，寻找精品手游，积极探索手游联合运作。以文学 IP 为源头，积极探索 IP 的变现价值，重点推广文学 IP 改编的游戏，通过高精准度的市场分析、产业分析、前景预测，寻找最符合公司文化价值和品牌特色的游戏。目前主要联运游戏包括《梦幻西游》《大主宰》《斗破苍穹》等。优质联运不仅能够扩大用户规模，更能提升掌阅科技品牌影响力，增加品牌收入，2017 年营业收入超过 16 亿元，同比增长 40%，2018 仅半年就超过了 16 亿元。

掌阅科技积极探索影视 IP 的孵化模式，加速影视产业链布局，打造影视娱乐矩阵。如表 2 所示，掌阅科技与芭乐传媒、梦想直播等公司进行战略

表 2 掌阅科技主要 IP 合作方

类型	公司	合作情况/代表作品
影视	芭乐传媒	《青春期》
影视	北京新维盛世影视文化传媒有限公司	《我的青春大小姐》
直播	梦想直播	处于合作开发阶段
游戏	无端科技	《生死狙击》

合作，强强联手，将网络影视市场原创内容进行融合开发，探索优质影视 IP 的孵化方式，力争成为引领行业发展的执牛耳者。

三　勇立潮头搏大浪，内外战略见成效

掌阅科技积极制定国内外战略，把握政策利好的绝佳时机，布局国内外全产业链。以"引领品质阅读"为理念，坚持以人为本，制定国内战略，力求获得渠道 + 技术优势。他们沿着"一带一路"的方向，积极探索海外市场，获得内容 + 渠道优势。掌阅科技始终秉持开放理念，紧跟时代潮流，自 2015 年下半年就开始布局海外业务，不惧困难、迎难而上，力求在激烈的国际竞争中抓住良机，形成数字阅读业务多元化格局。

1. 技术创新：打造高品质体验

掌阅科技始终以"品质"二字作为标杆，在进行技术创新的过程中强调用户体验。公司积极建设拥有良性生态的平台，注重产品的研发与技术的创新，不断优化产品性能，注重细节的打磨，致力于使读者拥有极致阅读感受。自主研发数字阅读平台"掌阅"，在业内率先实现了 3D 仿真翻页、护眼模式等技术创新产品的应用，模拟真实图书翻页效果，利用手势实现仿真。他们打造的立体互动式的"全渠道阅读平台"，构建出多元阅读终端，加快了产品迭代升级的步伐。为了弥补电子设备的阅读缺陷，掌阅科技研发排版引擎技术，在手机等移动端呈现媲美甚至超过实体图书的优质排版效果，完美地将文字、图片、语音等相结合。在文档识别、转化、续读技术以及数字内容的精装排版等方面形成了核心技术优势，处于行业领先地位。

掌阅科技的进步与发展，得益于公司的精锐团队。公司打造了一支专业性强、能力强、经验丰富的技术 + 数字内容制作团队，团队合作进行技术探索并且自主研发了专业、完整的数字内容制作系统，团队成员专业背景涵盖了计算机、编辑出版、汉语言文学、网页设计等专业，形成了对数字内容制作全方位的专业支持。公司始终坚持保持技术先进优势的经营战略，拥有专利 20 多项。高技术、精内容的专业团队为掌阅科技锦上添花。

2. 文学出海：探索国际发展战略

掌阅科技紧跟时代浪潮，积极制定"走出去"战略，勇于探索适合自己的国际发展战略。目前全球已有超过 6000 万海外华侨华人，遍布 200 多个国家和地区，他们对中国文化拥有浓厚的情感，越来越的国外读者对中国文化以及中国文学表现出浓厚的兴趣。公司基于这个背景自 2015 年下半年开始拓展海外业务，业务范围主要集中在港台与东南亚地区。2017 ~ 2018 年加速海外产业链的布局，拓展的重心放在海外内容拓展与海外渠道拓展。公司组建海外业务部，力争未来 3 年内在亚太多个国家、地区取得市场领先地位和良好用户口碑。如今掌阅用户已经遍布全球 150 多个国家和地区。

掌阅科技与多家海外公司达成战略合作，共同建设全球化数字阅读平台。香港掌阅、韩国掌阅是公司用于拓展海外业务的平台。香港掌阅借助掌阅科技 App 海外版以及 Google Play 等全球性渠道向海外用户提供数字阅读服务。掌阅科技联手韩国英泰，获得了多部中文版韩国畅销书的独家数字版权，并且引入数千部韩文图书，给国内读者更多的自主选择权。2017 年 8 月掌阅科技与泰国原创出版公司红山出版集团（Hongsamut）达成战略合作，Hongsamut 表示准备将掌阅优质的原创文学作品翻译成泰文，使得读者能够阅读中文作品。掌阅科技让中国文化走出去，同时也将外国文化"引进来，国内外战略配套进行，促进数字阅读平台多元化、国际化、品质化。

掌阅科技始终坚持"以人为本"的理念，打造高品质阅读平台。无论是电子出版业务还是原创文学、动漫文学等其他业务的建设，都是从读者的需求出发，在内容与阅读体验方面尽可能地给予读者更好的阅读感受。掌阅科技始终坚持建设、打磨公司的核心优势，紧抓数据化时代发展潮流，建设全产业链，构建泛娱乐化矩阵。由于制定了合理的内外战略，在激烈的国际竞争中，得以抢占先机，以"工匠精神"创造了掌阅的过去，并为更加光明的未来奠定了基础。

B.15

万隆光电：世界无界，应你而生

张裔堃

摘　要： 杭州万隆光电设备有限公司主要从事广电网络设备及数据通信系统的研发、生产、销售和技术服务，是一家规模化、专业化的广电设备研发、生产企业。公司拥有高素质的研发生产人才队伍和行业领先的营销服务专业团队，并在国内外都已经形成并拥有稳定和庞大的优质客户群体，树立了良好的品牌形象，在同行业中具有强大的市场竞争力。

关键词： 万隆光电　广电网络设备　高新技术

随着科技的进步，我们的生活一直在迎来多种意想不到的精彩，正如我们身边的广播电视设备。从一开始的有线广播到现在已经进入千家万户的高清数字电视，亿万光缆中流动着的智慧与快乐因子在悄然点亮我们的生活，让我们足不出户都可接收来自全球的讯息，与世界同步分享精彩瞬间。而在这背后，是类似万隆光电公司的传输公司带来的技术支撑。杭州万隆光电设备有限公司成立于1989年，是一家较为年轻的公司，但这并没有影响其成为一家规模化、专业化的广电设备研发、生产企业。公司主要从事广播、电影、电视网络设备和数据通信系统的研发、生产、销售和技术服务，拥有十余年在广电传输设备领域的丰富经验与深厚积累，是当今国内领先的广电网络设备及数据通信系统整体解决方案提供商。作为国家级高新技术企业，公司始终坚持自主研发的核心发展战略。并且在杭州、成都、武汉均设有研发基地，打造出一支经验丰富、勇于创新的研发团队。公司在规模、技术、产品质量及市场占有率上多年来一直在同行中排名靠前。万隆光电以领先、服务国家、共创美好未来为发展目标，力争成为领先国内、享誉世界的产品生产研发基地。万隆光电，以信息技术不断推动电视行业的发展，让我们足不出户也可了解世界。

一 精益求精，品质向上

1. 专业的人才队伍与营销团队

在专业研发方面，万隆公司拥有一支高素质的专业队伍，保证了产品生产研发流程的高质量。人才团队兼有丰厚的专业知识储备和丰富的实践操作经验。在产品制造方面，研发技术人员拥有丰富的专业设计和研究经验，参与工信部接入网 V5 标准的制定及承担国家"863"计划 EPON 项目系统、ATM PON 项目的研发。并且具备较强的自主研发能力，已研制出 1550 外调制光发射机、WOS5000 光平台、大功率铒镱光放大器、环路自愈型光接收设备等多项高新技术产品。随着全球有线电视的高速发展，万隆一直紧随市场脚步，扎根 CATV 领域，不断发展壮大。对于新的领域，万隆也从不放弃，锻造了一支高素质的新产品研发、设计、试验及检测队伍。尤其是在研发领域，万隆光电擅长射频技术和光纤传输设备的研究，并成立了相关的设备研究中心，使公司的产品研发及生产覆盖面远超国内同行企业，为各项产品研发及设备制造提供强劲的技术支撑，是目前国内领先的 CATV 专业厂家。

在产品的营销服务方面，公司拥有一群具有先进行业实战经验的市场管理者及市场营销人员，具备高水平专业技能和市场营销能力，并建立起了一套完整的团队合作体系，更加有利于及时掌握市场动态，并根据消费者的需求变动做出更快反应。在加强营销团队建设的同时，充分发挥各地区经销商在渠道和信息方面的优势，开发和挖掘更多的潜在客户群，并及时向客户群体提供相关的信息咨询服务，保证与客户沟通渠道的畅通。

2. 领先的生产环境和产品质量

万隆公司主要从事广电设备及数据通信系统的一系列技术服务。经过多年来在有线电视设备制造行业的经验沉淀和学习，万隆公司无论是在产品的技术方面，还是销售业绩指标上都处于国内领先地位。而这一切，都与公司为相关技术人员提供的优良生产环境有关。

万隆公司在基础设施上投入大量资金，拥有上万平方米的生产基地与工厂厂房，具备堪称行业一流的生产装配及调试流水线、SMT 高速自动贴片线、高低温老化间、振动实验装置等。检测仪器也一应俱全，包括 HP（安捷伦）、罗德与次瓦斯、数据测试 SmartBits SMB－6000C、安立等。在生产设备和生产环境方面，公司为技术人员提供专业齐全的设施条件，有利于更好地进行产品的研发和试验。

公司在市场竞争中不断披荆斩棘，成为目前国内产品链最长的 CATV 及数据通信专业厂家。公司拥有完整的产品线，产品涵盖有线电视光纤传输设备、有线电视电缆传输设备、前端系统、数据通信系统四大类，能为广电运营商提供全套广电网络传输设备。依托强大的技术研发实力，公司可根据客户的需求进行产品的个性化设计，能面向运营商及企业专网用户提供多种技术解决方案及配套产品，及时、快速响应各类客户的个性化需求。公司提供的各类广电产品已取得广电总局广播电视设备器材入网认定证书，出口欧盟的产品已获得欧盟 CE 认证，公司具有较强的产品优势。

除此之外，万隆还在全国主要省份设立办事处和销售代理机构，保证公司销售代理商能大范围地覆盖全国。从产品开发、生产环境到销售网络建设各方面来说，万隆公司在国内同行业中都具有领先的实力和规模。

3. 先进的经营理念和运作模式

"以人为本、注重细节"是万隆光电公司一贯坚持的经营管理理念。标准化的管理体系、制度化的管理模式规范着公司上下全体员工的行为和企业的整体运营；同时，万隆光电通过完善的人才培训、激励和晋升机制，鼓励员工个体发展和创新，调动员工的工作积极性。目前，公司建立了一套严格专业的现代化企业管理体系，不仅能更好地体现公司管理的规范化和流程化，也大幅度提高了公司的管理效率。

"精益求精、品质至上"是公司一贯坚持的质量方针。公司不仅在全国同行业中率先通过了各项专业管理体系，还建立了涵盖销售、采购、生产、库存等生产经营活动的 ERP 系统。所有采购、生产、库存、销售活动通过 ERP 系统进行联结和控制，确保公司生产、经营活动高效有序。

二　积极创新，协同发展

1. 打造品牌优势

改革开放 30 年来，广电行业的变化翻天覆地。从有线广播、共用天线，再到目前的上百套节目、高清数字电视、物联网无线网络等。今天，万隆光电凭借着近 30 年发展经验的丰厚积淀，占据了国内光电设备市场上的领先地位。经过多年的发展，万隆光电已经逐步形成强大的网络营销优势，不仅覆盖面广泛，而且营销体系十分严密完善，并创新采用了国内外营销市场同步发展的策略。在国内市场，公司的营销服务网络已涵盖全国 20 多个省份。在国外市场，公司以优良的质量、完善的服务赢得了众多海外客户的认可，并不断取得优异的成绩，公司产品远销海外多个国家和地区。

经过近 30 年的稳定运营和快速发展，万隆光电公司已然形成一定数量上稳定、高质量的客户群体。下游客户不仅包括华数传媒、歌华有线、广西广电、内蒙古广电、云南广电、四川广电、福建广电、黑龙江广电、吉视传媒等国内多个省级广电运营商，还包括欧洲、南美、东南亚等国家的优质客户。

凭借强大而稳定的客户资源，万隆光电公司在广播电视产业中树立了良好的品牌形象，并享有较高的市场知名度。万隆光电的"Prevail"注册商标被浙江省工商行政管理局评定为浙江省著名商标；万隆光电的有线电视传输设备被浙江省质量技术监督局认定为浙江名牌产品；万隆光电的"环路自愈型智能光接收设备"产品赢得了广播电视科技创新产品奖。

强大的客户资源和品牌优势保证了公司在国内市场中具有强大的竞争优

势，同时也为公司带来了主营业务收入的稳步增长，并有效地推动公司开展更多形式的新型业务，促进了产品质量的提升，实现了产品生产的规模化和集约化，并有效地提高了公司的盈利能力和抗风险能力。

2. 多领域合作，协同发展

近两年来，受到国民经济环境的影响，国内广播电视运营商整体经营收入较低，网络建设资金投入较前几年明显减少。与此同时，政府投资和财政扶持力度也发生了变化，再加上许多省级广播影视网络运营商的高层人员重组，2018 年上半年全国相关业务的投资和运营明显放缓，导致许多通信设备企业的订单都出现了下滑趋势。并且自 2016 年下半年开始，广电设备整个行业市场萎缩速度加快，至今，许多广播影视设备企业的盈利能力下降，资产总额的盈利能力明显下降。由于技术水平和相关政策的影响，企业的成长能力一再受到限制。传统市场接近饱和，新兴市场转型缓慢，企业经营能力下降。

国内双向网络改造建设进度放缓，从而导致众多企业都在努力寻求拓展与转型的道路，跟大多数通信设备企业一样，万隆光电公司也在积极寻求转型发展的道路，在基于对行业市场的深刻理解，并客观审视自身发展优势的情况下，万隆光电公司不断与其他领域公司取得合作，推出能更好满足消费者需求和市场发展需求的产品，更具有兼容性和通用性，可应用于除广播电视行业以外的其他领域，为公司开辟新的经济增长点。

2018 年上半年，万隆光电公司宣布收购浙江欣网卓信科技股份有限公司。此次收购是万隆将网络设备和数据通信系统整体解决方案提供商从广电网络设备和数据通信系统拓展到运营商增值业务的战略举措。收购完成后，欣网卓信未来可以与万隆光电合作，将产品拓展到广电运营商以外的其他运营商市场。其固定网络相关内容运营模式可以复制到广电互动业务平台和智慧广电相关模块和板块，有利于拓宽万隆光电业务的渠道，扩大其市场影响力，促进其可持续健康发展，进一步提高公司的持续盈利能力，达成以服务运营和运营商拓展的发展目标。

在 2018 年下半年，万隆光电公司宣布与阿里云 IoT 开展合作，将基于云计算、大数据、人工智能以及云端一体化等技术，共同搭建服务于广电网络通信行业与物联网相结合的平台，共同推进阿里云 IoT 在广电行业的拓展和落地，助力中国广电市场物联网布局发展，加快"广电通信＋物联网"建设。此次的合作给两家公司无疑都带来了巨大的好处，对于万隆光电来说，与阿里云的合作能够加快自身的转型发展，在三网络和智能广播系统中获得更好的创新，并能拓宽自身的应用开放覆盖面、产品生产类型以及商业服务范围。而对于阿里云来说，万隆光电在广电设备传输行业的专业性，能够为其提供坚实有力的技术支持，万隆光电优秀的客户市场和品牌优势也能得到更好的发挥和展现，双方通过此次合作定能获得更大的进步和发展。

三 立足当下，着眼未来

1. 完善自身，做精做强

自成立以来，公司规模、技术、产品质量及市场占有率一直名列前茅，公司一直秉承着做精、做强的企业精神，不断挖掘和创新，激活发展因子，基于提供高性价比、高品质服务的理念，以满足客户的需求为己任，以崭新的形象引领科技新时尚。公司在发展过程中不断加强科学沟通协商机制，与合作对象之间互信互利，同时注重创新，注重成果的转化，以加强品牌建设提高产品质量，提振客户对产品的消费信心。公司具备超前的技术制造基础性关键环境要素，基础设施建设完善，拥有核心技术，结合自身优势以及市场情况推出优良产品，在国内外技术合作服务中，都占据了主导地位。在重点领域方面不断突破，不断补足自身短板，同时不断推动传统产业智能化改造，引导创新协同，开展试点工作，配齐先进装备，培养骨干精英。

公司建立了规范的管理制度，并形成了一体化的管理模式。公司建立了一系列规章制度，采用了人性化的管理方式，配合项目考核、绩效考核等手段，规范全公司上下的整体运作；同时，公司还积极鼓励员工的个性化发展与创新，激发员工的工作热情。目前，公司已经建立一整套先进企业管理制度，实现了管理的标准化、流程化，提高了公司的管理效率。

随着有线电视网络的不断发展，市场对数据通信设备的需求不断增长，公司会继续加大投入，在传统设备领域技术研发、生产工艺和营销网络等方面优势的基础上，了解市场发展趋势，进一步开发越来越符合客户需求的新一代光电网络设备，立足国内，面向国际，把万隆打造成为光电网络传输设备及数据通信系统行业的国际一流品牌。

2. 领先国内，走向国际

随着有线电视的高速发展，万隆光电公司一直紧跟市场需求，扎根自身领域，不断发展壮大。对于新的领域，公司也寻求突破。积极投身到激烈的市场竞争中，历练自我，积累经验。

经过多年的不断发展，万隆光电无论是在国内还是在国外市场，都以品质优异、服务完善的形象赢得了诸多客户的认可，不断取得骄人业绩。目前，公司产品远销越南、印度尼西亚、新加坡、土耳其、俄罗斯、英国、德国、美国等多个国家和地区。在全国主要省份设有22个办事处及销售机构，与十几个国家建立了长期稳定的合作关系，成为国内目前最大的光设备出口厂家之一。

要写好万隆的品牌故事，不仅要领先国内，还要走向国际，不仅要体现品牌内涵，还要发展企业外延，不仅要写好当下，更要写好未来。万隆的目标是打造中国有线电视设备行业优秀品牌，努力成为国内乃至世界领先的光电设备传输品牌。

杭州万隆光电设备有限公司的成功，为国内广电设备市场的未来发展带来了希望的曙光，我们也看到，在不断完善自身的同时，万隆还在不断突破自身发展空间和发展潜力。2017～2018万隆与通信行业的合作必将实现"世界无界"的美好愿景，万隆光电，以信息技术不断推动着广电行业的发展，宛如一盏指路明灯，为同行业者指明了光电设备发展前进的方向，为国内光电市场环境带来了发展曙光，让我们足不出户也能与世界同步分享精彩讯息。

B.16
湖南省博物馆：以人为本，智慧新馆

范憬怡　黄婉彬

摘　要： 湖南省博物馆从 1956 年发展至今，历经了半个多世纪的建设与发展，现已成为中国最具影响力的博物馆之一，并跻身国际先进博物馆行列。作为长沙市的文化地标，它以基本陈列展现湖湘底蕴，借助新媒体平台传播湖湘文化；它始终秉持"以人为本"的公共服务理念，为社会公众带来丰富多彩的文化活动；它紧跟时代脚步，积极利用新科技，迅速完成智慧博物馆的转型。

关键词： 湖湘人文　文化教育　智慧博物馆

1956 年，湖南省博物馆在长沙市烈士公园建成开馆，并以建设"地标性博物馆"为目标。随着 1972 年长沙市马王堆汉墓的发掘，在短短 5 年间，湖南省博物馆的定位就从自然历史类博物馆转变成为历史艺术收藏类博物馆。2008 年，湖南省博物馆成为国家首批一级博物馆。2009 年，根据财政部和国家文物局的评定，湖南省博物馆获得了中央地方共建 8 家国家级重点博物馆（院）之一的荣誉。2012 年，为满足人民群众日益增长的文化需求，湖南省博物馆开始进行扩建。直至 2017 年 11 月 29 日，湖南省博物馆再次对公众开放。同年，在第 40 个国际博物馆日，湖南省博物馆被广大网友评选为"国内最值得去的八大博物馆"之一。

一 阔别五年，再展湖湘人文底蕴

湖南省博物馆以满足人民日益增长的文化需求、为民众提供更好的公共文化服务为根本目标，利用五年时间改造扩建场馆，完善基础设施建设。新馆建筑加入了"鼎盛洞庭"的文化元素，在陈列大楼的基础上，实现总体布局的对称、简洁化的风格设计，将湖南人文情怀与中国传统文化相结合，打造了一个极具风格的新场馆。"长沙马王堆汉墓陈列"和"湖南人——三湘历史文化陈列"分别从不同的角度展现了湖南地区的历史发展。

1.基本陈列，讲述湖湘前世今生

新馆开放后，设置了"长沙马王堆汉墓陈列"和"湖南人——三湘历史文化陈列"两个大型基本陈列，面对公众免费开放。既向湖南本地民众介绍湖南区域的文明发展历程，又向来自全国各地的参观者展示了湖南的文化精神、普及历史文化的同时，增强人民的区域认同感，提升人民文化自信。

湖南的历史文化，终究是由"湖南人"来创造的。"湖南人——三湘历史文化陈列"所展现的是湖南人自身创造湖南区域历史、积累湖南区域文明的过程。因为人，历史和文明有了独特的灵魂与内涵。"三湘历史文化陈列"以"湖南人"为第一人称，通过"家园""我从哪里来""洞庭鱼米乡""生活的足迹""湘魂"等五部分，向参观者介绍了湖南地区的自然环境和地理特征、湖南人的由来、湖南人不同历史时期的生活特征和生活习俗以及湖南人独特的精神气质。从地理到人文、从生活到气质、从物质到精神，层层递进，步步深入，达到了展览"见人见物见精神"的目的。

除了有展现湖湘地区漫长历史的"湖南人——三湘历史文化陈列"之外，还有重点展现湖南地区某一时期文化历史精粹的"长沙马王堆汉墓陈列"。该陈列在5243.8平方米的展馆面积内，以上千件藏品为线索，通过故事性的叙事手法，描述了西汉长沙国丞相、轪侯利苍一家三口生前的生活景象，在这其中完整展现了湖南人在汉代的生活水平与生活方式。展览分为序厅及惊世发掘、生活与艺术、简帛典藏、永生之梦等四个单元，共计展示了

700余件工艺繁复的精美漆器、500多件绣织精美的各式衣物、50多篇"百科全书"式的文书简帛，不同程度反映了汉代髹漆业、纺织业的辉煌成就，不仅展现了"湖南人"先祖们的学识智慧与多维世界观，更是向世人证实了当时中国所达到的高度的物质文明和精神文明。

湖南省博物馆通过"湖南人——三湘历史文化陈列"和"长沙马王堆汉墓陈列"这两个展览，从纵向的时间跨度到横截面式的多维展示，以纵横交错的形式，多角度讲述了湖湘地区的区域文明和人文精神。

2.巧用平台，展现湖湘文化魅力

近年来，湖南省博物馆借助短视频App抖音、文化类综艺《国家宝藏》、游戏App《脱颖而出》等平台展示珍贵馆藏文物、普及历史文化知识。对此，湖南省博物馆馆长段晓明说："如果把建筑和藏品视作有形的博物馆，网站和社交媒体则是另外一种无形的博物馆，一种打破了时间和空间界限的文化景观。它不仅是博物馆功能的延伸，更重要的是为公众提供了一个参与、互动和分享的平台。"从荧屏到移动客户端、从综艺到短视频和游戏，蕴含千年历史底蕴的湖南省博物馆以贴近年轻人生活、符合年轻人审美趣味的方式展现湖湘地区的文化艺术魅力。

2017年12月10日，湖南省博物馆接受邀请参加央视综艺频道大型文博探索类节目《国家宝藏》，三件珍贵藏品从18万余件馆藏品中脱颖而出，分别是西汉T形帛画、皿方罍和长沙窑青釉褐彩诗文执壶。节目中湘妹子雷佳以"中国古装音乐剧"的形式，用"最中国的声音"唱出了辛追夫人墓中T形帛画的寓意与精神内涵；黄渤和王嘉组成"兄弟国宝守护人"讲述国之重器皿方罍回归祖国的坎坷历程；湖南电视台主持人何炅扮演"长沙窑厂老板"的形象，用长沙匠人的创新思维让1200年前的"中国制造"——长沙窑制品走出国门。

湖南省博物馆通过综艺荧屏向公众讲述了三件艺术珍品背后蕴藏的中华民族所秉持的宇宙观和人生观，更表达了华夏儿女的文化自信和家国情怀。

相对于电视荧屏来说，更吸引年轻人目光的是各类手机移动客户端。近两年火爆的短视频App抖音就是其中之一。湖南省博物馆也一改"严肃正

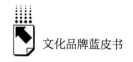

经"的形象，赶上了这一趟流行风潮。2018 年 5 月 17 日，一个名为《第一届文物戏精大会》的短视频刷爆了大家的朋友圈。这一活动正是湖南省博物馆联合中国国家博物馆、南京市博物院、山西省博物院、陕西省历史博物馆、广东省博物馆、浙江省博物馆等六大博物馆，所发起的"博物馆抖音创意视频大赛"活动。该大赛意在利用抖音视频平台的流量优势，通过短视频这一新形式，让更多受众了解这七大博物馆所承载的博物馆文化和所蕴含的中国文化精髓。

为了加深参观者对马王堆汉墓陈列的体验和互动，湖南省博物馆推出了App 小游戏《脱颖而出》，用户在游戏中通过完成一天的考核任务成为辛追夫人的贴身侍女这一过程，体验汉代贵族的日常生活。

二 以人为本，践行文化教育功能

湖南省博物馆作为一个公益性文化机构，把"以人为本，服务社会"作为根本理念。从 2008 年 3 月 20 日起正式向社会公众免费开放，与此同时还提供了多种渠道，方便参观者预定展览门票、教育活动以及相关文物讲座，或者是查询参观路线和交通路线以及人流情况等，例如有湖南省博物馆官方网站、官方微信公众号、官方手机客户端等形式。此外，为了进一步深入落实博物馆的文化教育功能，湖南省博物馆针对各个年龄段的公众提供不同层次、不同形态、不同类别的教育服务，如专题展览、学术讲座、湘博讲坛、教师沙龙、线上课程等，积极建设一个立体化的博物馆教育体系，因此被文化部和国家文物局赞誉为走在全国文化系统前列的博物馆。

1. 主题展览，异彩纷呈

湖南省博物馆在设置两个基本陈列展的基础上，通过与吴冠中、杨福音、刘鸿洲、柯桐枝、邬邦生、黄定初等艺术家以及天津市博物馆、河南省博物馆、贵州省博物馆、广西自治区博物馆、西藏自治区博物馆等国内其他省级博物馆建立积极的合作关系，举办了以书法、绘画、历史文物为主题的各类展览。2010 年到 2018 年的八年间，湖南省博物馆共计办展 35 场，其中绘画展 17 场、文物展 15 场、摄影展 2 场、书法展 1 场。除此之外，湖南省博物馆也在积极拓展国际文化交流渠道，从 2010 年的意大利乌菲齐博物馆珍藏展到 2018 年的古埃及文物特展，与意大利、美国、英国、捷克共和国、埃及等国的博物馆建立了友好关系。

2017 年 12 月 29 日开展的"东方即白——春秋战国时期文物大联展"是湖南省博物馆新馆开放后与全国 30 家文博机构联合打造的首个大型原创特展。展览所陈列的 240 件精美绝伦的文物珍品向参观者展示了春秋战国时代的奇巧工艺，同时也彰显了那个时代的生机与活力，诠释了大变革时代下"革故鼎新，东方既白"的寓意。

2018 年伊始，湖南省博物馆让参观者沉浸在厚重的历史意蕴中，带领参观者徜徉在千年时光的长河里。随后，便给参观者带来了视觉盛宴的冲击。4 月，"兴来笔下生烟霞——黄定初绘画作品展"，从浩浩荡荡的洞庭湖到俊俏坚韧的秀峰山，参观者在一幅幅水墨画中感受到了湘楚山水的灵气；5 月，"未来 - 我来——国际少儿绘画展"，参观者在孩童的肆意涂鸦中感受他们的喜怒哀乐，在稚嫩的笔触中寻找自己的童心；7 月，"九月花雨——柯桐枝花鸟画作品展"，极富意境的浓墨重彩，让参观者领略了花鸟的灵动自然；8 月，"芥舟楫痕——刘鸿洲画展"，近百幅画分为版画、人物、山水、花鸟、手卷五个部分，让参观者既能欣赏到饱满的传统技巧，又能感受到画家宽和从容的现代意识；9 月，"欢无极——杨福音的绘画艺术"，带给参观者最直观的感受就是"精微雅致"，在神形合一、收放自如的笔法中体会"意淡言疏情厚细美"的意境；10 月，"风筝不断线——走进吴冠中的绘画世界"，西方油画与中国水墨画相融合，参观者看到的是彩墨画所独具的现代时尚与传统韵味相融合的特色。

除了国内多彩文化的展示外，湖南省博物馆也一直致力于开展国际跨文化交流。2018 年 1 月，"在最遥远的地方寻找故乡——13 ~ 16 世纪中国与意大利的跨文化交流"，带领参观者开始了一场横跨亚欧大陆的旅行；12 月，"法老，诸神，木乃伊——古埃及文物特展"让参观者领略了古埃及前王朝时期至罗马帝国时期 4000 余年的历史人文。

2. 寓教于乐，形式多样

1984 年，博物馆学中诞生了一个新的学派"新博物馆学"，与传统博物馆学的观念相比，新博物馆学的关注点在于社群和社区的需求，已不仅仅是单纯的藏品的整理、保护、研究和陈列等。湖南省博物馆贯彻"为公众服务"的宗旨，以馆藏文物和专题活动为内容，举办了形式多样的文化教育活动。活动根据对象的年龄层设置了儿童及家庭、学生及教师以及成人三个板块。

儿童及家庭板块有博物馆小推车、主题家庭日、民族传统节日系列活动，通过组织家长和小朋友参加趣味比赛、手工活动等，达成"积淀文化底蕴，从小开始"的目标。学生及教师板块建立了教师资源中心，设立了远程授课系统，并开展学术研讨活动。借助以上方式，在方便教师授课的同时，加强博物馆与学校师生的互动，让博物馆文化走进课堂。除此之外，针对这个板块，湖南省博物馆的教育活动还从馆内走到了馆外，开展了移动博物馆与巡展等活动，使博物馆里的中华传统文化不拘泥于一个建筑里。成人板块包含了专题活动、形形色色的博物馆、馆译资讯、学术与出版等方面，其中"形形色色的博物馆"介绍了二十余个国际知名博物馆，建立了一个世界性的合作版图。

在形式各异的主题活动之外，湖南省博物馆还涉及线上教育活动。即有适合小朋友看的有关民俗故事和藏品故事的动画片，例如麻姑献寿、百步穿杨等故事动画，也有适合成年人观看的文物历史专题片；既有学生喜爱的"动漫学园"，以动漫讲述文物故事；也有适合成年人学习的线上课程，如"溯源篆隶，入神化境——何绍基及其书法特色""古玉天地"等。除了上述活动外还有锻炼小朋友动手能力的"手工小作坊"，即在网站上发布一些简易工艺品的制作方法。还有另辟蹊径的历史知识小游戏，通过填色、拼图等环节让参与者更加细致深入地了解文物。

3. 文创产品，别出心裁

习近平总书记曾多次强调："要让收藏在博物馆里的文物、陈列在广阔大地上的遗产、书写在古籍里的文字都活起来，以此发挥历史文物的文化作用。"湖南省博物馆以"文化创意产业"为基本产品研发理念，深入挖掘馆藏资源特色及内涵，提炼馆藏品中的文化元素，并将其转化为博物馆文创产品的特殊形式及载体。经过长时间的积累，湖南省博物馆目前已经设计研发了 500 余种文创产品。这些产品的产生基于独有的用户行为数据、市场条件、品牌资源、知识产权等，具有独特品牌优势。自 2008 年发展至今，湖南省博物馆原创的博物馆文化创意产品已获得各类商品博览会的科技进步奖、文化创意奖等十余个奖项。

湖南省博物馆文化创意产品设计分为创意生活、古书文集、家具陈设、文房雅玩四个部分。即有遮阳伞、抱枕、胶带、钥匙扣、茶具等实用性较强的产品，又有极具观赏性的瓷器、家具、书画等，能满足消费者的各种需求。

如果说以上充满现代感的文化创意产品代表了湖南省博物馆设计理念的年轻化与时尚化，那么将"非物质文化遗产"与博物馆文化创意产品结合起来就体现了一个博物馆的文化责任感。湖南省博物馆出售的六款浏阳夏布包利用了浏阳夏布的传统制作工艺，包括撕麻、绩麻、络纱、牵梳、织造、漂染、踩光等工序，尤其是漂染方法独具一格。

在博物馆文化创意产品中加入"非物质文化遗产"的工艺，这一做法贯彻了"生产性保护"的理念，将二者的文化价值凝聚到文化创意产品上，实现了"以文养文"的策略，在保证文化艺术的本真性基础上，增强实用性，让"非遗"与博物馆藏品回归生活，让历史的厚重与文化的深邃提升民众的生活品质，满足当今的精神文化需要。

三 科技助力，打造数字智慧新馆

1. 智慧导览系统，改善观展体验

湖南省博物馆的新馆已经了实现 WiFi 信号全覆盖，其所推出的智慧导览系统打破了参观者以往的看展习惯。湖南省博物馆官方移动客户端和微信公众号两个平台"各司其职"，分别提供不同的导览服务。其中移动客户端

负责提供地图导览、定位查询导览、预设及推荐路线指引等功能；微信公众号提供二维码扫描式导览、自助查询导览等。所导览的内容除了基本的展览之外，还涉及了展览中展品的图片、介绍文字以及影像和三维立体模型等。参观者可以借助后台数据库，实现知识扩展阅读，而不再需要馆内工作人员的指引，提高了观展的自主性，改善了观展体验。

智慧导览系统不仅在观展过程中发挥作用，还在客流统计等方面展现了优势，例如智能停车系统，给参观者带来了全面的观展体验。除此之外，纸质和电子意见簿，能便捷地反馈参观者的意见与建议，为湖南省博物馆进一步完善服务内容提供参考。

2. 线上虚拟展厅，跨越时空阻隔

2013 年，湖南省博物馆加入了谷歌艺术计划，即以全球网络用户为对象，推出在线藏品展示，致力于为观众开辟一个"永不闭幕的线上虚拟展厅"。利用谷歌街景技术拍摄博物馆内部实景，并且以超高解析像拍摄馆内文物藏品，让参观者可以在任何时间、任何地点，只通过点击鼠标就可以欣赏自己想看的展览。加入谷歌艺术计划，进一步加强了湖南省博物馆的国际化交流。

目前已经建设完成的网上展厅有"草原牧歌""湖南十大考古新发现陈列""湖南商周青铜器陈列""高山流水遇知音""佛光里的西藏""三湘四水集萃——湖南出土商、西周青铜器展""御窑密码——明代皇家瓷器特展""湖南名窑陶瓷展览""马王堆汉墓陈列""还原大师——何绍基的书法世界""东方既白——春秋战国文物大联展"等 11 个展览，其余展览的网上虚拟展厅建设在逐步推进中。

网上虚拟展厅的建设是馆藏文化与历史的完美结合。博物馆内的展览具有时间限制，对于很多文化艺术爱好者来说，一次观展并不能满足内心的需求，优秀的艺术作品是值得反复观摩欣赏的；对于某个展览，可能有参观者因为地域问题而不能来到馆内进行参观，而网上虚拟展厅的跨越时空限制的特点正好可以解决这两个问题。

3. 增强现实技术，赋予文物生命

增强现实技术（Augmented Reality，简称 AR）是一种实时计算摄像机影响的位置及角度并加上相应图像、视频、3D 模型的技术，这种技术旨在把虚拟世界套在现实世界并进行互动。近年来，世界各大博物馆都开始尝试利用 VR 技术诠释藏品，为观众带来有趣的互动体验。

2018 年 11 月 29 日之后，来到湖南省博物馆的参观者便可以感受到 AR 技术与博物馆的结合。目前，湖南省博物馆已经实现与 AR 技术结合的藏品有马王堆《导引图》、元青花人物故事玉壶春瓶、"敕庙"牛形铜灯等。将 AR 技术利用在藏品中既可以增强参观者对于藏品的现实体验，又可以消解藏品出于历史原因受损而无法展其全貌的遗憾。出土于长沙马王堆利豨墓的《导引图》是现存最早的彩绘气功导引操练图。帛画上共有 44 个人物做出健身运动的姿态。"导引"是我国古代的一种气功强身法，是以呼吸运动和躯体运动相结合的医疗体育方法。由于绘画的局限性，《导引图》所描绘的姿态动作难以动态呈现，并且 2000 多年的历史也在画卷上留下了岁月的痕迹，许多部分难以一一辨识。但现在通过 AR 技术，我们就可以在手机上，通过点击屏幕，使栩栩如生画中人从画卷中走出来，并以此展示着《导引图》中的各种气功动作。

AR 技术不仅能再次赋予藏品生命，还能增强参观者的沉浸式观展体验。通过 AR 技术，湖南省博物馆的理事汪涵先生可以为参观者现场讲解"马王堆汉墓陈列中"的 10 件展品。参观者只需要拿起手机，扫描藏品实物，汪涵先生就会出现在镜头中的文物旁边，为参观者带来一段内容翔实精彩的讲解。

总的来说，作为湖南省最大的历史艺术类博物馆，湖南省博物馆始终以传承湖湘文化、传播湖湘精神为己任，成为贯通湖湘古今的枢纽；作为一个公共文化服务机构，湖南省博物馆把"以人为本、服务公众"作为宗旨，通过各种形式，全面践行文化教育功能，成为文化育人的标杆；作为一个重点博物馆，湖南省博物馆积极探索新的发展路径，借助科技的力量，成为数字化智慧博物馆的代表。

B.17

美团网：从团购网到超级平台

向柯树

摘　要：　美团网在千团大战时便开始探索其品牌核心优势，创新推出
了"消费者商家关系管理"模式、"信息系统管理"方法、
"便利服务升级"措施，在团购"用户红利"所剩不多时，
将商业触手延伸至线上线下所能触及的更广的产业区域，并
以美团网为基孵化出更多的本地生活服务平台，推进平台之
间互相呼应，促进形成生活服务生态圈。美团网作为生活服
务业知名品牌，以其领头羊的姿态影响了生活服务消费群的
习惯，使其转向更注重便利性并要求更高品质的消费模式。
美团网品牌的成长顺应了我国居民的消费支出正从满足基本
生活需求为主转向满足多层次生活需求为主的发展规律，作
为本地生活服务行业的重要品牌，为整个行业在用户体验及
运作效率的提升、运营成本的降低中做出了卓越贡献，积极
地推动了中国生活服务行业的发展。

关键词：　美团网　团购网　超级平台

在"互联网＋"风靡全球的同时，团购网乘着互联网之风带领"新消
费"模式迅速崛起。2010 年，以王兴为创始人的美团网成立，美团网秉承
着消费者第一的市场化定位，在职业化管理团队带领下，于"千团大战"

中脱颖而出，并以团购为基，发展出众多相关业务，在懒人经济下本地生活服务 O2O 的快速发展中大放异彩，美团网品牌始终围绕诚信为基、技术为趋，将"智能 +"贯穿美团网发展全过程，推动消费者从生活服务中的线下交易转向注重便利性、高质量及低成本的线上交易。2015 年，美团与大众点评达成战略交易，于开曼群岛注册，成立 China Internet Plus Holdings Ltd.。2018 年，公司改名为美团点评。在消费者日趋理性化时，美团网成为美团点评旗下保持长期竞争优势的关键品牌，是与大众点评、美团外卖、美团打车等产品形成美团点评本地服务生态链的重要一环。据美团点评招股书中所写，2017 年，美团点评平台完成交易笔数超过 58 亿，交易金额约达到 3570 亿元，为全国超过 2800 个市县的 3.1 亿年度交易用户和约 440 万年度活跃商家提供服务。数据在一定程度上反映了美团点评的资本价值，而作为美团点评旗下的元老级品牌——美团网，在其中贡献突出。美团网不仅为注册用户提供了便利服务，而且作为线上平台，实现了商家与消费者的需求对接，打破了"酒香不怕巷子深"思维定式，让"酒香"的商家在美团网平台交易中轻易覆盖范围更广的目标消费群，并节省消费者寻找"巷子"的各类成本；让"酒不香"的商家能在交易中获取更多改进以适应消费者的需求、成为潜在的酒香商家，也让更多的消费者能更客观、更便捷地选择商家。美团网从一开始的单纯团购平台逐渐成长为承载更多功能的平台，人性化的技术在美团网深深扎根，吸引了规模庞大且不断增长的用户群体，改变了新时期消费者的日常生活及消费习惯。

一 品牌的成立：美团网在团购大战上的新走法

1. 新定位保证美团网品牌影响力

自美团网 2010 年成立以来，其业务覆盖了餐饮、电影、门票等，此时，中国已步入团购竞争大浪潮中，团购平台众多，让消费者眼花缭乱。作为衔接用户端与服务端的中介平台，团购网兴起，前期以价格便宜为突出优点吸引消费者，在消费者进行选购时，在一定程度上提高了消费者的让渡价值，

即增加了消费者获得的产品（服务）的总价值与消费者所花费的总成本之差，减少了消费者购买商品（服务）时所用的成本，节约了消费者的时间、体力和精神等成本。团购网在初期发展中，主要依靠"资本红利"及"用户红利"，而依靠红利的团购网于中国兴起之初便激发出一大批同质化的团购网站，使得众多团购网站拉开了中国团购市场的竞争序幕。美团网作为开辟中国团购市场的先驱，在牢牢抓住资本红利及用户红利机遇的同时，也逐步摒弃同质化，以自身独特化运营方式及与各行各业开展的深度合作拉开了其与其他团购网的差距。2011年，粗放型快速增长的团购网站令国内电脑端团购网上演千团大战。为提高网站知名度、吸引消费者注册及商家入驻，美团网的竞争对手，如拉手网、窝窝团等选择融资、并购，快速扩大公司规模，花重金投入广告宣传，提高全国覆盖率，以求在竞争中站稳脚跟；而美团网选择保守推进，严格控制现金流，降低资产风险，选择战略性稳步推进，在其他团购网注重规模及营销、抢夺市场份额时，美团网放缓抢夺速度，更注重平台"服务"。经过2012年的资本市场洗礼，资金失控的团购网站被市场驱逐出市，美团网凭借其战略规划，在大战中最终"剩者为王"。

对于团购网站来说，要立足市场需有其核心竞争优势，美团网凭借敏锐的市场观察力做出了战略决策，在运营前期，美团网放弃突飞猛进提升市场占有率这一互联网平台一贯采取的策略，而是选择了稳健扩张团购市场份额，主打以消费者为关注焦点进行网站服务质量提升的运营，以消费者获取极佳的体验作为平台努力的方向，因此，提出"消费者第一、商家第二、美团第三"的理念。而在品牌战略管理上，消费者利益大于商家利益，是其在团购界首创的"消费者商家关系管理"模式，而此模式在其后的发展中亦证明该团购网价值拟定的正确性。此外，美团网还将"诚信"贯穿于消费的价值链始末，让消费者在团购时承担风险成本小，获取实际消费收益大，进一步促进"美团网"在千团大战中脱颖而出，成为值得信赖的品牌。"消费者商家关系管理"是美团网在团购平台建立之初极有潜力的增长点，通过关系管理的各种有效措施，有计划有步骤地将便利服务搭建得更为专业化、人性化，使美团网能潜心专注于研究"什么是消费者需要的、什么是商家需要的、什么是技术允许的"，将品牌的立足点放在提升消费者满意度上，针对两类用户，其将维护消费者利益高于商家利益的定位，通过了市场优胜劣汰竞争的检验，证明了其定位让美团网更好地把握了行业变动的趋势，美团网因此第一时间抢占团购网站领先位置，把握住了发展先机。而美团网的诚信经营体系亦是建立在为消费者提供更满意的商品及服务的宗旨上。

"诚信"是美团网品牌塑造的落脚点，体现在品牌诚信经营的体系搭建上，"消费者商家关系管理"是其在团购大战中大获全胜及其未来发展的保障，第一，在制度上，通过一系列消费者保障计划，《商户评价诚信管理办法》《到店餐饮类商户虚假购买管理办法》《到店综合类商户交易不诚信管理办法》等商户诚信公约及管理办法，组成了美团网内全方位的消费者保障体系，为品牌的建立与推广打下坚实的基础。第二，在管理措施上，最重要的举措之一是美团网率先推出过期包退，显示美团网与其他团购网对消费者预付资金的不一样态度，在团购网发展初期，消费者在购买团购券后，如果消费者未在规定时间内使用团购券，所购买团购券的资金将无法退回，这会造成消费者的成本损失。而"过期包退"这一开创性的举措，使美团网从信任角度提升了其用户的忠诚度，而在其运营中不难发现美团网正是以提高消费者忠诚度为目标，当消费者满意度与商家满意度形成冲突时，美团网以首先保证消费者满意度为指导思想进行商业纠纷处理，从而有效地维护消费者对品牌的黏度，再用消费者的数量优势及高活跃度进一步吸引商家。此外，美团网还专门成立了"诚信监督委员会"，旨在提高委员会成员的监督力度及可信度，参与监督的人员类别多样，有网友参与，亦有微博知名人气博主、媒体记者以及业内人士等参与，让消费者可以更安心地购买产品。委员会可解决众多消费问题，如，商家倒闭消失，导致消费者无处投诉；团购信息与实物不相符；购买的商品在实体店消费时有附加条款等问题。美团网逐渐形成先行者的规模优势，以消费者为突破口，将终端作为美团网的重要的环节，建构、经营、完善消费者服务，以此增强了消费者的凝聚力，同时又吸引更多的商家进驻。以消费者所关注、团购所涉及的到店餐饮食品安全

为例，天网及天眼系统食品安全管控最具代表性。天网系统是针对平台注册商家的管理系统，美团网要求注册商家需具有应有的证件，如营业执照、餐饮许可证、卫生许可证、税务登记证、消防审批等，针对相关证件，天网建立了电子档案以方便监督管理，还建立了专责的视频安全监督团队，对平台在线商家的整个活动周期进行追踪，还可为地方监管提供数据；天眼系统，主要针对消费者，为形成商家与消费者的良好循环，天眼系统针对消费者对商家的评价进行分析，有星级分析、语义分析等，着重关注有关商家食品安全的用户评价，将评价进行分类，特别是对于负面评价，通过分类统计，美团网可对负面评论多的商家进行着重监管，迅速采取措施，如消费者对于平台上的消费提出有关食品安全的问题，平台还可根据情况向消费者进行退款。食品安全一直是保证美团网业务正常运营的核心，美团网以此而形成了多种售前及售后机制以提升食品安全度、保证消费者的利益。

美团网的品牌影响首先主要针对消费者，在初步建立影响力时重点放在提升消费者生活服务的消费体验上，构建了"互联网＋""智能＋""人性化"的新消费场景。美团网通过优化线上或线下服务，并在市场上"先结网"，用优质服务提高网的质量，再通过不断完善服务种类、提升服务水平、充分开发和利用渠道吸引消费者和商家；"后捕鱼"，使得消费者与商家能更好地成为美团网的品牌忠实用户。从其消费者商家关系来看，美团网在巩固其市场先发优势后，逐步增加、提升消费者会员服务，再进一步增加商家服务种类及提高商家服务质量，在"消费者商家关系管理"上走出一条新的品牌之路。

2. 智能化引领美团网发展道路

"信息系统管理"是美团网在各地布点，连点成网的重要战略支撑，美团网已将信息化的深耕细作作为创造价值的必然选择。

在电脑端的市场资源还很丰富的时候，美团网提出新策略，在 2011 年便提前布局，将美团网从电脑端转向手机移动端进行发展，移动端的开拓进一步提高了拼团消费者在消费时的实时性，降低了搜索及交流时所产生的代价，这些代价包括时间、精力和金钱等各方面，提高了顾客的让渡价值。美团网选择网点落脚的深度而非广度，在其他团购网选择极速扩张时，美团网放弃迅速扩张，将网络技术人员作为公司核心员工，步步为营，以理解并适应用户需求作为其在互联网扩张前的第一步，并做好平台用户价值沉淀，在投资市场红火的时候，美团网在保证其流动资金充裕的前提下，将大量资金用于技术发展。技术构建了新秩序，美团网大力发展线上技术支撑，为"便利服务"保驾护航，助推消费者生活方式的改变，通过互联网更好地解决了信息沟通不对称、资源配置的地域不均衡问题，消费者在美团网通过输入关键词或者直接选择门类可在搜索的页面上查询自己所需，而美团网可为消费者提供人性化的搜索页面，使消费者能通过更精细化、更便捷的方式进行购物选择，如，消费者可以根据所搜关键词的价格、距离、人气及评分、自己所需进行排序选择，还可在页面上查询到标签，提前知晓查询对象是否有免费停车、免费 WiFi、儿童座椅等选择，从而进行预订或在线购买。美团网通过在不同城市有节奏、有策略的布局，在形成初步的品牌市场网络覆盖规模时，其在各城市的数据库亦同时建成，美团网可通过数据统计及分析，对营销用户进行精准画像。数据的优势使得美团网能充分利用自身的数据库资源以及比较广泛的合作优势，根据客户需求提供定制服务，做到个性化营销及商家服务升级。美团网在发展中，为使技术驱动更好地服务于消费者与商家，在与各行各业优秀企业合作的前提下，进一步提升平台内涵。美团网利用互联网技术赋予生活服务行业更大的动能，让行业能在"互联网＋"下获得实体与技术的融合，并在新时代下得到新发展，具体体现在为行业内的商家提供从传统经营模式向互联网化经营转型的可能，使商家只付出低成本，却能实现服务的不断精准升级，美团网用技术改变传统生活服务行业以往的服务效率，如：改变商家实体店支付系统，可实现顾客到店后的线上下单、埋单；针对消费者需求的企业资源规划；帮助商家建立线上业务等，以此实现美团网与商家共赢，使商家不局限于实体店铺，使消费者在商家消费时，也可以更好地满足消费需求。

二 品牌的发展：从获得"话语权"到行业内"权威"

美国彭博社 2018 年 9 月 13 日发表了从多角度（创新、实用、以客户为中心和鼓舞人心等方面）对各知名品牌的评分结果，在中国消费者青睐的品牌里，美团点评从 2017 年的第 40 名上升至第 8 名。作为美团点评里的当家品牌——美团网，无疑是美团点评旗下的明星品牌。

1. 在团购网界获得话语权

美团网凭借线上优势，"进入任何一个它能够进入的市场"。首先从国内一线城市把点铺开，在拥有极大数量的活跃用户后，基于活跃用户对美团网的品牌忠诚，依次跟进其他业务，以技术为中介，逐步地引进管理手段或开创原创性的管理方式进行品牌优势的巩固。

由于美食是平台里的重要业务，创造美团网的"美食 IP"，是美团网进一步吸引注意力、提升媒体影响力的方法。美团网与美食品牌进行合作，"联合品牌"不仅是营销的需要，更给美团网用户带来了会员的消费升级，同时提高了联合品牌的影响力。"美食 IP"借助于美团网超级平台的流量优势，给予餐饮品牌在高流量红利下品牌知名度的再度提升，使其能在短时间内触达目标受众，提升品牌认知度和好感度。例如，通过"超级品牌日"帮助餐饮品牌更好地进行品牌推广，开发出更多的潜在客户。而"超级品牌日"同时给予消费者更多品牌福利，提升了消费者对品牌商家的认知度，使其能够更贴近品牌。美团网品牌影响力对其他美食品牌影响力的赋能，是美团网在行业内话语权获得的第一步，而资本的承认是第二步。

2018 年 9 月 20 日，美团点评登陆港交所，开盘大涨 5.7%，报 72.9 港元，市值 4000 亿港元，同年 10 月 25 日，福布斯发布了 2018 福布斯中国 400 富豪榜，美团点评董事会主席兼行政总裁王兴的财富从 2017 年的 40.5 亿美元，上涨 26%，从 2017 年的第 59 位提高至第 37 位，美团点评在生活服务业的领先位置被业内广泛认可，是我国新一轮互联网时代下的明星独角兽。而美团网的发展，也为共同保障消费者权益、共同维护市场公平、共同推进生活服务业升级做出贡献，其社会效应亦为其行业话语权增加一分力量。

2. 标准化线上餐饮行业管理

美团点评招股书显示，美团点评从 2015 年至 2017 年的营收实现跨越性上升，分别为 40 亿元、129 亿元（同比增长 223%）、339 亿元（同比增长 163%，比 2015 年增长 748%）；而经调整后亏损直线下降，从 59 亿元到 53.5 亿元（同比下降 9.3%），再到 28.5 亿元（同比下降 46.6%，比 2015 年下降 51.7%），如果说获得资产和塑造品牌的最终目标都是超额的利润，美团点评旗下的美团网已从"传播者"完成了到"引领者"的升级。美团网的权威在实际表现中可体现在品牌的强势上，如商家入驻的独家协议，品牌的优势转化为独家的优势，奠定了美团网对商家的话语权；而美团网作为团购网的先驱者，其消费流量、先进技术以及在团购平台中所处领先地位，拥有数量巨大的商家及消费者，这些成就了其权威。

美台网依托于高效率的互联网平台，其平台在地方运营中介于商家、消费者和政府之间，成为一个中间层、一座桥梁，一方面可以为零散的消费者、零散的商户提供便利，并可对交易过程中所遇到的问题进行集中梳理；另一方面对政府职能的转变提供了动力，通过平台和政府的合作互动，让社会协同治理成为可能。2017 年 7 月，《美团点评餐饮安全管理办法（暂行）》的提出，是其保证品牌权威的一大进步，餐饮安全类线上监管覆盖了极多的商户，美团网还与社会各界广泛合作，邀请社会人士进行监督，成为食品安全产业发展的有益推动者。以美食为重的美团网，还出台相关领域的消费者趋势报告、商家服务报告。2018 年，美团点评推出的《黑珍珠餐厅指南》，是中国版本的《米其林指南》，介绍了位于中国 22 个城市及 5 个外国城市的 330 间顶级餐厅，并将餐厅罗列成名单，这一高含金量名单的推出，建立在美团网的数据上。美团网在美食界的品牌光环，让美团网对美食的鉴定具有一定的权威性。美团网在发展中逐渐成为具有相当知名度的服务品牌。美团网在拥有团购网这一功能时，便已较早地切入生活服务的领域，而在其后的发展中，技术驱动、互联网功能在运营中不断升级和完善，现代

化、信息化、网络化的经营管理，使其在生活服务领域的多元服务成为可能，在其整合资源形成优势后，形成了既有美团网相对独立的品牌价值，也有美团网凭借其在行业内的领头位置，所形成的美团点评系列化的品牌价值，美团网品牌的成长顺应了我国居民的消费支出正从满足基本生活需求为主转向满足多层次生活需求的发展规律，其品牌知名度已成为其在竞争中的核心制胜砝码。而正是美团网对餐饮商店的"评价"二字，成为美团网的另一个权威佐证，成为美团点评上市的重要砝码。

三 品牌的阶段成果：超级平台的诞生

1. 平台的品牌延伸

美团网作为美团点评的核心业务点，扮演团购的主要革新者，并由点及面地慢慢开始，有力地支持了平台各类服务信息的快速搜集和传播，推动美团网的业务多样化。从中期战略来看，美团网实现到店业务，坚守了消费者到店消费的目标。从长期战略来看，美团网联动了团购、外卖、酒店、旅游、电影、支付等，串联起"吃喝玩乐"大生态，布局深远，不贪图眼前之功，保证"深淘滩、低作堰"，保证其品牌的可持续发展。

美团网在品牌形象得到强化后，依托其品牌形成的多领域拓展战略自然而然地启动了。美团点评以美团网为基，衍生出多个品牌，美团网作为品牌延伸的桥头堡，将品牌影响力扩散延伸到多种产品上去，促成美团点评形成系列品牌，并形成与美团网关联性和互补性强的新产品，新产品一经问世就品牌化，甚至获得了已经知名的品牌——美团网赋予新诞生的品牌知名度，提高了消费者对衍生品牌的忠诚度，缩短了消费者对新品牌从认识到接受再到忠诚的过程，有效地防范了新产品的市场风险及节省巨额开支。目前，以美团网作为平台进行流量导入的内容已经非常多样化了，包括电影、外卖等业务。这是美团点评全方位本地化的体现。

对于入驻美团网的万种小商户和数量庞大的注册用户，美团从创立初便从交易切入，在供给侧与消费侧进行沟通，积累两者的资金流动数据，并对消费侧进行精准画像。美团网的新用户需同时显示全新的设备与手机号，这表明美团网的真实用户数量的可信度较高，其活跃用户及强流量入口得以保证，换言之，从用户角度来看，美团网已经建立起用户的高黏性，流量入口是美团网的重要资本，让其成为系列品牌桥头堡成为可能。而美团网亦将触手伸及产业的上游及下游，美团网通过其线上品牌知名度及先进的管理，依托大数据，进一步完善餐饮生态体系，从商家入手，全方位提升餐饮服务水平，如，招募5S服务合作商，形成服务体系，并协助传统线下单一产品代理商升级为5S服务商，共享餐饮万亿级市场发展红利。

2. 平台的品牌升级

美团网是以王兴为首的团队打入本地生活服务链条中的核心业务。从产业的角度来说，其竞争优势不仅在于规模，还在于管理和服务。美团网是经济中依托资本运营成长起来的典型，在前期的成长中，依靠风险投资的资金注入，保证其正常运营，而在消费者日趋理性化时，品牌已成为企业保持长期竞争优势的基础。而为保证在服务多样化的同时的专业性，达到品牌"形散而神不散"，美团网用"吃喝玩乐全都有"的服务宗旨，指出其组织的使命和目标，概括出组织将要遵循的大方向及达到的目的，以此，解析出其战略，美团网围绕本地服务，将囊括多品类商家、大面积覆盖消费者生活圈作为战略支点，丰富了生活服务业的体系，专注于生活服务领域，打造理想生活圈服务。美团网成为美团点评在形成理想本地生活服务圈使命中的战略支撑。

从长期战略来看，美团网的任务是联动美团外卖、猫眼电影、榛果民宿等，串联起"吃、喝、行、游、购、娱"整个大生态的孵化台，布局深远。在本地生活服务上，美团网以团购网出市，在发展中，由于单一强势品牌已不足以考虑战略性的目的，品牌的延伸是美团网孕育附属品牌过程中的必然选择。美团网逐渐从消费者生活中已建立多个种类的优势里，顺势开发出其他专业性强的服务品类，并由美团网形成品牌带动效应，将其用户体量大、信赖程度高的品牌优势注入新平台中，使其在低成本、高效率的情形下形成到家、到店、酒旅和出行四大业务板块，并为各业务板块提供先期的品牌光

辉，在电影、外卖等运营成绩喜人后，再将其子品牌发展成独立品牌。

美团网将"科技"加"创新"赋能平台，满足消费者的"吃住行游购娱"的消费需求，将"吃喝玩乐，尽在美团"作为品牌沟通的核心诉求。连接大众消费者和服务从业者，连接线下传统服务业和线上互联网数据，连接消费者和商家，美团网正向着生活超级平台不断进化。在互联网平台之间争夺中，美团网将重心不单单是集中于表面业务，往往还深层次的渗透于流量之争。美团网品牌在品牌延伸中，以流量输出为重要特色，承载了一个品牌延伸至多种产品，产品的多样化、专业化，让美团网实现从点到面的覆盖。

美团网作为品牌升级的基石，作为流量输出口，其交易用户数量的持续增长，为美团点评成就生活服务行业巨头做出了贡献，同时也降低了美团点评旗下以美团网为基础的其他衍生品牌的获客成本。王兴及其团队，将多年来从事网络平台的经验移植到美团网的经营。从美团网品牌升级过程中，可以看到美团网品牌的经营历程；从"消费者商家关系管理"、"信息系统管理"到"便利服务升级"，在中国的城市化进程，可以看到，在我国较高的人口密度中，生活服务行业正不断适应消费者持续改变的消费习惯，适应互联网生活时代。美团网是服务业电子商务模式领域的创新先锋者，在其后的发展中，正从单一品类服务的团购网发展成为聚集了多品类服务业的生活服务平台，并从一个平台衍生出其他多个平台，这众多平台的品牌化，正将其影响力从大城市辐射至全国中小城镇，生活服务方式的改变，也正是消费者消费模式的改变，美团网创建了逐渐覆盖全国线上与线下业务模式，也在全国范围内改变了消费者的生活方式。而将平台的服务对象由需求端扩展至供应端，提升了生活服务行业的整体服务质量，由此孵化出的众多新平台在O2O的市场进程中，不断补齐、创造属于本地生活服务的生态链条，从而形成趋于完整的生态圈，这就是美团网从团购网到超级平台所创造的新时代的商业硕果。

B.18
虎牙直播：造势竞争，拔得头筹

高雅兰　赵心宇

摘　要：　虎牙直播作为第一个以游戏直播为主营并兼具多种直播内容的直播平台，在直播品牌林立的市场中占据行业一线位置。如今，虎牙直播已经从 YY 体系中剥离，完成了品牌上市的华丽转身，清晰的品牌定位使其在市场中独具特色又富有竞争力；稳定健康的直播内容保证了品牌的公信力；业务的持续创新与严格的内容监管促进了公司的良好成长。虎牙直播，正以一个新的形象出现在市场与公众的视野中。

关键词：　虎牙直播　市场　创新　口碑

虎牙直播是以游戏直播为主营业务的弹幕式直播互动平台，个人经过注册、验证等工作后可成为一名主播并享受虎牙平台提供的单人直播间，主播在不同内容的分区寻找个人感兴趣和擅长的项目，直播内容多种多样，虽以游戏直播为主，但也同时涵盖综艺、娱乐、教育、体育等其他直播板块，用户也可根据个人喜好选择性观看。

虎牙直播覆盖 PC、Web、移动三端，在涵盖更大范围的同时也注重满足用户需求，为用户提供超清、极速、流畅的直播观看体验和优质的观看服务；不仅如此，用户还可以一边欣赏主播所放送的内容，一边以文字弹幕的形式参与交流分享，与主播进行实时探讨互动，分享观看体验与对直播内容的建议，在拉近主播、平台与观众的距离的同时也享受社交的乐趣。

虎牙直播自 2012 年成立以来，一直稳扎稳打，坚持自己的游戏直播内容。随着近年电竞赛事的发展，虎牙直播也迎合市场引入国内外赛事的直播版权，并吸引了众多世界冠军级的战队和主播；此外，粉丝流量时代，虎牙直播还通过明星主播化等方式展开泛娱乐直播，全明星主播战略的启动吸引、汇聚了许多明星大牌，在利用粉丝心理吸引更多用户的同时也通过粉丝大幅提升了知名度，在保有品牌特色的同时也不忘努力创新。

一 从"第一个吃螃蟹"到中国游戏第一股

与其他互联网行业不同，直播从起步到爆发虽然不过短短 10 年时间，却已经历了多个发展阶段，直播已经不限于大型新闻发布现场，各个秀场、娱乐圈人士以及"全民皆主播"的普通群众的热情使得直播这个行业不断壮大，尤其是电竞游戏直播出现后，在大量游戏玩家的推动之下，网络直播一夜爆红。

2012 年，YY 推出游戏直播业务，即 YY 直播（虎牙直播前身），不同于其他在直播中以喊麦、搞笑、颜值为主要内容的直播平台，YY 以游戏直播定位成为国内首家开展游戏直播业务的公司且是行业中的"only one"，自此之后，游戏成为 YY 的核心与灵魂。不仅如此，平台还将优质游戏视频剪辑后上传至视频网站，吸引用户观看，挖掘更多潜在受众与消费者。

面对广阔的游戏市场，很多后知后觉的网站开始发掘这块宝地，越来越多的直播入驻游戏业，在激烈的市场竞争中，2014 年 11 月 24 日，YY 正式举行发布会，宣布 YY 直播改名虎牙直播，统计注册用户突破一亿大关，成为行业首家，成功迈入国内直播领域第一梯队。

更名后，虎牙直播全面转向 Web 端的发展，且不再局限于单纯的游戏直播，扩大了直播内容面，并于 2014 年 11 月，投入大量资金与技术，首次推出 1080P 高清码率的直播服务，能支撑百万级用户同时在线观看直播，用户体验不断升级。

2015 年 8 月，虎牙直播首次开启了直播行业与明星代言人合作，代言人陈赫不仅热爱电竞游戏，与品牌定位基调相同，且陈赫经《爱情公寓》之后的高知名度也为虎牙的市场普及加油助力。

2016 年 2 月，央视首次正面关注直播行业，虎牙直播作为行业唯一代表，接受《朝闻天下》新闻栏目采访；除此之外，虎牙直播还在当年 11 月获得"第一游戏直播平台奖""最具商业价值奖"等奖项，央视的采访不仅从官方层面显示对直播和游戏行业的承认与关注，也再次证明了虎牙在错综复杂的游戏直播市场中无人撼动的老大地位。

2017 年 6 月，虎牙直播签约张一山为其品牌形象代言人。作为新生代演员中的演技派，负面新闻少、粉丝活跃度高的张一山加盟虎牙也对虎牙的良好形象有加持作用。

如今，虎牙直播不仅已经拥有约 9290 万月平均访问用户，而且在 2018 年 5 月于纽约证券交易所成功挂牌上市，成为中国第一只游戏直播股，市场占有率不断提升，发展前景不可限量。

二 内容技术齐创新

1. "直播＋"模式丰富直播内容

近几年，直播行业的热度越来越高，多种直播平台层出不穷，一时间呈现百花齐放的态势。2018 年 5 月 11 日，虎牙直播平台赴美在纽交所挂牌上市，成为中国游戏直播行业的第一股，这也使得直播行业的竞争愈加激烈。许多直播平台为了不"昙花一现"，各个打出自己的王牌、利用各种吸睛手段吸引粉丝受众，却难以规避千篇一律这一缺点。创新是发展的动力。创新直播内容，让人眼前一亮，才有机会留住粉丝受众，稳定增加流量。虎牙直播想到了这点，也付诸了实践和行动。

虎牙直播目前主要以游戏直播作为主要内容，同时积极拓展其他直播内容项目，通过"直播＋"模式使直播内容更加多元化。娱乐消遣是网络群体看直播的主要原因，除了游戏外，唱歌、旅游、看电影等活动也是现代人的娱乐方式。虎牙直播注意到了多样的娱乐形式，将这些活动与直播进行融

合。例如，2017 年 9 月 26 日，虎牙直播发布了"虎牙旅行达人 X 计划"，召集爱旅游、爱行走的旅行者，与直播平台用户一同分享自己的旅游历程和感悟。优秀的参与者甚至可以与平台直接签约，拥有一份旅游主播的职业。这一活动一经推出就吸引了很多用户的关注，为许多用户的网上娱乐提供了新的内容。

近几年党和中央都在强调网络环境的建设。虎牙直播作为直播行业的领头羊，更是主动积极承担起了传播正能量的责任，构建有文化、有内涵、有品牌的直播平台。虎牙直播利用"直播＋公益""直播＋中国传统文化"等新模式，传播社会正能量，宣扬正确的社会风向，为打造良好的网络环境献出了自己的力量。同时，这些新模式也拓宽了虎牙直播的用户范围。2018年 3 月 24 日，虎牙直播为了响应"地球一小时"这一世界公益号召，倡议主播进行"关灯直播一小时"活动，不少虎牙人气主播积极响应，烛光晚餐、黑夜演唱会等直播内容吸引了许多流量，同时主播们也号召粉丝同步关灯一小时，让这项公益活动有了更好、更大的传播效果和力度。2018 年 8月 18 日，虎牙直播新产品类别虎牙文化上线，并开展了一系列活动，宣扬中国特色文化，塑造传统文化品牌。例如，虎牙直播"传承红色基因，展现新时代青春正能量"主播红色之旅、看美丽乡村　庆改革开放、走进北部战区—空中战狼、北京恭王府"非遗"服饰秀、一起欣赏"章服之美"等活动。

直播内容上的创新使得虎牙直播如虎添翼，在流量方面拔得头筹。付费用户数量已经达到 420 万，创造了历史新高，并且公司的盈利能力也在节节攀升，实现了连续四个季度的盈利。

2. AI 创新技术应用到直播中

在人们观看直播的时候，弹幕也是吸引粉丝用户的一个重要形式。弹幕是主播和粉丝用户互动、用户和用户之间互动的关键工具，但同时弹幕也影响着用户的观看体验。当主播进行直播时，过多的弹幕可能会影响粉丝的观看，比如出现弹幕太多太密集，挡住主播的直播内容或者摄像头。直播平台虽然有提供弹幕关闭等服务，但关闭弹幕后，粉丝就无法在全屏状态下浏览其他粉丝的看法和观点。而且，许多粉丝是很喜欢发弹幕和看弹幕的。弹幕热词的刷屏也体现了一个主播的人气。那么如何解决这一问题呢，虎牙直播想到了 AI 技术。AI 技术在直播中的具体应用表现为，自动识别主播人脸或者重要信息内容，使其与背后的场景分离，而弹幕只掩盖在背景之上，在智能识别内容之下，打造智能弹幕。在直播中就呈现弹幕在人后飘过的景象。

AI 技术也不只应用在弹幕技术上。虎牙直播主持和举办过众多游戏比赛。虎牙将 AI 技术投入比赛战况的展示中，使观众可以直接看到实时战况和相关数据。同时，AI 技术也被用来智能分析各个直播的内容，将直播分类划分成更小的类别，让用户可以在最短的时间找到自己最想要看的直播。这项技术不仅运用于游戏直播中分析主播使用的角色、目前战局、存活人数等，也可以使用在娱乐直播中。

2018 年 1 月 8 日，在中国网络表演（直播）行业高峰论坛暨 2017 年网络直播年度盛典上，虎牙直播的课题"AI 技术在直播行业的使用"获得了 2017 年创新大奖年度优秀奖。这也许预示着未来直播行业的一个大变化。也许 AI 技术的应用，将使虎牙直播获得更好的用户反馈，从而获取更大的利益。

三 重心调整看市场

1. 坚持品牌特色，关注市场崛起

2012 年 YY 直播的成功使得更多品牌关注到了游戏直播这块市场"蛋糕"，越来越多的品牌开始创建游戏直播的频道，"斗鱼""战旗"等的出现成功分得了这块市场，加上不俗的宣传能力，和熊猫 TV、全民 TV 等后起之秀的加入，一时之间，虎牙直播的"龙头"地位面临挑战。

纵观这些直播平台，无一例外是以游戏直播起家的，但随着游戏直播的市场被充分开发后，这块蛋糕就越分越小、越分越激烈，不少大的直播平台开始转向娱乐化的直播内容，甚至放弃游戏直播这块市场，"吃播""唱播"

等纷纷涌现，直播内容的拓展也使得人们的关注重点越来越分散。

但虎牙直播及时梳理出高度聚焦的清晰战略——坚持以游戏直播为头部内容。游戏直播不同于其他直播，它更容易使人进入比赛那种激动人心的氛围，千变万化的比拼环境与赛场状况也比娱乐直播等更吸引人眼球，可以说直播平台最原始的粉丝就是游戏粉，正是这种坚持初心、专注一心的思路和果决，使得虎牙敏锐地抓住手游的爆发期，在《王者荣耀》一炮而红后，虎牙作为《王者荣耀》直播项目的绝对霸主而一骑绝尘！2017年，明星战队AG超玩会入驻虎牙，人气选手的加盟为虎牙赚足了关注度。

此后，虎牙更是放眼全球，寻找其他可能爆红的游戏，游戏《绝地求生》再次被选中，使得虎牙直播裹挟着手游的优势再次强势地杀回端游，不仅如此，虎牙还积极地争取国内外重大游戏比赛的直播版权，随着国民对电竞热情的逐年升高，虎牙的品牌普及度与品牌价值也不断提升。

坚持品牌特色，坚持自己的品牌定位，使虎牙在激烈的市场竞争中站稳了脚跟、建立了独属于自己的品牌形象。

2. 资本竞争下的粉丝混战

在2014年前行业竞争基本上还属于单纯的业务竞争，但从2014年开始这种竞争变成了资本竞争。众多直播品牌崛起，数量的限制使得大主播的风头一时无两，各大品牌都寄希望于挖到知名主播来提升品牌知名度，但直播市场上的粉丝积累需要夜以继日地积累，激烈的角逐根本不允许各大直播平台"细水长流"，于是"抢人"势在必行。

各大直播平台动辄以天价签约金和额外奖金来吸引主播，YY直播平台原先的"礼物分成+广告"主播收入模式在市场上显得竞争力缺失。对此，更名后的虎牙直播直面竞争，及时改革。在2016年，以九位数薪酬签约LOL头部主播女神Miss（韩懿莹），创行业纪录；以3000万元的天价挖来炉石传说主播安德罗妮夫妇；并在2017年，持续挖来例如韦神、4am战队等大主播。雄厚的资本优势使虎牙在游戏直播门类中坐拥半数行业知名主播，并且拥有良好口碑：虎牙是唯一一家没有出现欠主播薪酬、CDN厂商带宽费等问题的公司。

大主播的加入使得大量的粉丝自发自动宣传虎牙直播品牌，成为免费的"自来水"，游戏粉丝的极大热情与高黏合性对虎牙直播品牌的创收和知名度的提升发挥了巨大作用，资本竞争下的粉丝竞争虎牙同样赢得漂亮。

3. 调整直播调性，塑造品牌公信力

大量直播软件的开发、网络监管的不到位使得初期的直播市场混乱不堪，一开始公众出于好奇而围观的直播平台越到后期越能发现问题，主播爆粗口、不雅举动等恶劣事件屡屡被爆出。

与其他直播平台不同，在了解同行的前车之鉴后，虎牙及时加大整改力度，调整直播调性，最大限度保证用户有良好的观看体验，虎牙上市也决定了其对内容的审核更为严格，这也是其他平台无法做到的。虎牙直播深知直播平台的所有内容皆属于产品范畴，一旦进入市场就必定要遵循市场规则，因此更不允许出现扰乱市场健康的内容；终于，在官方纷纷下架整改一部分直播平台时，虎牙直播则凭借其一贯健康稳定的直播内容傲视群雄，成为为数不多的直播大平台中没有被"点名"和整改的。

这样调整的好处是显而易见的，这不仅间接促成了虎牙直播在其他品牌整改的真空期内再次抢占市场，而且在积极响应国家市场监督下，虎牙直播的内容经受住了考验也获得了市场好评与较高认知度，相对其他直播平台，人们更愿意关注几乎没有污点的虎牙，品牌的公信力就这样一步步塑造成功。

四 打造优势赢竞争

1. 平台技术革新争流量

游戏界最令人瞩目的赛事英雄联盟（LOL）全球总决赛于 11 月结束。比较特别的是，中国区的队伍入围了总决赛，这令许多中国玩家激动不已。观看比赛的人数也屡屡突破历史人数。各个直播平台也都想牢牢抓住这个香饽饽，思考如何获得大量游戏玩家的观看、提高平台的流量。

　　而虎牙直播自然也不会放过大型赛事的机会。首先,虎牙直播革新了平台技术,使得虎牙直播的同步率更高,画面可以做到领先其他平台五秒左右。与此同时,虎牙 2016 年便开始使用 HTML5 技术,该技术可以做到一秒打开直播间,远远领先于其他直播平台。游戏玩家往往都想第一时间掌握比赛情况,最快知道比赛结果。因此,虎牙的速度优势在游戏直播行业是非常有竞争力的。此外,清晰度也是一项重要的标准,清晰的直播界面可以带给用户更好的观看体验。在 2017 年,虎牙直播与英特尔公司强强联手,打造了蓝光画质。在英雄联盟全球总决赛的直播中,虎牙也坚持一直应用蓝光画质,使用户有身临其境的感觉。在 2018 年,虎牙直播也全面提升了其蓝牙技术,现在在电脑端观看直播的画质可达到 20M 蓝光,是全网游戏直播网站中传输码流之最。未来,虎牙还将致力于电脑端和移动端的画质提升,以用户的需求作为技术创新发展的第一动力。

　　2. 打造优质主播生态圈

　　主播作为直播平台的顶梁柱,是虎牙一直以来十分重视的。虎牙直播从开创到目前,还从未发生欠薪事件。这一点在业界也是数一数二的。虎牙直播坚持致力于挖掘有名主播、优秀主播,不惜为这些主播开出高价签约费。例如,英雄联盟的顶级选手简自豪(UZI),是游戏玩家都熟知和敬仰的职业选手,曾带领其战队赢得多个大赛冠军,也带队参加过 2018 年亚运会,为中国获得冠军荣耀。可以评价其为 2018 年最受玩家瞩目的中国电竞选手。2018 年 5 月 8 日,虎牙直播以 1.5 亿元的天价签约费赢得 UZI,开播首日就获得八百万的高人气热度;《绝地求生》这款游戏在近几年一直保持着大热的趋势,也提升了职业选手的热度。中国战队"4AM"因其技术优秀、成绩较好获得了国内玩家的诸多关注。同样,虎牙也不惜重金签下了"4AM"全队。UZI 等热度极高的主播入驻虎牙为其用户群体的扩展赢得了相当大的优势。

　　同时,虎牙也注意到了新生主播的潜力,为年轻人提供舞台,帮助新生主播成长,为平台输送新鲜的血液。例如,虎牙近几年推出的"虎牙星秀新主播扶持计划",邀请新主播参与活动,优质直播将会获得虎牙平台的推荐资源。新主播也可以选择签约虎牙公会，获取公会的帮助和福利，更可以与公会其他主播交流学习。目前虎牙已有三万多家合作公会组织，各个公会都有虎牙直播平台的推荐位，新主播可以通过公会获得宝贵机会，赢得关注和人气。

3. 多重把关人监管直播

直播业的壮大使得内部直播平台的竞争愈加激烈。近几年，在利益的驱使下，直播平台为了吸引用户眼球，经常出现低俗、暴力等不健康的直播内容，引发了社会对于直播监管的谴责。

虎牙直播作为行业翘楚，主要在以下四个方面进行监管把控：第一，AI技术分析审查直播内容。上文中提到，虎牙直播已经开始投入AI技术来分析直播内容，AI技术也可以用来提取直播中的不健康内容，平台监管者可以第一时间关注到进行"灰色直播"的直播间，立刻发出警告或者封禁处理。以人工智能代替人为审查，提升了工作效率。第二，重视主播道德培训。要求主播仔细查看"虎牙主播违规管理办法"。违规管理办法中详细提到违规类型和处罚措施。对签约主播严格地做好各种相关培训。对违规主播实施"零容忍"，一经发现，立刻处理。第三，实施用户实名制，保证直播间的清朗环境。用户在注册虎牙直播时，需要进行实名验证，利用人工智能进行严格审查，保证用户资料的真实性。通过实名制，使直播间的弹幕语言更加有约束性，个人对自己的言论负责。第四，公会参与监管主播。虎牙直播作为从YY直播演变出的平台，继承了原有的公会模式，公会对其旗下的主播具有监督的责任和权利。

B.19
《王者荣耀》：国民手游，荣耀加身

罗诗咏

摘　要：　移动时代的悄然而至带来了移动游戏应用的繁荣，《王者荣耀》作为腾讯游戏精品战略之下的明星产品，是从曲折的发展之中找到方向，在变化的时代之中坚定理想，在莫测的市场之中树立品牌。如今，《王者荣耀》无疑是中国手游市场的代表作，但是无论是在游戏之中还是在游戏之外，《王者荣耀》都没有失去探索的精神，其未来仍旧被大众期待。

关键词：　王者荣耀　手游　移动应用　创新

2015 年底，《王者荣耀》问世，为中国的手游市场添上了浓墨重彩的一笔，它虽然不是中国第一款 MOBA（即多人在线战术竞技游戏）类型的手游，却是 MOBA 游戏从 PC 端走向移动端的成功典范。这个以"腾讯第一5V5 团队公平竞技手游"为口号的移动应用产品自诞生以来就悄然改变着人们的娱乐生活方式，打开了中国手游发展的新局面。

如今，《王者荣耀》打破了"一款手游火不过三年"的魔咒，依旧在移动应用游戏排行榜中居高不下，是名副其实的"国民手游"。

一　梅香馥郁，苦寒中来

2018 年 7 月 CNNIC 发布的《第 42 次中国互联网络发展状况统计报告》

显示：截至 2018 年 6 月，我国手机网民规模达 7.88 亿，网民中使用手机上网人群的占比达 98.3%。而中国网民中网络游戏这类移动应用的使用人数也在持续增加，截至 2018 年 6 月，我国手机网络游戏用户规模明显提升，达到 4.58 亿，较 2017 年末增长 5123 万人，占手机网民的 58.2%。移动通信技术的高速发展，为国内手游提供了一个良好的发展空间，手游市场在呈现高速扩展态势的同时也在不断发展成熟。

根据最新统计数据，《王者荣耀》2018 年 1~10 月的月度独立设备平均数为 1.50 亿台，稳坐 MOBA 手游龙头的宝座。已经迎来三周年生日的《王者荣耀》，从其诞生至今一直保持着如此热度和体量实属不易，《王者荣耀》作为一个手游品牌能达到这样的高度着实值得仰望，但是更值得被我们了解的是其成长历史，它的成功绝非偶然，而源自"宝剑锋从磨砺出，梅花香自苦寒来"的坚持。

1. 2012~2014年以《霸三国 OL》为源

腾讯自代理运营了美国 Riot Games 开发的 MOBA 竞技网游《英雄联盟》后，便掀起了一股新的游戏狂潮，也尝到了 MOBA 的甜头，当时对 MOBA 端游极其看重的腾讯内原卧龙工作室于 2012 年开始立项研发《霸三国 OL》。《霸三国 OL》是一款 RTS 游戏（即时战略游戏），RTS 作为 MOBA 的鼻祖，有更大的操作难度。所以后来在游戏市场和用户需求发生巨大变化的情况下，腾讯游戏宣布了"八大自研工作室重组"的消息，原卧龙工作室不复存在，相关人员都被并入了专注手游的天美工作室，此举实际上也表明了腾讯游戏今后经营重心从端游走向手游的新定位。《霸三国 OL》这个项目也在 2014 年 7 月左右停止了，但是不可否认的是《霸三国 OL》给后来的《王者荣耀》奠定了相当一部分的技术基础，而且《王者荣耀》初期的许多英雄角色也都源于《霸三国 OL》。

2. 2014~2015年8月承《英雄战迹》之力

在确定转战手游市场之后，《霸三国 OL》的团队开始向《英雄战迹》过渡。《英雄战迹》立项之后腾讯耗费了巨大精力，首次打出"MOBA"的概念，组成了百人左右的研发团队来打造这款"腾讯 MOBA 第一竞技手游"，透过这样巨大的阵容可瞥见腾讯的用心良苦及其迅速向手游市场进军的野心。2015年7月《英雄战迹》终于正式首测，游戏的主要玩法采取了3V3和1V1的对战人数定位，所有英雄只有一套天赋系统，并抛弃了大多数MOBA玩家所熟悉的三路对战模式，将游戏地图的对战线简化为一条对抗主道+野区的对抗模式……所有这些改变都是为了轻简化端游相对困难的操作和相对复杂的游戏环境，然而这些为了向手游转化而做出的决定与改变却并不被玩家认可。《英雄战迹》上线后的反馈信息很不乐观，粗糙的英雄建模和游戏画质、单一的游戏体验和玩法被大量玩家诟病，甚至根本就无人关注到游戏的核心是将"MOBA"引入手游。与此同时，市面上有一款由上海逗屋公司研发上线的MOBA手游《自由之战》却风头正盛，当时两者相比《英雄战迹》可以说是完败，于是同年8月在第二个测试版本发布依旧表现不佳之后，《英雄战迹》就迅速被放弃了。

3. 2015.08~2015.10冠《王者荣耀》之名

《英雄战迹》的两轮测试失败，可以说带给了团队巨大的打击，甚至当时天美L1工作室也处在岌岌可危的状态之中，《王者荣耀》这个项目就是背水一战之作。在这个阶段，整个团队开始了一轮又一轮深刻的反思和探索，最终在2015年10月《王者荣耀》诞生了，它延续了《英雄战迹》的基础技术架构和美术画面，但是在其他方面来了一次彻彻底底的改头换面，不管是在游戏结构设计方面还是在运营、品牌策划方面都做了全面的变革。首先是放弃了中国市场较为成熟的"打怪升级"玩法，取消了局外英雄成长数值的养成线，更加符合"MOBA"的定义；其次在对游戏的基础体验优化的同时，也对游戏架构进行了重新划分，弱化之前《英雄战迹》主打的3V3和1V1对战模式，并将其转变为现在的冒险模式和实战对抗中的3V3长平攻防战和1V1墨家机关道，同时推出全新的三路对战排位赛和5V5模式，将天赋系统也正式升级为现在的装备系统；这些举措背后其实是对游戏内核和品牌的重新诠释，曾经《英雄战迹》的slogan"腾讯MOBA第一竞技手游"已成历史，如今《王者荣耀》"5V5英雄公平对战手游"的口号更加深入人心。冠上"王者荣耀"之名之后，市场表现得到了全方位的提升，核心用户的口碑也有了不小的提升，这也宣告了这次背水一战取得了成功。

二 择机而发，创新取胜

《王者荣耀》的成功有目共睹，而《王者荣耀》真正历经的波折却鲜为大众所熟知，多年的点滴积累才让《王者荣耀》积蓄了可以改变整个中国手游界的庞大力量。这种力量来自在对整个中国游戏市场的探索与失败中得到的宝贵经验，来自依照这些经验所做出的种种创新与改变，也来自作为后台的腾讯所具有的强大的发行和运营能力。但是，厚积薄发是需要恰当时机的，《王者荣耀》的出现正是一种"择机而发"的体现。

1. 专注游戏，厚积而薄发

探讨《王者荣耀》的成功，我们不可避免地要去了解其背后团队腾讯游戏的发展路线和策略选择。2003 年 8 月《QQ 游戏》发布，也宣告着腾讯开始正式涉足网络互动娱乐业务，从 2003 年到如今十余年的时间里，腾讯游戏的发展态势也是如日之升，推出的很多款游戏产品都相伴玩家们共同成长。2007 年腾讯下定决心开始大规模向游戏市场进军，并定下了细分品类的精品战略，当时在中国游戏市场上占主导地位的游戏品类是 RPG，如《梦幻西游》《热血传奇》等都属于此类，与我国不同，游戏市场比较成熟的美国在当时就已经有丰富的游戏品类了，在音乐、体育、射击、赛车等不同的品类都有极具代表性的游戏作品。腾讯对市场和玩家心理进行了详尽的分析，决定放下当时中国市场很熟悉但竞争非常激烈的 RPG 领域，转而向其他游戏品类发力探索，寻求拓展游戏业务的新切入点。如腾讯所愿，到 2011 年，中国游戏市场的品类和玩法已经愈加丰富多样，腾讯游戏所做的多个项目也在除 RPG 以外的其他领域处于领先地位。然而就在腾讯将端游做得很火热的时候，也完全没有因自身的成功而失去其灵敏的嗅觉，2012 年下半年，在整个中国手游市场还很不起眼的时候，腾讯游戏的团队就已经开始有关"手游到底应该怎么做"的深度探讨，并于 2013 年

整个团队就迅速且坚定地向手游市场进军，大力拓展手游业务。所以在2015年整个市场和用户需求已然发生巨大变化的时候腾讯没有措手不及，而是将端游项目果断转变为手游，《王者荣耀》就在这样的背景下顺势而生了。

在对这些年历程的梳理之中，我们可以感受出腾讯在游戏行业所做出的努力，也更惊叹于腾讯对于游戏市场的感知能力和果断的决策力以及强劲的行动力。其实在2009年，腾讯就对MOBA玩法早有"计谋"，MOBA在当时因为上手困难还是个非常小众的市场，腾讯就在2009年找到了MOBA的第一波种子用户、组建了一个团队来研究、分析MOBA的核心特点，来解构和这类游戏有关的种种要素，然后将这些宝贵经验用到了之后《王者荣耀》的开发之中。《王者荣耀》的诞生和成功并不是一个不费吹灰之力的偶然，而源自多年来腾讯对游戏市场精耕细作之下的深厚积累，源自腾讯在对移动技术的发展趋势时刻保持热切关注之下，在行业爆发节点来临之前做成《王者荣耀》、填补市场空白的商业智慧。

2. 致力创新，赋予产品新生

《王者荣耀》诞生于一个市场规模巨人，但游戏研发能力和国际影响力却与这等规模难以匹配的时期，究其原因非常重要的一点就是中国的手游市场太缺乏创新。而《王者荣耀》的团队在产品上可谓用心至诚，其种种创新在此时就显得更加难能可贵，可以称得上引领着中国手游行业的发展方向，引爆了中国庞大的手游市场。

首先，《王者荣耀》将MOBA引入手游就已经是一个难得的创新之举，它比其他MOBA手游项目要成功的地方就在于它既保留了MOBA的精髓又简化了复杂的操作，力求达到游戏竞技性和玩家接受度的平衡，使之最大限度地与手游相匹配：比如在技术上使用双轮盘操作来代替传统端游的点控走位，战斗走位变得更加简单便捷，又将每一轮的对战时长缩短到10分钟左右，加快游戏节奏符合了移动通信时代"碎片化"的特点，在允许高端玩家自由设置攻击模式和自主选择装备的同时又设置了详细的新手教程和装备推荐系统，免去了游戏小白们的选择苦恼。其次，《王者荣耀》在游戏模式上也有不少创新，及时解锁新地图新规则，目前《王者荣耀》除了实战对抗和排位赛外还有丰富多样的娱乐模式可选择，包括无限乱斗、火焰山大战、克隆大作战、王者峡谷、五军对决、契约之战和边境突围。所有这些都是在不同阶段开发出来的有不同侧重点的游戏模式，比如2018年7月推出的边境突围模式就是以一种全新的故事线和"英雄自由竞技"颠覆式的规则来吸引玩家眼球，为游戏增添新鲜感。最后，《王者荣耀》在游戏画面设计、英雄设计、皮肤设计等方面也有其创新的闪光点，一方面，游戏整体的美术画面相当精细，在国际上都属于领先水平，而且整体画面包括很多英雄和皮肤的设计还兼顾了女性玩家的审美需求，这是之前很多同类的游戏所不具备的特点，这样一来就得到了很多女玩家的喜爱，这也是《王者荣耀》坐拥许多忠实女玩家的重要原因之一；另一方面，最近《王者荣耀》更是隆重推出了"星计划"，为了满足玩家的个性化需求推出了全新的"星元皮肤"，也就是说将以前的整套皮肤拆分为由头部、身体、配饰等多个部分组成的皮肤，玩家可以根据自己不同的审美来设计自己的整套皮肤，还可以定制不同的个性动作来呈现玩家的不同风格，一经推出便刷爆整个王者峡谷。

3. 强化优势，借社交之力

社交网络蕴含着强大的力量，流量是极具价值的商业资源，腾讯于2018年11月公布的2018年第三季度财报数据显示，QQ的月活跃账户数为8.03亿，微信和WeChat的合并月活跃账户数达到了10.825亿，我们不得不为这数字背后的庞大群体感到咋舌。

腾讯凭借着QQ和微信这两款王牌社交软件，培养了一大批极具黏性的用户，而《王者荣耀》作为腾讯旗下的产品也"背靠大树好乘凉"，拥有了非常丰富的潜在用户资源，腾讯这个强社交平台的巨大优势为游戏玩家们营造了一个积极互动的社群。QQ用户和微信用户不用注册就能直接登录游戏，这不仅为《王者荣耀》的玩家提供了一个快速注册通道，更在游戏世界中重建了各个玩家的"朋友圈"，强化了自身的社交优势，有很多玩家表明通过游戏自己结识了更多的朋友，是《王者荣耀》为自己和其他人的接

触创造了契机、扩大了自己的社交圈子，甚至表示通过和 QQ 或微信好友"开黑"更加深了朋友间的默契，提升了彼此间的亲密度。此外，有关《王者荣耀》的各项品牌活动也能够通过这两个社交平台得到及时的传播和推广，这对于游戏的用户广泛覆盖和生命线的延长都有着不可忽视的作用。《王者荣耀》为了突出这种社交的优势，也在游戏中推出了师徒系统、恋人系统、好友系统等来强化玩家之间的联系，2018 年 9 月底《王者荣耀》更是大动作全新升级了游戏的社交系统，首先是玩家在游戏界面的个人资料展示页可以根据个人的个性化选择得到更丰富的展示，其次在新版本中拥有亲密关系的玩家可以在游戏对局（除排位赛外）中共享双方所拥有的英雄，不仅如此还推出了"开黑卡"，使用小队开黑卡和朋友五排开黑不掉分，全新的社交系统进一步增加了玩家之间的互动，大大强化了游戏的社交功能。

三　荣耀沉淀，品牌成长

《王者荣耀》不仅是一款游戏，更是一个文化产品，从其冠"王者荣耀"之名诞生至今已经走过了三个年头，其品牌内涵的重心在变化中也不断发展，从刚开始的"无处不团"到三周年庆中的主题"有你才有团"是对团战精神的进一步挖掘和延伸，三周年庆的活动主张"感谢每一个你"，也表明了《王者荣耀》对于用户价值的重视，《王者荣耀》的三年沉淀带来的是品牌的成长和其所代表的"团战精神"的深入人心。

1. 明确品牌理念，塑造品牌形象

品牌是一种无形资产，承载着企业和产品所想要传达的特定文化和精神，《王者荣耀》是腾讯游戏精品战略下的产品，而且打出生起就打出了"公平竞技""无处不团"的口号，一直贯彻至今。《王者荣耀》团队对于品牌理念的明确和对品牌形象的成功塑造，为《王者荣耀》带来了更多用户，也让《王者荣耀》这个国民游戏品牌更有温度。

《王者荣耀》时至今日已经走过了三周年，如果说第一年的重心是在游戏本身的完善和创新上，那么 2017 年和 2018 年则更多地将重心放到品牌的挖掘和塑造上。《王者荣耀》的品牌核心其实已经不需再做分析，这些年来贯彻始终的两个关键词一个是"团"，另一个则是"公平"，而在三周年庆典上最新提出的"感恩"也上升为《王者荣耀》新的品牌主题，一方面游戏团队通过对游戏的玩法设置让玩家们能切实感受到《王者荣耀》公平团战的内在，另一方面团队也在外通过广告宣传、活动举办等方式让大众更多维度地了解到《王者荣耀》的团战精神、感恩精神。这两年是《王者荣耀》的品牌活动较为密集的两年：打造"五五开黑节"引爆玩家热情，举办周年盛典制造更多和玩家的互动，联合五月天共同诠释团队精神，和麦当劳、雪碧等多个品牌合作丰富线下场景……所有这些线上线下的活动都是围绕着《王者荣耀》想要传达的游戏精神而进行，进而再蔓延到玩家生活的方方面面，形成了现在我们对《王者荣耀》的品牌印象。

2. 深挖 IP 内核，构建"王者生态"

《王者荣耀》的制作人李旻先生接受采访时曾经表示自己评判 IP 有两个基础："对《王者荣耀》来说，首先就是《王者荣耀》被提及的时候，大家不再认为它只是一个游戏，那它可能离 IP 就近了一些。第二是一个好的 IP 需要有自己核心的价值观和想要去传递的情感。"李旻先生的言论实际上也在某种意义上代表着《王者荣耀》IP 打造的追求，而我们也看到了《王者荣耀》在深化泛娱乐布局方面的确做得比一般游戏更多，以游戏为核、向多方拓展、实现内部的良性循环，构建了理想的游戏生态。

早在《王者荣耀》诞生的那一刻起，善于经营内容的腾讯就并不把《王者荣耀》仅仅作为一个简单的游戏来运营，而是把它纳入了整个企业的泛娱乐布局计划当中去。如今《王者荣耀》UGC 内容几乎覆盖了所有的社交媒体和视频网站，游戏攻略和相关的表情包、网络用语、手机壁纸层出不穷，《王者荣耀》相关英雄的 Cosplay 也在 Cos 圈火爆至极，这都得益于腾讯对用户 UGC 的激励。而以《王者荣耀》为 IP 源头创作的流行歌曲《智商二百五》、*I Will Carry You*、《后羿》、《遇见飞天》等都是和当红的歌手合作，优质的音乐不仅加深了和玩家之间的情感联系，也让非玩家产生了对

《王者荣耀》的良性感知，还有漫画创作《王者萌萌假日》和实景真人秀《王者出击》也通过激发 IP 孕育出新的价值，最近的三周年庆中推出的"听见王者世界"音乐庆典更是实现了跨次元的音乐演绎。非常值得一提的还有腾讯对中国移动电竞赛事的推动，《王者荣耀》在电竞领域就是不可否认的"现象级"产品，现在《王者荣耀》的电竞团队经过几年的努力已经将 KPL（王者荣耀职业联赛）打造成了电竞的顶级赛事，从第一届 KPL 现场的一两千观众到 2018 年总决赛现场上万人的热捧已经证实了这一点。目前《王者荣耀》的赛事中心已经发展成包括 KPL、KRKPL（王者荣耀韩国职业联赛）、冠军杯、高校赛、城市赛、全民赛在内的全方位赛事系统，真正拓展了《王者荣耀》的产业链条，形成了一个蕴藏巨大能量的全新产业。

3. 承担社会责任，赋予品牌新价值

诚然，《王者荣耀》自从登上"国民手游"的宝座至今都还风头正盛，无论是在游戏开发抑或是在泛娱乐布局深化方面《王者荣耀》的打法都可圈可点。但是目前《王者荣耀》又步入了一个新的阶段，那就是"超越游戏"的阶段，在这个阶段，《王者荣耀》不只是开拓企业更多的发展空间也主动承担更多社会责任，在娱乐之外赋予品牌更多的社会价值。

在《王者荣耀》最为火爆的时间段内网络上曾出现很多不利于其发展的言论，其中就包括批评《王者荣耀》为了追逐自身利益而歪曲历史人物，也因为青少年打王者上瘾问题发生过多次危机事件，但是《王者荣耀》作为一个游戏企业并没有逃避其应该担负起的责任，甚至做了更多。我们先不讨论游戏产品的角色以历史人物为出处会在多大程度上影响人们对历史人物的认知问题，也不讨论就青少年游戏上瘾问题社会各方应负责任的比例分别是多少的问题，现在我们至少可以欣慰地看到《王者荣耀》是真的做了一些别的游戏企业没有做的事。在游戏用户量最多的时候建立起了健康系统，推出了堪称"史上最严"的成长守护平台并及时进行系统更新，在一个企业的权责之内最大限度地防止青少年游戏时间过长；在面对大众指责其歪曲历史人物之时，第一时间在官网增加了"历史上的 TA"页面来介绍游戏英雄在历史上的真实故事，后又逐步推出基于《王者荣耀》世界观，兼具真实性和趣味性的文化普及节目《王者历史课》，以及与游戏原型有关的诗词歌赋朗诵节目《荣耀诗会》，给予玩家通过王者学习历史的多个渠道。最近《王者荣耀》更是多次联姻传统文化、积极融入主流，也为主流文化增添更多魅力。比如为游戏人物打造与中国传统文化相关的皮肤"霸王别姬""游园惊梦""飞天"等，与敦煌文化合作举办设计大赛并以数字方式展示、传播传统文化，还致力游戏和公益并行推出"长城保护计划"，一边推出"长城守卫军"系列英雄，一边投入文化遗产的保护当中认捐 1000 米长城修复费用，探讨互联网时代文化遗产保护的新模式。

我们追溯王者的历史，探讨王者未来的方向，也感叹于它现在所建构的王者生态，《王者荣耀》已然成为一个兼具经济实力和社会高度评价的游戏品牌，它在未来还会创造怎样的故事？对此我们依旧怀抱着热切的期待。

B.20

索象：以整合营销，传品牌之魂

朱柏安

摘　要： 索象策划集团凭借"既要守正，更要出奇"的理念，深耕广告业，助力企业发展，打造了一批国内外知名品牌。索象通过对市场的深入洞察，对产品的精确定位，实施品牌营销跨界整合传播，用创新理念表达人文情怀，向顾客精准提供传播营销内容。在创造企业品牌价值的同时，还斩获国内外多项行业重量级荣誉，其整合营销策划经验为该行业提供了发展范式。

关键词： 索象策划集团　广告　整合营销传播　品牌

　　索象策划集团，是创立于 2003 年的整合营销策划公司。其运营总部位于杭州，其创作基地落户北京，办事机构布局在杭州、北京、武汉、济南、深圳、长沙、南京等经济发达或有地缘影响力的城市。索象所服务的客户遍布全球，服务领域遍布社会全行业，其中不乏农夫山泉、劲酒、喜之郎、红星美凯龙、碧桂园、保利、方太、海尔、吉利、东航、步步高等行业顶尖品牌。索象在发展历程中，先后斩获了包括"亚洲最佳品牌营销案例奖金奖""2015 年度中国十大营销策划公司榜首""2015 中国营销策划行业最具权威机构"等在内的八十多项国内外行业重量级荣誉。

　　在深耕整合营销传播和品牌领域的 15 年间，索象策划集团秉持"广益深思勤求索，来春且看万象荣"的企业精神和"既要守正，更要出奇"的核心价值观，在品牌营销和数字营销中布局战略、调整战术，不断为品牌创造价值，以情怀和技巧屹立于市场顶端。索象不仅借此取得了骄人的成绩，而且为整个品牌广告营销业提供了一种包括定位、整合和营销在内的具有参考意义的模式。

索象整合全案的整体品效大大优于行业平均水平，这背后倚仗的是其独有的一个复杂、紧密、协同、高效的营销系统。任何一个交由索象操刀的项目，从初期的市场洞察到营销战略制定，中期的市场策略到品牌创意和渠道整合，再到后期落地的线上线下互动传播，平均孵化周期都在一年左右。索象在项目初期所进行的顶层设计投入高于同行所付出的时间、人力及物力以及在中后期线上线下的互动传播高于对手的落地效率，是使其执营销策划公司牛耳的名声远播在外的最大依仗。

一　精确定位，深耕布局

特劳特在《定位——有史以来对美国营销影响最大的观念》一书中将"定位"的中心和基本点界定为：以"打造品牌"为中心，以"竞争导向"和消费者心智为基本点。定位是一个产品对客户群体和市场环境地位的具体把控，定位的精准程度决定了营销战略和战术的针对性以及成功的可能性。索象集团在以整合营销传播塑造品牌的过程中，精准嗅探到定位对于品牌塑造的重要性，通过市场洞察战略和产品战略为前期的品牌策划加码。在此过程中，索象集团正是凭借扎实的市场调研数据和精准的产品定位策略为品牌营销抢占先机。

1. 精于洞察：深入市场，精确定位

古语有云：工欲善其事，必先利其器。在利用广告进行营销传播的过程中，市场考察就是善其事之器。只有把市场调查做好，未来的营销传播才能有的放矢。作为营销活动的第一步，市场调查是最重要的一步，它直接决定了战略布局的出发点。有了准确的市场调研结果，才有可能确定切实可行的市场目标，制定正确的战略，并依时依势制定出适应当前市场状况的战术部

署，最终在精准执行中达到战略目标。在目前的市场中，许多营销传播公司的市场考察数据来自第三方数据库或公司既有数据资料，而索象则是在市场调研考察时更注重深入实地考察和走访调研，以获取更加翔实的第一手市场资料。在索象内部，索象人总结了一套自己的调研方法。这套方法包含了"三现两原则"，"三现"是：现场、现物、现实；"两原则"是原理和原则，这"三现两原则"对于索象的市场调研来说，是他们的王牌撒手锏。作为索象董事长的卢永峰先生也曾坦言"走遍百城千店，不如与产品经理、品牌经理、市场经理半天面对面的沟通，只有坐下来真正了解产品，才知道怎么能把产品卖出去"。

在品牌营销中，索象深耕市场，根据全方位市场洞察，深度理解客户产品，采取看清市场机会，确定战略定位，围绕战略定位规划产品市场定位的思路，制定相应的策略，快速打通线上线下全渠道。在市场洞察过程中，索象人经常分队分组到不同地区和城市进行大规模消费者数据采集和实地市场调研。如 2018 年 4 月 12 日至 16 日，索象集团董事长卢永峰就曾亲自带领童装项目组，横跨六省七城，在京沪广深杭蓉鄂等地展开了大规模的消费者数据采集，详细访谈了经销商和终端店员。通过扎实的市场调查数据获取关于企业自身、竞争品牌、消费群体等多维度的调查信息，并以此为基础，探寻适合的升级之路，为全面营销生态系统提供信息支持。如法炮制，2017 年 12 月，索象人兵分四路调研六大白酒市场；同月，索象康年项目组深度调查三亚高端酒店市场。此类型的市场调查为索象后期的产品、渠道、创意、传播、营销等多渠道带来了真实可靠的数据支撑。

2.产品战略：挖掘亮点，实现转型

STP 战略是市场营销的经典理论之一，S 代表 Segmentation，T 代表 Targeting，P 代表 Positioning，结合起来就是在市场细分的基础上寻找目标市场、确定市场定位的一系列品牌战略。作为某一个行业品牌战略中的产品战略，依照 S－T－P 三步走的战略，可以迅速找准行业内自身产品的定位或是迅速实现产品策略转型。Segmentation（市场细分），需要的是对市场进行多层、多维度的探究考察和细分。单独的一个产品或一个公司已无法满足所有市场上消费者的需求，所以，细分市场，对市场定位来说是起到基础性作用的一步。Targeting（目标市场）是在市场细分的基础上，根据自身战略和产品情况，从子市场中选取具有一定规模和发展前景的，符合公司目标和能力的细分市场作为目标市场的活动。Positioning（定位）则是把产品定位在目标市场中，并通过一系列活动向目标市场传达产品信息的活动。STP 三者环环相扣，前者为后者实现目标的充分条件。索象集团在产品市场洞察和定位完成后，基于市场洞察的精准定位，结合细分后的目标市场条件，针对目标市场，对产品进行重新定义。以此为契机，对产品进行战略转型，从而脱离竞争激烈的红海进入空间较大的蓝海开拓市场。以 2014 年的雅迪电动车为例，索象在为雅迪电动车调查市场后，将其定位为高端电动车，着力打造"五大高端"发展路线，从饱和的平价电动车市场脱离出来，占领行业高地，雅迪销量在 2017 年率先突破 400 万辆，其品牌提及率和品牌首选购买率都成为行业第一。

除雅迪之外，依照类似的模式，索象还为吉利领克、方太柏厨、红豆集团、南极人、佰草集等不同行业品牌实施了市场洞察和精确定位，以扎实的行业深耕调查数据作为市场洞察数据的依托，用精确的目标市场定位作为战略转型背景，将企业从鱼龙混杂的红海拉入精准定位的蓝海，令企业在目标市场中获得最大的品牌效益和商业收益。

二 整合创意，赋能传播

每一次现象级的营销传播，背后一定有着细腻的构思和丰富的创意。在移动互联网已然发达的今天，线上传播已经在人们的生活中获得了和线下传播同等重要的地位。营销传播不仅是一种把信息传递给消费者的手段，更是一项复杂、有组织、有计划的组织策略。自 2009 年开始，索象就为客户提供国内互联网营销领域的服务，经过多年深耕，在互动营销、公关传播创意和数字营销与媒体合作方面，占据业内领头羊的位置。2017 年，在亚洲品牌大奖风云榜的奖项角逐中，索象领先于一众知名广告公司，斩获"营销

传播案例奖金奖"和"营销互动创意奖金奖"。丰硕成果的背后，是其互动战略和传播战略的功劳。

1. 传播战略：巧寻元点，带活创意

传播在广告语境下是将信息通过媒介触及受众的过程，在这个过程中，依据德弗勒互动过程模式的理论，从信源到发射器，从接收器再到信宿的这些环节里，每一个都有可能受到噪音干扰。营销传播从营销角度出发，以传播战术促营销战术，是一种更可量化监控的策略。另外，在传播的实施过程中，创意无疑是极为重要的一个方面，利用创意从一众平庸的传播方式中胜出，是获取用户的决定性因素。持续不断的新创意，也是持续吸引用户眼球即用户留存的重要源头。

在市场营销中，沟通元是一种融合了 USP（独一无二的销售卖点）、定位和情感销售等多种理论的概念。陈刚在《创意传播管理——数字时代的营销革命》一书中将沟通元界定为"创意传播的核心要素"。它是分享和再创造的创意空间和素材，也是创意和技术结合的原材料，同时还是激发受众共情能力的话题。它为创意传播活动提供了执行的元点和抓手，也满足了在数字空间中实现创意传播的需要。在信息生产者和接受者以及接受者和其他受众的交互过程中，沟通元的存在能够让信息不断丰富和再造，形成延续传播。索象在传播战略中积极利用沟通元，在此基础上，结合直戳消费者内心的文案创意、有格调的视觉设计创意、新奇的视频广告创意、富有话题性的事件营销创意以及病毒营销创意，从全方位多角度策划传播实践。在寻找沟通元方面，索象拥有自己的 API 数据系统（Application Programming Interface，应用程序编程接口），可以按月、季度进行各平台数据抓取，涵盖新闻媒体、社交媒体、论坛、电商、博客等全媒体的数据清洗，文本数据语义分析、挖掘和分类，寻找出精确的关键词来确定沟通元并进行定向推广。

2. 互动战略：创新互动，策划事件

互动战略作为利用数字传播渠道传播信息和服务来驱动消费者的战略，并不是移动互联网高速发展时代的产物，而是许久以来行之有效的传播营销方式之一。优秀的互动战略对于创意和场景设计有着较高需求。从最初的粗放式线下投递和交流到今天的大数据识别、精准投放和接收反馈，它经历了若干次更新迭代，迄今为止，结合数字化、场景化方式来进行互动营销的方式在营销行业依旧为从业者所用。目前，OTO（online to offline）的模式已经趋近成熟，通过精准营销和互动传播让顾客从线上获知信息走到线下形成消费并再在线上形成二次传播的闭环已经形成；数字媒体结合事件营销战略在营销方向上的能力已经日渐显现，甚至成为许多营销从业者唯一的营销策略。在部署互动营销战略时，索象遵循"事件营销 + 数字营销"的理念，紧跟社会热点并密切与企业关联，通过精准定制全方位线下互动传播的整合式精准营销模式，根据企业战略定制多样式互动传播方式，再结合企业线下活动定制企业事件活动的创新式活动策划等多种途径，实现线上传播、线下互动最终再到线上裂变。

在策划吉利领克"LYNK&CO"互联共创之夜时，索象从空间创意到嘉宾出行方式，从线上线下宣传到现场布局，对每一个参与者的参与流程进行了精确把控，真正实现了让参与者通过互动流程设置，受到潜移默化的影响，并获得品牌塑造参与的体验感。互动营销在索象不仅是一个吸引眼球的工具。以事件为统领，吸引受众眼球并使受众真正在互动营销中获得参与感，并使之得到独特的品牌价值体认，才是索象互动营销模式创新最值得称道之处。

三　营销落地，塑造品牌

在精准定位、洞悉市场、整合创意和事件策划之后，最终品牌的确立依旧需要营销的落地执行。营销的目的是让短期的经济价值得以实现，令长期的品牌价值更加凸显。为了达到这个目的，品牌营销活动就需要得到完美的落地执行。在落地的进程中，不仅需要高效的整合渠道，也需要打破常规思维的跨界落地，更需要线下配合线上形成可以量化的闭环。索象在品牌落地的过程，正可谓"谋定而后动"，在大量市场调研的数据基础上整合优化创意，最终在落地时通过已整合的渠道跨界破局，最终达到线上线下合力塑造

品牌的效果。

1. 整合战略：跨界营销，破局制胜

当一个品牌处于同质化竞争红海时，如果没有行业内的核心竞争力，很容易就会被市场的洪流所吞没。因此，在进行品牌构造的战略部署时，如何让品牌在行业内具有高辨识度，成了身处激烈市场竞争中的企业所面临的首要问题。索象认为，对于品牌定位来说，要么第一，要么唯一，利用最强之处给消费者最大的记忆点是重中之重。在进行品牌营销时，要想给消费者品牌唯一性的感觉，就需要进行跨界融合和品牌拔高。跨界营销的重点就在于突破人们的固有认知和思维，将原本看似无关联的部分通过某个特定的诉求结合到一起，进行品牌升级并获得全新的品牌形象，杀入蓝海。例如在劲酒营销一案中，索象结合深入调查酒类行业所得知的市场状况，为劲酒选择了"从保健酒一枝独秀"向"保健酒板块、白酒板块、其他酒种板块三驾马车转换"的市场战略和"中国保健酒第一品牌"的战略定位，在消费者心中留下行业地位标识。另外，提取劲酒旗下毛铺苦荞酒中的"苦荞"作为元素，深挖健康概念，提出健康饮酒新体验的slogan，切中当下酒类消费市场痛点，抢占大健康风口、做大品牌。从酒类的单向度品牌跨界至酒类和健康多维度整合，索象为劲酒扩大了营销边界。这种跨界营销不仅让劲酒避免了被竞争激烈的白酒市场博弈所绞杀，而且在长期运作之下，用十年的时间实现了销售额从不到10亿元到2017年的150亿元的飞速跨越。

在其他行业市场中，跨界营销针对老品牌战略转型也同样有效，在转型过程中，索象以全新B2B模式，实行产品带动品牌战略，以"新品牌、新价值、新形象、新终端"实现垂直生态整合营销。创新品牌诉求，给品牌寓意附加更丰富的内涵和理念，使之形成一个文化符号，打造跨界整合的新元素，最终利用新元素，达到打破传统的垂直市场格局，谋求品牌的市场突围的目标。

跨界营销除了跨出行业边界之外，还要跨出自身的档次边界。在这个方面，农夫山泉的营销案就是很好的典范。索象接手农夫山泉营销之时，恰逢内有国内瓶装水品牌大战、水种之争、价格"血拼"之后相对成熟的市场，外有国外高端品牌进口冲击态势凶猛的困境。索象所推行的差异化品牌定位颠覆性地提出了"天然水"概念，借此拉高品牌品质，其占据同品类最高话语权的跨档次边界的战略，出奇制胜地破除了低迷态势，再结合后期营销体制机制优化，最终盈利能力从 19% 提高到了 30%。跨界布局营销是索象打破固化、破局制胜的一柄利器。事实证明，跨界布局利用得好，将为品牌的落地带来足够的空间和高地。

2. 渠道战略：高效整合，多线布局

在品牌落地的众多环节中，落地渠道是决定品牌落地是否稳当和市场之间通道是否畅通的重要环节。渠道战略包含了线上渠道的投放和线下渠道的投放两个方面，高效整合各线资源不只是在线上线下两个方面的单独渠道内整合，而且还包括数字和现实结合、线上和线下整合。

在线上资源的整合研究中，2018 年索象和中国品牌协会、艾瑞数据合作编写了《2018 年度中国营销趋势预测报告》。该报告指出了 2018 年营销界的八大趋势，包含了"创意 H5 仍是传播标配，自媒体主流化、传统媒体'非主流'，联合营销深入化，短视频将成为掘金主战场，KOL 营销持续火爆，AR/VR 技术成为移动营销新风口，快闪店营销将继续出现，UGC（user generated content 用户原创内容）为营销带来无限可能"这八个趋势。无论是 2015 年兴起的 H5 技术还是 KOL 营销，这些趋势中的任何一种都能为线上营销带来巨大的营销红利，整合其中的几种方式，使之形成组合拳，就能在用户可见范围内产生叠加效应，形成品牌的线上落地。在线下落地投放的实践中，索象手里掌握着 API（application programing interface，应用编程接口）、LBS（location based services，基于位置服务）、DSP（demand-side platform，需求方平台）、DMP（data management platform，数据管理平台）＋DSP（需求方平台）等投放管理模式，结合具体情况，整合利用行之有效的投放管理系统，科学定点定向落地投放，实现 KPI（key performance indicator，关键绩效指标）的同时，还能提高品牌方的 ROI（return of investment，投资回报率）。

当线上线下的资源齐备，能否高效合理地整合线上线下资源就成为其能

否以低成本成就优秀品牌的关键之处。这就要求公司合理布局线上线下渠道，将其设计成为一个只要有初始动力就能够源源不断产生动力的闭环机制，才能够让品牌获得更多崭露机会，扩大和顾客接触的范围，获得顾客增量。索象在线上线下联动同步造势的过程中，布局了电视、报纸、杂志、广播等媒体线上造势，再运用线下公益事件营销，并与其他机构合作在地区开展大型主题活动，将品牌、产品、服务、促销和培训全面结合，全面覆盖消费者，以达到让消费者记住品牌信息的目的。此外，索象还合理利用各种投放管理模式，根据企业信息和战略，确定人群并制定出具有针对性的多样化的广告投放策略，加之科学地执行这些策略，确保了互动传播活动的有效性和价值性，从而通过线上线下的整合闭环，达到了用低成本换来企业品牌增值的目的。

结　语

作为国内首屈一指的广告营销机构，索象成功的原因是多样化的，其模式和思路是可学习和借鉴的。总结下来，索象的基本流程为：接到案子——了解品牌——市场调查——确定定位（寻找跨界突破口）——寻找目标用户——寻找沟通元——设计创意表现形式——策划事件——定向投放线上资源——定向制造线下事件——引导走向线上以形成二次传播。这整个线性流程环环相扣，缜密而高效，借助有组织有计划的科学设计，使其策划运营的品牌获得顾客的价值认同，从而达到经济利益和品牌效益的双丰收。

B.21
若森数字：打造核心科技，
纵笔书画江湖

廖含喻

摘　要： 若森数字以互联网泛娱乐公司为定位，以 IT 技术为竞争优
势，以原发动漫作为切入点。通过研发"曼陀罗"动漫开发
系统，实现了动漫开发的高品质、高效率、低成本、量产化，
在开发的速度和质量上有了巨大的提升，获得了其他动漫企
业难以比拟的技术优势。若森数字通过打造中国文化风格的
精品动漫来打造精品 IP，从动漫到影视，从影视到其他泛娱
乐产品，若森数字最终将自己打造成了一家成功的互联网泛
娱乐公司，并获得了用户、业界和官方的一致肯定。

关键词： 若森数字　泛娱乐　国产　中国文化　精品 IP

一　筚路蓝缕，革故鼎新

近年来，随着二次元文化的受关注度提高，"国漫崛起"渐渐成为各大
网络论坛热议的话题。同国足一样，国产动漫也曾有一个辉煌的时代，但后
来出于种种原因长期处于不景气的状态，被贴上了制作不精良、内容不走
心、抄袭等标签。在动漫制作由纯手绘转向数字化后，国外动漫进入中国市
场，更是冲击了国产动漫，中国的动漫追求者普遍倾向于选择美国、日本等

201

国家的动漫，对于国漫则表现出了极度不看好的态度。

1.十年磨剑，霜刃初试

2018年，若森数字推出国产动漫大电影《风雨咒》，再次在网络上爆燃起"国漫崛起"的口号，吸引了广大动漫爱好者。作为一家以动漫制作知名的公司，若森数字并没有将自己局限在动漫产业内。早在2003年若森数字刚成立的时候，其创始人、董事长兼CEO张轶弢就将公司的定位明确下来，即打造一家互联网泛娱乐公司，将IT技术与影视、动漫、游戏产业相结合，用原创精品IP收获用户群体，再以原创动漫作品为原点，逐渐将产业链辐射到游戏、影视等上面，实现全产业链的多边发展，建立一个走向国际的国产品牌，能够具有比肩现有国际品牌的能力。

经过十几年蛰伏，2018年是若森品牌爆发之年，1月26日，《侠岚》并入《画江湖》系列，成为《画江湖之侠岚》。这部动漫在全网上线开播一小时播放量即突破1000万人次，24小时内播放量突破3000万人次；3月份，其总播放量超过40亿人次；7月20日，若森数字获2018年最具投资价值奖，张轶弢获评为2018年行业影响力人物。8月3日《风雨咒》首播，迅速获得热捧。若森数字的迅速崛起应归功于若森数字一开始就把IT技术作为优势竞争力，以动漫为原点，将产业布局推广到影视、游戏的开发上。

若森数字的技术研发团队苦心孤诣，开发出了一套3D动画制作的核心技术，即"曼陀罗"系统。曼陀罗系统的研发经历了无数次的失败和尝试，在8年的不断尝试中从无到有渐渐建立起来。在最初没有可借鉴的资料、国外动漫公司又对技术严格保密的情况下，研发团队从对美日动漫的影视特效、动画产品的分析观察开始，归纳总结影视公司的制作流程，逐步尝试各种可能的技术路径，经过无数次的讨论乃至争执，初步理顺了"曼陀罗"系统的构架体系。随后在漫长的技术开发和测试过程中，一点一滴地填补技术空位，创造性地开发出了一系列技术细节，研发过程中产生了13项国家技术专利和软件注册权登记。研发团队将国际领先的仿真、建模等尖端技术与数字艺术学科相结合，最终建成了集人体智能运算、高级人体工程学模拟算法、高级模式识别对位、阵列变形、图形学坐标转换技术、点坐标模拟识别、物理动力学解算、流体动力学、粒子动力学、物理影像光学、生物分性学、电影蒙太奇表现手法、电影镜头语言等于一体的多领域交叉融合的动画作品智能开发系统，新系统具有现行动画制作系统无可比拟的优势，实现了动画制作的高品质、高效率、低成本、量产化。

2. 苦心不负，重器终成

"曼陀罗"系统的成功为若森数字提供了巨大的竞争优势。对于常规商业软件而言，制作一个角色通常需要 2 ~ 5 天，而"曼陀罗"系统的随机生成人物模型功能可以做到在每 0.01 秒钟之内生成一个角色；利用常规软件，动画师往往用一整天的工作来制作一句 30 秒钟的对白口型，而利用"曼陀罗"中的"中文口型生成系统"则使该环节的工作效率有数千倍的提高，角色的口型动画可自动生成，只需短短几秒钟的时间。传统的三维动画在制作过程中，其特效的表现需要大量参数调整以及漫长的计算机渲染合成，而在"曼陀罗"系统中，其"实时自然特效系统"能够快速生成各种自然特效，包括风、火、云、爆炸等。"曼陀罗"系统的成功意味着若森在生产与开发流程方面上了一个新台阶，动画制作的效率得以大幅度提升，大大降低了投入的成本。从此若森有了行业内难以比拟的开发速度和技术优势，得以最大限度实现规模化效益。

曼陀罗系统成功的意义是广泛而深远的，不限于若森数字的蜕变，其对于国漫的发展而言也是一个里程碑。《侠岚》就是用曼陀罗系统打造的首部3D 动画剧，它的推出是我国动漫发展史上一个非常重要的节点。《侠岚》的出现标志着中国动漫开始具备全流程原创技术，从自主产权的 3D 动画制作基础工具，再到动漫前期的创意创作，最后到中后期制作等过程，均可实现独立原创。这就意味着国内动漫公司从此有能力独立创作出足够优秀的原创作品，而不再在技术等方面受制于美欧日等传统动漫制作巨头。《侠岚》也在 2012 年荣获 2012 年央视少儿频道收视冠军、广电总局颁发的"年度动画精品一等奖"等多项荣誉称号。

对于若森数字而言，曼陀罗系统的开发和动漫风格的打造只是公司战略的两个步骤，最重要的是通过内容打造品牌。在若森的发展战略里，首先要

通过内容来吸引足够多的粉丝，以产品作为公司最好的"运营官"，逐步促成品牌的建立。拥有自主品牌就相当于抓住了与市场博弈的筹码，这一点若森认识得非常清楚。若森数字在长期的积淀中，努力探索出了一条能够发展的道路，并坚持到最终形成品牌。如今若森数字开发出了一系列广受欢迎的动漫作品，构成《画江湖》品牌矩阵。

若森数字多年来对动漫系统技术研发的长期积淀打造出坚实的技术竞争壁垒，使得其在"互联网＋"时代到来之前就占据了行业高地，在二次元市场开始爆发的当下赢得了先机。

二 "漫"话中国故事，抒写民族风采

1. 用动画讲好中国故事

民族品牌的塑造，少不了民族题材的发挥。一直以来，若森数字将现代科技同传统文化相结合，坚守"用动画讲述中国人自己的故事"的创作理念，致力于结合中国文化元素，打造本土特色的动漫品牌。

《侠岚》就是一部带着浓郁"若森风格"的国漫代表作品。在《侠岚》的叙述中，拥有离奇身世的主角少年辗迟，在幼时因为意外事件与姐姐失散，为了找回姐姐，他立志成为侠岚。在认识自己的伙伴、师父后，一起走上了冒险的旅程，后来机缘巧合下终于来到了传说中的侠岚驻地玖宫岭，最终成为侠岚，并同伙伴们不断地超越自我，与零抗争。《侠岚》将五行、易经文化元素与人物属性结合起来，利用五行相生相克的观念来定义角色之间的关系，利用易经的太极、两仪、四象、八卦的概念来定义侠岚等级和技能招数。而剧情中的水饺、包子、瓦屋、中国衣服等生活物品的设定更是体现出了浓浓的中国风情。每集最后一分钟都会有"侠岚百科"，介绍剧情中出现的中华文化元素，诸如榫卯结构的概念、风筝的起源和发明、鲁国的公输班是谁等等。对于细节的打磨增加了"若森出品"的趣味，力图用具有浓厚中国底蕴的元素来唤醒观众骨子里的中华文化基因。

另外，若森后期倾力打造的《画江湖》品牌矩阵也是传承中华文化的

体现。2017年9月，随着新品《画江湖之换世门生》的播出，《画江湖》这一品牌矩阵已具有《侠岚》《不良人》《灵主》《杯莫停》《换世门生》共5部风格迥异的动画剧，已形成超级矩阵IP，拥有8000万实时粉丝，成为国民级动漫品牌和S级现象类IP资源。《画江湖之不良人》是若森推出的一部大型三维成人武侠动画连续剧，一经播出，即成为2012年央视少儿频道收视冠军，在爱奇艺的播放量超26亿次，并且一直保持迅猛增长趋势。网络上有超过300万的网友评价信息，好评率高达99%。截止到2018年3月，该部动漫在全网的播放量已超过40亿，在百度、爱奇艺视频网等动画频道上占据好评榜第一。

这部动画将少林、武当、龙虎山等武术圣地纳入动漫剧情中。在中国历史上，几大武术圣地正是中国传统武侠文化发展和积淀的土壤。而朱温、李克用、李茂贞、石敬瑭、李嗣源这些对中国历史产生深远影响的乱世枭雄纷纷登场，在剧情穿插中，几大主角在乱世的历史旋涡中经历了沧桑变幻、悲喜轮回，上演了一段浪漫与辉煌交织、热血与眼泪并存的动漫版中国武侠历史传奇。

《画江湖之不良人》在名称上也暗含着中华文化的意义。题目中的"不良人"，原本是一类官名，是古代中国官府中掌管侦缉逮捕等事务官吏的职务名称。中国历史上各个朝代都设置了专门负责侦缉逮捕、探查情报等任务的衙门，如汉朝的"大谁何"、隋朝的"内外侯官"、唐朝的"丽竞门"和"不良人"、五代的"武德使"和"侍卫司狱"、宋朝的"皇城司"和"走马承受"，在明代即"锦衣卫"。在清朝道光时期，礼部主事梁章钜著有《称谓录》一书，他在其中对"不良人"如此记载："缉事番役，在唐称为'不良人'，有'不良帅'主之，即汉之'大谁何'也。"用现在的话说就是，在唐代人们将从事侦查、抓捕恶人的官差称作"不良人"，他们的长官被称作"不良帅"，其实就是汉朝的"大谁何"。以"不良人"为片名是基于剧情背景的设定，在故事剧情中，所有的故事线索都紧紧围绕着"不良人"这个组织苦心孤诣所隐匿起来的大宗宝藏而展开，故而主创团队以此为片名，以使观众能够产生一个较为直观的认识。

《不良人》成功后，若森数字又相继推出三部原创热血悬疑武侠三维动画《画江湖之灵主》《画江湖之杯莫停》以及《画江湖之换世门生》。

2. 用游戏诉说中华文化

在动漫作品获得成功后，若森数字将动漫积累起来的粉丝资源转移到游戏开发方面，拓展产业链。在游戏的开发中，若森数字秉承了动漫开发风格，致力于在游戏中加入中国文化元素，注重场景的细节化处理，打造充满中国本土风格的高质量游戏。

《画江湖盟主：侠岚篇》是一部由若森数字授权、必果互娱发行的手游，精美的国风画面是其引人注目的突出特点。游戏场景内是浓浓中国风的景观，亭台楼阁、青竹杨柳、春色繁花、小桥流水……这些中国风的视觉对象共同构成了水墨画卷一般的景象。在游戏体验中，背景音乐均以传统乐器演奏，悠扬悦耳，令人陶醉。还有自然融入中国画风的人物、对白、故事等。游戏中大量中国传统文化元素的运用于细节处见匠心，让人在耳濡目染中对中国文化产生了亲近感。

《画江湖之灵主》手游是"中国风"在视觉上的又一次极致展现。在游戏中，你可以漫步在古阳城的街头，风格古朴的传统建筑林立两旁，过往的侠客游人在街头熙熙攘攘，市井商贩在街角各安一隅。视野内，整个场景焕发出一股勃勃生机，令人在无形中感觉到古色古香而又繁华喧闹的城市氛围扑面而来，俨然一幅清明上河图。而在城外的林地等郊野场景中，自然之美也在最大限度得到了体现。郁郁葱葱的森林，湖面细纹层层叠叠随风推开，居英山、月幽谷等诸多经典场景得到还原，甚至雨、雪、雷电等各色天气特效都得到细致呈现。这一切都在为玩家带来一场充满古风古韵的视觉盛宴。

《画江湖》系列是若森数字最重要的一批代表作，较之以往为人们所熟知的日式二次元作品，若森数字的《画江湖》系列则具有浓郁中国风。在若森数字的开发理念中，能够唤起受众群体认同感并让他们产生情感共鸣的只有那些真正意义上的中国形象和中国故事，也就是那些融入了中国人自己的价值观和世界观所打造的角色和故事。若森数字面向国内市场，通过打造"中国风"来穿透泛娱乐各个维度，从而丰富品牌内涵、扩大用户

规模、放大商业价值，通过中国文化元素的加持做到历久弥新，造就真正
的民族品牌。

三 影漫联动，多维并存

在公司成立之初，张轶弢对公司的定位就是打造一家互联网泛娱乐公
司。这意味着若森数字不会满足于把自己打造成一家动漫公司。事实上，从
独立自主研发动漫、开发引擎开始，若森数字就走上了一条与传统动漫公司
不同的道路。若森从动画开发起步，逐渐发散到游戏、影视及周边产品中，
形成自己独特的泛娱乐生态圈。

1. 立足动漫，助力影视

2017 年 12 月 18 日，由中国科学院《互联网周刊》、中国社会科学院信
息研究中心、eNet 硅谷动力联合主办的第十五届中国互联网经济论坛上，
若森数字荣获 "2017 年度最佳泛娱乐企业奖"。这意味着若森数字成为互联
网泛娱乐公司的成就获得了业界认可。

作为一家以 IT 技术开发起家的公司，若森数字在打造泛娱乐技术方面
拥有巨大优势。若森具备国家动画电视剧制作许可资质、国家高新技术企业
资质、国家动漫企业资质等一系列资质，具有强大的动漫创作力量以及广泛
的业务合作关系。在多年的积淀下，若森数字已经搭建起生产、研发、培训
等多位合一的完整的企业架构体系，具备完全独立的开发创作能力。

动漫对若森数字的崛起功不可没，自 2012 年起，大型三维武侠动画
《侠岚》及《画江湖》动漫系列的推出掀起了一场 "国漫崛起" 的风潮。
在若森数字的推动下，人们重新燃起对国漫的热情，国内动画观众总量从不
到 2000 万上涨至超过 8000 万，观众群体也从低龄、幼儿扩大到成年人。若
森将国产动画重新带回大众视野。在业界，若森数字在多个领域都取得了非
凡的成绩和良好的口碑，它从原创 IP 出发，打通了动画、游戏、电视剧、
电影以及多类衍生品等泛娱乐各个层级，用它自身的发展和创新推动了中国
整个互联网泛娱乐产业的发展，成为名副其实的行业领军。

若森数字发力泛娱乐产品,利用动漫产业的超级 IP 资源打造泛娱乐产业链。影视是若森打造的泛娱乐产品的一类,通过改编真人剧来成功放大公司品牌的影响力。2016 年 9 月,根据动漫作品《画江湖之不良人》改编而来的真人剧在爱奇艺独家上线,截至 2017 年 4 月,该影视剧的播放量已突破 15 亿人次,豆瓣评分高达 8.4,在各大排行榜占据了首位。与此同时若森数字还打造了同名真人电视剧、真人电影。2017 年 6 月 19 日,在第 20 届上海国际电影节期间,若森数字在国内首次将国产动画(《画江湖之不良人》)改编为真人电影。

2. 全面发力,打造若森泛娱乐模式

院线 CG 电影是若森数字打造的又一泛娱乐产品。2018 年 7 月,一部讲述少年梦想、爱情和亲情的励志"少年成长记"在全国上映。该部电影由刘阔执导,故事以《侠岚》世界观为背景。该电影一方面延续了《画江湖》系列的原有品质,另一方面还融入了大量的少年热血情节与中国传统元素,这是《画江湖》系列的首部电影。

作为一款已得到充分介绍的若森数字泛娱乐产品,手游同样是若森数字打造泛娱乐公司的发力点。基于在动漫领域打造的精品 IP 优势,若森数字同题材的手游同样大受欢迎。2015 年 6 月 5 日《不良人》手游登陆 APPSTORE,2 小时内即登上付费游戏下载排行榜第一名,24 小时进入畅销排行榜前 20 名。根据对玩家活跃度的统计,当日活跃玩家日均游戏次数 7.6 次,活跃玩家日均在线时长 126 分钟,次日留存 73.78%,玩家付费率 12.23%,总流水超 3 亿元。2016 年 10 月,若森数字推出新一版手游——《不良人 2》,这款二次元属性的游戏一经推出便获得了渠道和市场的双重认可。在游戏上线前五日导入用户 300 万,24 小时内营收达 500 万元,并先后入选腾讯应用宝 11 月最佳应用、硬核联盟 2016 最受欢迎的二次元游戏等。早在测试期间,凭借高达 93% 的次日留存,《不良人 2》在东京电玩展中被日本权威游戏媒体 4Gamer 誉为最具竞争力的中国手游。2018 年,若森数字多款游戏持续发力,预计上线超过 7 款游戏。此外,若森数字还开发出一系列 H5 及页游,如《画江湖之杯莫停》《画江湖之不良人》等。

　　衍生品作为泛娱乐产品中的实物产品，是多数动漫企业在产业链打造中实现盈利的重要节点。若森数字同样将品牌效应发挥到衍生品的推广上。凭借其成功打造的品牌优势和粉丝基数，若森数字的实物衍生品同样大受欢迎。若森数字推出的《画江湖之不良人》系列相关衍生品迅速成为市场的宠儿，其产品现已覆盖家居类、3C 数码、金属饰品、手办类等 13 种品类，SKU 达到176。其中通文扇、Q 版人形钥匙扣等明星产品月均销量过万件。

　　若森数字一强多强的战略正渐渐显露出效果，从动漫到影视到手游到衍生品，在产业链持续延伸的同时，也越来越受到资本的青睐。2016 年是若森数字影漫游联动成功的一年，为"若森模式"交出了第一张成功的答卷。2017 年则是若森数字深化泛娱乐产业布局、升级泛娱乐战略的一年，在这一年里，若森在其互联网泛娱乐公司的定位下进行了进一步布局，为日后的爆发打牢了地基。2017 年 1 月，若森数字宣布，近期完成了 B 轮融资，总估值超 20 亿元。本轮融资是公司在发展战略上的一次决策，对其在泛娱乐产业链的上下游资源等进行进一步整合。同时外界注意到，若森数字创始团队开始增持公司股份。一般来讲，创始团队增持股份，意味着其对公司未来发展以及泛娱乐行业前景的高度看好。创始团队持有本公司的更多股份，对公司未来的融资计划也将更加有利。2017 年 2 月，《人民日报》海外网对若森数字的泛娱乐战略予以肯定。这是自创始以来若森数字及其作品《画江湖》系列首次获得中央级党媒的关注与肯定。

四　用户为王，引领风尚

　　对任何一家公司来讲，其产品不能获得用户，就无法称得上成功。拥有超过 8000 万强黏性粉丝群的《画江湖》系列在获取用户上可谓不遗余力。在易观千帆的数据统计中，若森数字 IP 受众是动漫领域主要用户，其用户特征与整体动漫用户的特征相吻合，一般以 24 岁以下者为主要用户，大学生用户居多。在若森数字 IP 受众地域分布上以一线城市用户居多，其次是二线城市用户，这与动漫用户整体人口基数特征一致。通常而言，一线城市

人口的文娱消费能力相对较强，通常选择动漫等文娱活动来缓解压力。

1. 充分的媒体渠道

若森数字在多渠道上拥有着庞大的粉丝群体，始终保持着对粉丝的强大吸引力。微信公众号、新浪微博、百度贴吧、B 站、App 等都是若森数字的粉丝沟通互动的平台。

微信公众号作为新兴自媒体，其影响力在新一代用户群体中非常显著。若森数字开通了官方微信公众账号"若森画江湖"，到目前为止关注量已达到 55w＋，在粉丝增长数目上平均每周新增 5000＋，保持着高速增长的态势。其推送的作品单篇最高阅读量曾达到 6w＋，平均阅读 2.5w＋，推送底部的粉丝留言互动十分活跃。

新浪微博是当下影响力巨大的资深自媒体平台，也是若森数字粉丝活跃的重要平台，若森数字推出的作品也是微博用户热衷于讨论的对象。《画江湖之不良人》播映后的第一个月就进入新浪热点话题榜前十，成为在网络上热议的话题，其作品的每次更新均会引发新一轮讨论，在动漫话题榜名列前茅。此外，若森影片的很多主要角色都曾成为新浪微博上的实时搜索热点。

作为网络论坛中如今稍显颓势的百度贴吧，上面关于若森数字作品的讨论依然火爆，《画江湖》系列作品的讨论每每能将用户再度拉回来。"画江湖之不良人吧"开吧后，贴吧关注人数迅速达到 266667 人，日均签到比达 40%，发帖数超过 380 万，远远超过了多数甚至建吧更早的主题贴吧。目前关于若森数字产品系列的官方贴吧总关注人数已超过 55 万，发帖数也超过 1200 万。

Bilibili 网是目前在年轻人中最活跃的视频网站，被年轻人亲切地称为 B 站。作为年轻人聚集地，若森数字的作品在 B 站上自然获得了超高的人气。超高的人气表现为超高的弹幕数，在 B 站上，关于若森数字作品的视频，其弹幕数与播放量之比达到 25%，播放到精彩情节时甚至已几乎看不到画面。

《画江湖》App 是若森数字产品的核心粉丝聚集地，2015 年 8 月 20 日，若森数字自主互动娱乐平台《画江湖》App 在 IOS、安卓双端上线，目前下载总量超过 300 万，活跃用户数量超过 80 万。《画江湖》App 以动画、影视、游戏等内容为基础，目前已成为中国最大的垂直粉丝互动平台。

若森数字作品受到用户追捧的程度也体现在同人及 COS 作品上。目前，手绘、印章、cos、mmd、mad 等同人作品在微博、贴吧、官网渠道大量涌现，据粗略统计，其中仅手绘作品就有超过 5000 幅之多。其中包括国内顶级 COSer 社团如"黑天""304"等在内的上百家 COSer 社团，还有近千名 COSer 演绎过若森数字的《画江湖》系列，新的 COS 作品正在不断涌现出来，活跃的 COS 活动使得《画江湖》系列的复合内容呈现百花齐放的繁荣状态。

2. 广泛的媒体资源

若森数字还不断地致力于提高自身及其作品的曝光度，不断尝试拓展用户群体，与各大媒体等知名品牌展开合作。

若森数字已与爱奇艺、暴风网、爆米花网、Bilibili、风行、激动网、酷米网、乐视、迈视网、芒果、皮皮网络电视、PPS、PPTV、视友网、搜狐、土豆、腾讯网、迅雷看看、优酷等超过二十家主流视频媒体签署了战略合作协议。根据协议，若森出品的每一部作品，均可获得超过 3.5 亿元的宣传及广告资源，主要包括首页的焦点图、影片的片头广告、产品的专题页等。同时，若森数字与国航展开品牌合作，有超过 500 架航班参与，推广内容分别在其机载娱乐系统等媒体以及《中国之翼》（杂志）等纸质出版物中展示，年覆盖多达 8300 万高净值人群。

2017 年 9 月，若森数字与民生银行联合推出了《画江湖之不良人》的主题信用卡。9 月 14 日，国内首部将西方哥特、巴洛克、洛可可等设计元素与中国传统美学相融合的近现代架空题材作品《画江湖之换世门生》全网上线，此部作品是国内首部与爱奇艺、B 站、芒果 TV、PPTV、搜狐、腾讯、优土七大视频平台联合开通 VIP 付费项目的动画作品，首日播放量即高达 2500 万，首周播放量突破了 4000 万，付费播放比例高达 33%，并连续多日在百度贴吧热议榜占据榜首。截至 2018 年 3 月，视频的总点播量已超过 8 亿。2017 年 10 月，若森数字与优步中国开展了一场"新鲜有颜值"的跨

界合作。一时间，北京大街小巷行驶着六辆车身装饰换世门生形象的优步彩蛋车，在动漫主题专车在国内仍然罕有出现的情况下，换世主题专车则显得十分抢眼，此举引发了大量路人在街头驻足拍照，无形中也引发了更多人对若森数字产品的关注。

2017年12月，《画江湖》再度跨界。这一次，若森数字携手金锣—得乐食，在湖南长沙举办金锣年度经销商大会。在此次合作中，双方各自发挥自身优势，通过明星助阵、COSer表演等，掀起了一个又一个狂欢互动环节。若森数字通过形形色色的跨界合作活动，将不同领域内的用户群体联结起来，不断拓展粉丝群体，深度挖掘二次元产业，做到最大化地释放品牌的商业化价值。

B.22
进击的 B 站：多元化发展之路

李慧瑾

摘　要：　B 站从一个以二次元文化为主的小众视频网站，短短几年内
一跃成为国内弹幕视频网站翘楚，称霸市场。它始终立足于
自己的社区文化，秉承着"一切为用户"的理念，提供最优
质的内容，不断朝着大众化、流行化的方向进击，慢慢打造
形成一个包罗万象的文化社区和社交媒体。

关键词：　B 站　弹幕网站　社区文化

　　哔哩哔哩（又被粉丝亲切地称为"B 站"）由原 Acfun 网友徐逸创建于
2009 年，在 2010 年 1 月 24 日从原先的 Mikufans 改名为 Bilibili。其弹幕系统
与其他视频弹幕网站有着鲜明的区别。它以二次元与宅文化为主题，是国内
领先的年轻人潮流文化社区，也是中国最大的实时弹幕视频直播网站。

　　到目前为止，B 站每日视频播放量达到一亿，弹幕总数量高达十四亿，
这都得益于 B 站拥有的上亿活跃用户以及数量上百万的活跃 UP 主（视频上
传者）。另外，值得一提的是，B 站年轻用户众多：约有四分之三的用户小
于 24 岁，平均年龄仅为 17 岁。

一　独特社区文化稳用户

1. 文化基因打造优质社区

B 站相比国内其他传统视频网站最大的特点便是弹幕。如今，弹幕一般

指"视频观看者为了分享感想而发送的简短话语,叠加在视频上滚动播出",而提供弹幕评论功能的视频网站就是弹幕网站。B站给用户提供了一个二次创作的机会,用户可以通过弹幕自由地表达观点,而这些原本分散的、孤立的用户在同一时间点通过弹幕联系起来,产生了实时共鸣感,这是一种沉浸式的互动体验;而原有的视频内容加上弹幕后使用户获得超出观看视频内容本身的另一种趣味和体验。此外,B站为了营造良好的社区氛围,设置了严格的弹幕审核机制,比如:举报不良弹幕,屏蔽刷屏或带有辱骂性质的词语。这种方式保障了社区的秩序,同时也缓解了网站管理人员的压力。

B站创立了特殊的用户准入机制。B站用户分为注册会员和正式会员,正式会员的权限比注册会员广:可自主上传视频、发送弹幕。获得正式会员的方式有两种:会员考试制和邀请制。考试内容分为弹幕礼仪题和自选考题两个部分。只有全部答对第一部分才有资格进入第二部分考试。这种用户准入机制有助于筛选一部分不了解弹幕礼仪或不够了解和热爱 ACG(动画、漫画、游戏)文化的用户,无形中提高了会员的准入门槛,从而保障了 B站用户的同质化程度,为这些具有相同爱好的用户营造了一个共通的意义空间;同时,这种严格的会员准入机制也使成为正式会员的用户获得被认同感和情感共鸣,增加了用户忠诚度。

B站采用虚拟的动画人物——22 娘、33 娘来代表网站形象,形成了独树一帜的网站风格。22 娘、33 娘是 2010 年由网友投票选出的代表 B站的动画形象。为了使 bili 娘形象更生动,B站还专门为 22 娘、33 娘设计了丰富多彩的动作和表情,甚至还给她们设计了一个宠物——小电视。用户在等待观看视频时看到的不再是漆黑的屏幕或者贴片广告,而是小电视的形象,这缓解了用户等待视频加载时的无聊乏味感。B站以动画形象代言人的方式提升了用户的使用感,强化了 B站与用户之间的情感联系。除此以外,22 娘、33 娘的卡通形象也深受用户群体喜爱,B站借此打造相关周边产品,为创收提供新契机。

众所周知,诸多主流视频网站为盈利,在用户观看视频时往往出现大量强制性广告，只有加入会员才能免除那些短则 15 秒、长则一两分钟的繁杂广告，这在事实上降低了非会员用户的使用体验。而 B 站的用户则没有了广告之扰。早在 2014 年 10 月 1 日，B 站便发出声明，承诺"不在视频中添加任何贴片广告"。一方面，这一举措优化了用户的视频观看体验；另一方面，该声明为 B 站树立了良好的声誉，使之与其他主流视频网站形成鲜明区别。网络视频版权往往是一家独断，即使是传统视频网站，也不能一应俱全。这更为 B 站提供了抢占用户群体的机会，非主流视频会员用户更倾向于使用 B 站观看视频，为网站的发展奠定了良好的用户基础。

2. 社区建设拓宽用户群体

根据统计，2017 年，B 站用户使用平台的日均时长多达一小时十分钟，正式会员的年留存率接近五分之四，这些数据都远远高于传统视频网站平均水平。而且，B 站与其用户是双向输出。在弹幕中，随处可见"哔哩哔哩干杯""为信仰充值"等评论，由此可以看出，用户与 B 站之间有着紧密的情感纽带。这来源于 B 站长期的社区建设、举办众多大型活动。

2010 年 2 月，B 站 40 位 UP 主各显身手，一起制作了一个以春节元素为主题的拜年视频，可以说是中国视频史上第一个"拜年祭"。从这之后，每到大年三十的晚上都会举办"拜年祭"。拜年祭内容丰富，以原创性视频为主，其创新性尤为突出。随着二次元经济的崛起，"拜年祭"的规模不断扩大，从最初的 40 名 UP 主参与制作到如今上百名 UP 主齐聚一堂；质量也得到提升，优秀的作品层出不穷，吸引了愈来愈多的观看者，2017 年拜年祭上线 4 天，播放量超过 1000 万。这些精品节目，既诠释了"年味"，又以其鲜明的个性传递着 B 站独有的文化。"拜年祭"成为名副其实的二次元爱好者狂欢节。这种一年一度的狂欢节以其强烈的仪式感巩固了 B 站的品牌地位，制造了热度，又拉近了用户与 B 站 UP 主的心理距离，利用粉丝效应为网站赢得优势，而 B 站与 UP 主之间的互动交流也能够激发 UP 主的创作灵感和热情，从而反哺网站。

对于不少深受二次元文化影响的年轻人来说，B 站之所以有如此巨大的魅力，实际上都是基于 UP 主以及普通用户营造出来的独有文化氛围，从某种意义上来说，B 站就是很多年轻人心目中的极乐净土。而 BML 的出现，正是将这种独特的文化氛围引到真实世界的最好方法。Bilibili Macro Link（BML）是由哔哩哔哩举办的一场汇集了广大共同爱好者的现实聚会活动，发展至今，已成为规模突破万人的大型活动。对于 BML 而言，其活动形式在发展过程中不断变化和调整，本质上是 B 站用户在内心做出的选择。而正是怀着对用户喜好的尊重，BML 才能从最初颇显"自娱自乐"的演出，逐渐成长为国内最具规模和影响力的二次元线下活动品牌。作为一个大型线下活动，BML 所带来的绝不仅仅是几场演唱会或者超过 10 万的人流，它能够提供的是一个平台，这个平台能够让更多不同年龄层、不同背景的人跨越次元壁进行文化交流。

除此以外，B 站还打造大型宅舞活动。Bilibili Dancing Festival 是 B 站为宅舞爱好者举办的大型活动，即"哔哩哔哩宅舞嘉年华"。BDF 并非简单的线下活动，更是一个全球宅舞爱好者互动与展现自己的平台，其影响力早已辐射至全世界，广受国内外参与者喜爱。据统计，早在 2016 年前来参与哔哩哔哩宅舞嘉年华、交流切磋宅舞文化的爱好者就已经覆盖全球六十多个地区，BDF 也无疑成为一场大型国际文化盛宴。

二　多元化盈利模式获发展

B 站的核心用户群是年轻人，24 岁以下的用户占大约四分之三。大多数 90 后都尤为看重精神消费而且已经具备足够的消费能力，非 90 后也日益注重精神享受，B 站的商业化发展遇到新契机。在国内乃至全世界视频网站普遍盈利堪忧的情况下，B 站依靠其高质量的二次元用户以及多元化的盈利方式走出了一条独特的发展道路。

1. 游戏联运，挑创收大梁

B 站没有把盈利点放在传统的广告上，游戏联运和独家代理才是 B 站目前占比最高的业务。在游戏方面，B 站具有得天独厚的优势。艾瑞网针对二次元与手游的统计报告显示，二次元用户群体往往也是游戏爱好者（调查样本中 93% 的二次元爱好者表示爱玩游戏），且其中有超过 3/4 的游戏玩家有付费提高游戏体验意愿，该行业蕴含着无限的商机。而且，与通过其他渠道进入游戏的用户相比，通过二次元平台接触游戏的用户有着更高的留存率和转化率。因此，聚集了二次元文化爱好者的 B 站可谓精准营销的蓝海，成为各类游戏分发的重要途径。2017 年营收占比 83.4%，实现营业收入 20.58 亿元，较 2016 年的 3.42 亿元，增长 500%。长久以来，B 站游戏收入的增长主要来源于哔哩哔哩自 2016 年开始独家代理的游戏《Fate/ Grand Order》（简称 FGO）。FGO 拥有大量的"粉丝"，它为 B 站 2017 年的手游收入做出了巨大贡献，时至今日仍然是 B 站重要的收入来源。B 站运营的一系列联运游戏如《梦幻模拟战》《神都夜行录》亦成绩亮眼，给 B 站收入注入强劲动力。

2. 新番承包，放创收异彩

2014 年，B 站推出新番承包计划。新番承包计划是一个新型运行计划，指 B 站由平台支付版权费用，先行购买新番的正版授权，并且视频中不添加任何贴片广告，用户在看番的时候可自愿支付"B 币"来支持自己喜欢的番剧（B 币指使用人民币兑换的 B 站虚拟货币，1 元钱可以购买 1B 币），从而成为承包者之一。新番承包的金额可由用户自由选择，上不封顶。无论用户是否参与新番承包，无论新番承包金额是否足以购买正版版权，用户都能不用观看广告便可看视频。此外，B 站设了承包排行七日榜和承包排行总榜，显示花费金额最多的前 100 名会员名次。这种独具 B 站特色的视频网站收入形式有力地消除了用户的抵触情绪并为网站开拓了新的盈利增长点。《Fate/Stay Night》便是一个成功的典范，其上映当天晚上就有七千名观众支付 B 币承包了此番。而截至目前，《Fate/Stay Night》仅第一季的承包人数就达到了 43000 人。另外，承包计划能够使会员得到身份认同的满足感，与此同时，用户免受广告之烦扰，提升了用户体验。

3. 直播业务，小试牛刀

B 站提供了一个可自由注册与展示的视频直播平台给用户，用户可依照

自己的兴趣选择观看直播的视频内容。与其他直播平台不同，B 站更注重多样化的直播内容，为用户提供差异化服务。B 站直播频道涉及了舞蹈、音乐、ACG、绘画、宠物等不同领域。收入模式与其他直播平台相差不大，对 B 站内主播收入进行提成，即从用户对主播的打赏物中进行分成从而获取收入。从 2015 年到 2017 年，B 站的直播收入分别是 611 万元、7900 万元和1.7 亿元。

4. 周边贩卖，不容小觑

B 站是内容衍生经济模式。B 站在淘宝上开设了"Bilibili 官方旗舰店"作为官方综合性周边店。店内销售产品以二次元人气周边为主，包括家具服饰、人气手办等。B 站开设漫展的活动不仅能为动漫爱好者提供交流互动聚集地，也为周边贩卖提供平台，售卖门票也能给 B 站创营收。

B 站还推出日本旅游等周边拓展项目，这并不局限于简单的外出旅行，还能在旅途中与有着共同爱好的游伴开展良好的互动并结交朋友，给用户提供了更综合的体验。周边贩卖注重客户群体的精神享受，对于产业链的延伸及盈利模式的构建都大有裨益，在未来将发挥更重要的作用。

三　内容加人才模式创动力

1. 内容为王，引领收视辉煌

B 站一向把 ACG 视频作为其主打内容。2018 年 1 月，B 站拿到了大量热门新番的独家版权，使得其在二次元领域可谓一家独大。自建立以来，一直在不断满足用户需求，迎合市场变化，对网站内容进行多次改版和扩充。经过最新一次升级后，B 站的分区更加精细，从影视剧领域到舞蹈、游戏等休闲娱乐领域，再到科技、时尚等领域，无一不囊括在内。增设诸多业务板块，网站内容更为丰富。除了扩充网站内容之外，B 站还致力于将用户往常感兴趣的内容推荐给用户，主要运用 AI + 大数据、达人的分享等。

促进国产原创动画的兴盛一直是 B 站的重点项目。为了国产原创动画的长足发展，B 站在 2018 年将其划分为一级分区。短短一个月内，国创分区的播放量累计下来有四亿多，同一时期内境外动画作品总播放量都难以望其项背，这也显示了国产动画蕴含的惊人能量。在投资运营方面 B 站也频频出击，至今投资了 14 家与国产原创动画相关的企业，以及众多相关项目。

B 站不仅深耕二次元领域，还不断拓展边界，向科教领域延伸。从《我在故宫修文物》引爆热点到《人生一串》的大获成功，B 站与纪录片之间产生了奇妙的化学反应。以《人生一串》为例，它通过对中国各个不同地区烧烤摊美食的记录来展现市井百态。从 2018 年 6 月 20 号开播截至 11 月 21 号累计播放量达到 4427 万，豆瓣评分也高达 9.0 分，在流量与口碑上都收获了不凡的成绩。B 站的"野心"当然不止步于播映或购买优质纪录片，参与出品环节也被纳入了 B 站的业务版图之中。2018 年 9 月 B 站与 Discovery 的合作便是 B 站向出品进发的一大重要步骤。B 站纪录片题材涉猎甚广，力图共同制作出独家、高质的纪录片。目前，Discovery 专区已经在 B 站闪亮登场，并陆续上线了《航天解密档案》《极限生存游戏》等纪录片。与此同时，Discovery 旗下的品牌——《动物星球》也在 B 站独家上线。《动物星球》开了将动物作为主人公的先河，在世界范围内都享有很高的人气和知名度。B 站正逐步成为国内最大的纪录片出品方和播出平台之一。

2. 人才兴站，打造不竭动力

B 站的一大特色和优势便是 UP 主原创投稿，投稿的类型主要集中在动画番剧、音乐、舞蹈和游戏领域。统计数据显示，B 站 70% 的流量来自 UP 主，UP 主创作内容占投稿数的 90%。八年来，哔哩哔哩累积了 180 万名 UP 主以及 1800 万余份原创视频。

B 站为了鼓励 UP 主制作出更多高质量作品，从 2018 年 2 月 1 日起推出创作激励计划，对发布原创内容或高质量内容的 UP 主采取收益激励方式。这一项计划只针对不包含商业推广的 UGC（用户生产内容），并且在 B 站上的发布时间也不得比其他平台晚。但激励计划并非每一个人都能参加，只有拥有一千以上粉丝或者制作的视频累计播放量达到十万的 UP 主才能入选激

励计划。入选的 UP 主单个原创稿件播放量达到一千时,便开始获得 B 站提供的收益,并在次月通过贝壳系统结算。这项计划给 UP 主提供了一个稳定可持续的内容变现渠道,拓宽了优质作者的生存空间,也更加激发了 UP 主的创作热情,保证了站内有源源不断的优质内容。

四 泛娱乐化产业链谋出路

1. 多方合作,促品牌推广

2016 年 5 月 10 日 B 站与小米 Max 联合开展了直播,直播时间长达 19 天。这期间引来了 4000 万人围观,不仅有 B 站知名 UP 主的加入,还有众多主播、明星的踊跃参与,产生的弹幕多达 3 亿条。同年 10 月 13 日,哔哩哔哩赞助新赛季的上海男篮,球队在新的赛季称为"上海哔哩哔哩篮球队",B 站与上海男篮开始了合作之旅。二次元爱好者与篮球爱好者结合的形式挖掘了 B 站的潜在用户,同时扩大了 B 站的影响力,为其走转变品牌形象的道路更添助力。

此外,B 站通过与罗森、Costa 等连锁品牌合作,在线下打造和运营主题便利店、咖啡店。主题店除了售卖常规的便利店商品外,还开设了 B 站周边的贩售区域,如小电视、22 娘、33 娘等。如此一来,既可获取收益,又可以推广二次元文化。

2018 年 10 月 25 日,B 站与腾讯开展深度合作,合作主要集中在 ACG 生态领域,这为 B 站的发展再添一臂之力。在版权方许可的情况下,B 站与腾讯可向对方开放动画片库,这大大扩充了 B 站的动漫资源;除此之外,还建立深度联合机制包括动画项目的采购、参投、自制。合作形式多样,比如分摊成本、同步首播等。通过这种方式,B 站在丰富了网站内容的同时还降低了内容成本。双方的合作还延伸到了游戏领域,这将会给哔哩哔哩带来多样的游戏类型和更丰富的游戏内容。

2. 科学布局,完善产业链

Bilibili 布局漫画业务,打造二次元产业链起点。2018 年 11 月 13 日,哔哩哔哩漫画 App 在安卓系统与 IOS 系统同步上线。目前提供的福利是登录领券，可以免费看漫画。打开漫画应用，可以看到很多经典正版日漫，如《火影忍者》《龙珠》《妖精的尾巴》《银魂》等，国漫也不少，如《崩坏3》《斗罗大陆》等，甚至还有独家：《犬夜叉》《银之匙》。

2017 年 12 月 18 日，哔哩哔哩成立旗下首支电竞战队 Bilibili Gaming（简称：BLG），旗下拥有英雄联盟、绝地求生等分部。2018 年 9 月初，B站朝着职业电竞迈进，获得了 OWL（守望先锋职业联盟）的永久席位。同年 10 月，B 站成立电竞公司，并且与休斯顿火箭在电竞领域建立合作关系。这是 B 站涉猎全球电竞内容、整合电竞资源的关键一步。

历经九年，B 站仍在不断发展进步，就是因为坚持高品质作品导向，重视用户反馈，而非盲目追求流量；弘扬正确的价值观，保护原创，打击抄袭和盗版；尊重人才，把大部分流量给予 B 站无名的创作者们，助其产出更优质的作品。对于用户而言，B 站不仅是一个视频播放平台，还是一个有着强烈参与感和归属感的社区。随着 B 站在美国的上市，它将继续绽放异彩，为用户构建一个更闪亮的社区。

B.23

武夷山：生态文化，融合发展

裴 璨

摘　要：　拥有丰富旅游资源的武夷山，将"十九大"的政策方针作为发展的指路明灯，在为期三年的国家公园试点建设工作中不断求索，不仅对生态资源进行多级保护和合理利用，保障了品牌的可持续发展；更通过正确解读消费者的文化旅游需求，把武夷山深厚的文化资源融入原本单一的旅游活动，以此增强品牌的市场竞争力；最终在文化和生态资源的融合发展下，打造武夷山文化旅游品牌的独特魅力，实现其在社会、经济、文化等方面的品牌价值。

关键词：　武夷山　生态　文化　融合发展

武夷山地处赣、闽两省交界，自古以来便凭借其秀美的山水风光以及深厚的文化内涵备受游客青睐，收获了巨大的旅游经济效益。据武夷山市旅游局统计，2017 年 1 月到 2017 年 9 月间，武夷山景区接待的旅游总人数达到 824.22 万人次，共创造旅游收益 158.57 亿元，景区周边民宿入住率基本维持在 75% 左右；在 2018 年"五一"假日以及"十一"黄金周期间，武夷山风景区分别接待游客 5.89 万人次和 21.97 万人次，实现 194.54 万元以及 1677.88 万元的门票收入。

2015 年 1 月颁布实施的《建立国家公园体制试点方案》将包括福建省

在内的 9 个省份作为国家公园体制试点省份，而福建省则选择把武夷山作为国家公园的试点样本。在为期三年的试点期内（试点到 2017 年年底结束），武夷山深度践行十九大报告中"建设生态文明，永续发展"的政策方针，对试点内区域实行了针对性的分级保护和开放，在保护"绿水青山"的基础上创造"金山银山"。

2017 年 7 月，武夷山被评定为世界自然与文化双遗产地，成为我国第四个获此殊荣的旅游地。然而，不同于已经得到广泛开发并被建设成旅游景点的武夷山自然资源，武夷山丰富的文化资源好似尘封的珠宝，还未完全展露其耀眼的光芒。随着市场上高品质旅游需求不断增长和国家文件《关于促进文化与旅游结合发展的指导意见》的支持，在经济市场和政策环境双重利好的情况下，武夷山开始尝试重新整合文化资源。从文化旅游线路规划、"印象"系列演出以及茶旅小镇等角度切入，通过文化、生态资源的融合发展，让品牌重焕生机，最终实现品牌的社会、经济和文化价值。

一 保护生态资源，保障持续发展

碧水丹山，物华天宝，独特、稀有、绝妙的生态资源写就了武夷山闻名中外的绿色名片。从自然保护区到国家公园的身份转变中，武夷山始终将保护生态资源放在首位，通过保护绿色资源的完整性和丰富性来实现品牌的健康持续发展。

1. 国家绿肺，生物之窗

1979 年 7 月，武夷山自然保护区设立；1982 年 11 月，武夷山国家重点风景名胜区在原保护区内建设起来，风景区中一大批"游山玩水"的新去处涌入旅游市场，吸引了大量游客的目光。但是大部分人只知道武夷山是旅游胜地，却不了解它还是我国最珍稀的生态地之一。

一方面，武夷山是生长在我国东南部地区的一片巨大的"绿肺"。武夷山自然保护区内森林覆盖率达到了 96.3%，区内有 290 平方公里的原生中亚热带森林植被，从未遭到人为破坏的原生性森林植被共有 210.70 平方公

里。这些珍贵的森林植被对闽江流域的水土保持起到了不可或缺的作用，也是武夷山风景名胜区中九曲溪的"保卫林"。除此之外，武夷山还素有"天然氧吧"之称。根据测算，保护区内平均每立方厘米空气中的负氧离子含量高达8万至9万个，是世界卫生组织规定标准的53~60倍。

另一方面，由于未受到第四纪冰川的影响，武夷山为许多古生物提供了"避难所"。崇安髭蟾、崇安地蜥、崇安斜鳞蛇等生物，都是仅生活在武夷山中的两栖、爬行类物种，武夷山也因此获得了"研究两栖、爬行动物的钥匙"和"世界生物之窗"等美誉。此外，武夷山自然保护区内的保护对象不仅包含中亚热带原生性的天然常绿阔叶林和金铁豺等濒危动植物资源，还将福建最长的地质断裂带等特殊的地质景观以及闽江和赣江这两大重要的水源保护地囊括在内。

2. 分区管理，保护开发两不误

现如今，随着全世界对保护生态环境的迫切呼吁和我国对生态资源的日益重视，国家对自然生态地区的保护逐渐从设立自然保护区的形式转变为建设国家公园的形式。2015年，中国发改委与美国保尔森基金会成功签订为期3年的国家公园建设合作计划并签署《关于中国国家公园体制建设合作的框架协议》，国家公园的建设在我国如火如荼地开展起来。在这之中，有着丰富生态资源的武夷山自然保护区无疑是国家公园体制优秀的"见证者"和"践行者"。

国家公园的主要功能是保护自然生态系统的真实性和完整性，以及发挥科学研究、教育、娱乐等综合功能。因此，武夷山国家公园在保护自然生态资源以及历史人文资源的前提下，在通过科学管理手段对原生生态环境进行保护的同时也对区内一部分资源进行合理利用。

为了实现这一目标，武夷山国家公园试点区依据试点内各类保护对象的各项特征以及区内已有的生态保护及开发现状，结合居民生产、生活和社会发展的需要，将试点区域划分成四大部分进行针对性管理，包括特别保护区、严格控制区、生态修复区和传统利用区。

特别保护区涵盖了原本武夷山自然保护区中的核心区和缓冲区两个区域

以及武夷山风景名胜区中的特级保护区，总面积为 424.07 平方公里，占国家公园试点区域总面积的 43.16%。特别保护区的工作重心在于维护武夷山内处于天然状态的生态系统和生物进程，并对濒危动植物的集中分布区域进行重点保护。除此之外，由于该区域内的生态系统必须维持自然状态，所以其中的核心区除得到批准被许可进入的科考人员外其余人均不能进入。

严格控制区包括武夷山自然保护区的试验区和武夷山风景名胜区中的一级保护区，总面积为 160.39 平方公里，占国家公园试点区域总面积的 16.32%。在严格控制区中，武夷山内各类代表性的生物物种和人文遗迹将得到完善的保护。该区域内只能安置必要的步行游览道路和设施以进行相关的科学实验、教学实习和低干扰的生态旅游活动，任何与试点区保护方向相违背的参观旅游项目被严禁开展。

生态修复区包括武夷山风景名胜区中的二级保护区、三级保护区以及九曲溪上游保护带（除村庄区域外），总面积为 365.44 平方公里，占国家公园试点区域总面积的 37.19%。生态修复区的工作重心是生态修复以及向公众进行自然生态教育和展示遗产价值。该区域内虽然允许游客进入参观，但只能安排少量的管理及配套服务设施，而且要严格控制资源的开发和利用强度，禁止建设与生态文明教育及遗产价值展示无关的设施。

传统利用区包含九曲溪上游保护带周边的 8 个村庄区域，总面积为 32.69 平方公里，占国家公园试点区域总面积的 3.33%。该利用区主要作为原住居民生活和生产的区域。传统利用区内的原住居民可以因地制宜适当开展一些生产活动，如种植茶叶等，但生产中利用到的相关设施以及生产步骤需要符合可持续发展的要求并与环境相协调。

按照这样的分区保护策略，武夷山国家公园既可以控制资源利用强度，保障对原生生态系统的有效维护，实现可持续发展；又不会因国家公园的建设而直接关门闭园，将武夷山与外界全然隔离，浪费巨大的经济效益。在原本已有的特色景点的基础上，武夷山国家森林公园重新规划利用了部分区域作为适度开展旅游活动的空间，活动内容主要围绕生态文明教育和宣传展开。当国家森林公园建设完成时，武夷山不仅打好了手中的"生态牌"，在

保障绿色资源可持续发展的同时为更多想要深度"生态游"的游客提供了去处；又提升了武夷山对外展示的绿色品牌形象，响应了国家"绿水青山就是金山银山"的生态保护建设的号召，实乃"双赢"。

二 挖掘文化资源，增强品牌活力

洞天福地，人杰地灵，深厚多彩的文化资源滋养了武夷山与众不同的精神内涵。自1999年被世界遗产委员会授予"世界自然与文化双遗产地"称号以来，如何充分整合文化遗产资源为品牌创造全新活力，成为武夷山的研究课题。

1. 天心问禅，朱子理学

绍兴十九年十二月，理学大家朱熹回婺源祖地途中路径武夷山，恰逢大慧宗杲禅师应道谦之请到武夷山天心寺说禅。听禅过后，朱熹颇有感悟，遂作诗《天心问禅》以记之。这番奇遇也让朱熹被扣冰古佛寻得"天心明月"的典故所深深吸引，从中汲取了"一月照万川，万川总一月"的精神养分，最终循着古佛的目光发现了"理"。而"理一分殊"的哲学理论因此诞生，为日后融儒、释、道三家之大成的朱子理学体系打下了基础。

淳熙十年，朱熹在武夷九曲溪的五曲隐屏峰下建起"武夷精舍"，吸引大批学子来此就学。除学子外，这块风水宝地也让众多学者闻名而来，纷纷聚集在武夷山著书立学。在历经700多年风雨洗刷之后，"武夷精舍"等古代建筑虽然已不再留存于世，但武夷山中仍然保存着大量完好的朱子文化遗存以及其他著名理学家的遗迹，如留有朱熹大量文稿与诗篇的仙洲密庵遗址；由北宋理学家蔡发所建的一曲南山书堂；以及清朝游云章在理学家游酢所建的水云寮旧址上重设的云寮学院等。

为了对珍贵的朱子文化遗迹进行重新整合并弘扬我国优秀的历史思想文化，武夷山以朱熹故居紫阳楼为中心，建成了占地三万多平方米的朱子故里公园。公园对兴贤书院、朱子社仓、朱子巷、街中碑坊、五贤井等历史遗址进行了重点的保护和修缮。同时，在《南平市旅游产业发展规划（2017~

2025）》中，武夷山市五夫镇也计划在 2017～2020 年内将自身打造成集"乡村休闲观光、朱子文化深度体验、国学弘扬、山地养生度假"等多功能于一体的朱子文化旅游集聚地。该基地计划对部分已倒塌的古民居进行恢复、重建，并在其基础上打造特色民宿；依据朱熹母亲祝氏"煮莲教子"和朱熹孝顺母亲、关爱乡邻等历史典故，开发"五夫莲羹""孝母饼""文公菜"等特色美食，让游客们可以亲听、亲闻、亲感朱子理学文化。

2. 闽粤文化，船棺之谜

早在四千多年前，就有先民来到了武夷山地区，开展各种劳动、生产活动，并在此基础上逐渐形成了独特的"闽越族"文化，为后世留下了大量珍贵的民俗文化遗存。

当越来越多的古老民俗被揭开神秘面纱，旅游地也可凭借传统民俗为自身注入全新活力。比如由于闽越民族先祖崇拜蛇并将其视为图腾，因而部分闽越地区盛行"蛇文化"。其中，闽北延平区樟湖自明代以来就承袭了举办蛇文化节的习俗。在每年农历七月初七的清晨，当地村民和游客人人"手持"一蛇，从镇上蛇王庙出发，巡游古街、祭蛇神之后再将蛇放生。通过亲身参与蛇节巡祭活动，游客们既惊叹于独树一帜的闽粤民俗文化，又对当地人对自然万物的敬畏之情产生了更深层的思考。

武夷山有独特的"架壑船棺"景观，武夷先祖一项重要的丧葬民俗也蕴含于其中。习于水性的武夷先祖惯以架壑船作为葬具，用一船盛一付骨殖，"架壑船棺"这种葬俗其实是他们水居生活的具体反映。经统计，武夷山中的架壑船棺、虹桥板各有 18 处，均已有三千多年的历史。每当游客乘舟漫游在蜿蜒的九曲溪上，听着导游介绍武夷先祖的生活习俗和"架壑船棺"这一文化遗产的历史渊源，抬头便可望见两岸峭壁上悬挂着千年不朽的"架壑船棺"棺底，武夷山的神秘和古老的文化也就这样深入人心了。

3. 岩骨花香，万里茶道

除了众所周知的架壑船棺景观和朱子理学文化外，武夷山丰厚的文化遗产中还有我国十大名茶之一的武夷岩茶。武夷岩茶的生长地是富含矿物质的

纵横峡谷。在那里，茶种能够终日接受来自九曲溪甘甜溪水的滋养，日夜浸润在山中原生藤草繁花的香气中。在天、地、人三方的"精心培育"下，茶农们将采用特殊的武夷山乌龙茶制法将成熟的茶种制成具有独特"岩骨花香"的武夷岩茶。古时，武夷岩茶就深受骚人墨客的喜爱，诗人范仲淹曾感慨此茶"溪边奇茗冠天下，武夷仙人自古栽"。现今，武夷岩茶闻名中外，广泛流传的俗语"岩岩有茶，非岩不茶"指的便是它。

武夷岩茶不仅有着三教同山、理学之乡的武夷文化渊源，更蕴含着武夷山茶人独特的制茶工艺和匠心精神。2017年5月，武夷山茶农们按照传统习俗对生长在武夷山天心岩九龙窠景区的三棵百年大红袍母树进行祭祀。仪式隆重而庄严，这种茶祭是宣扬武夷岩茶美名的重要渠道，更展现了当地茶农对大自然馈赠的感激之情与敬畏之心。

早在2013年9月和10月，中国就分别提出建设"新丝绸之路经济带"和"21世纪海上丝绸之路"的合作倡议。作为丝绸之路的辅助通道，"万里茶路"（这是茶文化学者为了研究古代茶叶贸易而在"丝绸之路"概念下的别样叫法）也被囊括在丝绸之路的范畴内，而福建武夷山则被视为"万里茶路"的起点。面对这一新的机遇，结合当下注重产品质量与人文内涵的市场要求，在茶产品的基础上配合以凝聚儒释道文化精髓的茶文化精神这一"着力点"进行对外输出，向外展示中国式的优雅生活，将成为武夷山扩大自身影响力、增强品牌竞争力的关键布局。

三　融合生态文化，实现品牌价值

生态文化，融合发展，这是拥有"两手好牌"的武夷山在面对日益激烈的旅游品牌竞争市场时选定的发展策略。随着《南平市旅游产业发展规划（2017~2025）》的出台，2017年起，一系列文化旅游项目投入开发，武夷山在实现其品牌价值的路上又坚定不移地向前迈进了一大步。

1. 清"心"武夷，健康中国人

由于旅游市场上游客的旅游观光需求逐渐向休闲度假需求转型，高品质旅游需求正在不断增长，文化旅游也将持续繁荣。与此同时，深度生态旅游逐渐步入人们的视野，康体养生旅游吸引了大众关注的目光。对于生活压力越来越大的现代人而言，旅游是他们获取愉悦、远离繁忙公务的途径。旅游的过程中，游客们在注重身体健康的同时也渐渐开始关注自身心灵的需求。因此旅游地既要让游客在自然山水中得以放松身心，又需要积极规划一系列养生活动和体验课程以供游客们安放和抚慰浮躁的心灵。

2017 年 11 月，南平市旅游发展委员会发布《南平市旅游产业发展规划（2017～2025）》，并在规划中提出了这样一个目标：要创新旅游营销模式，打响"清新福建，清心武夷"品牌，将南平建设为中国乃至国际一流的独具特色的"清新+清心"旅游养生目的地。其中，拥有"世界自然与文化双遗产地"之称和"国家公园"两个"金字招牌"的武夷山凭借其完备的人文、自然资源，围绕"自然清新、人文清心"的主题构建了一套养生旅游产品体系。

在"自然清新"上，一方面，武夷山国家公园内既有三十六峰、七十二洞、九十九岩等一系列自然景观可以让游客们大开眼界，又能依靠稀有的原生生态系统打造丰富的"深生态游"项目，如森林冥想、生物摄影等；另一方面，公园内还有大片茶园和步行漫游道等人为景观，游客们不仅能够体验到漫游养生产品，如岸上九曲、访仙问道等漫游道，还可以走入茶园随茶园主人进行一系列赏茶、采茶、制茶和品茶等茶制作体验活动，深入感受武夷茶文化。在"人文清心"上，下梅古名居、武夷精舍、五夫紫阳楼和瑞岩寺扣冰古佛等诸多人文景点可让游客在古迹寻访中得到启迪；而在朱子故里公园以及朱子理学体验基地，游客既能品尝到"孝母饼"等传统小食以及彭祖药膳等养生饮食，还可以捧读经典感悟朱子理学的奥妙，体味"天心明月"的心境。除此之外，一大批在古居民舍基础上改建的特色民宿就坐落在武夷山下，入住民宿的游客们推开窗便可感受到清新的山风，在宿主处即可报名参加一系列养生活动和文化体验项目。

《南平市旅游产业发展规划（2017～2025）》显示，2017～2018 年，武夷山国际健康小镇项目、武夷山神农谷养生园项目等一系列养生旅游项目计划投入建设，投资额分别达到 30 亿元和 2.2 亿元。武夷山对拓展和升级养生旅游项目的不断探索，不仅积极响应了党的"十九大"报告中提出的健康中国战略，让人们对健康的渴望、对良好生态的向往都可以在这里实现，还增强了自身的市场竞争力，实现了其人文关怀的品牌社会价值和"健康中国人"的品牌愿景。

2. 茶旅融合，打开文化窗口

"茶旅并进、茶旅并推"一直是武夷山加深品牌内涵的战略之一。将旅游项目和中国传统茶文化相融合，武夷山可以为一系列旅游活动项目打开对外文化输出的窗口。

其中，以武夷山为景，以武夷茶为魂，实现了生态文化完美融合的山水实景演出《印象大红袍》就向来自世界各地的游客生动地描绘了武夷"山水茶"文化。《印象大红袍》演出既展现了武夷茶的茶史以及制茶工艺，又讲述了人们日常生活中的故事，该演出旨在展现人与自然的和谐共处，更倡导人与生活的和谐相融。通过这类综合性文化演艺项目，武夷山在吸引游客们欣赏山水奇景的同时既能传播自身的品牌故事，又能为慕名前来的观众带去心灵的启迪，并由此实现口碑和收益的双丰收。据统计，2018 年"十一"黄金周期间，《印象大红袍》共演出 21 场，接待游客 4.18 万人次。

为了积极跟进"一带一路"建设，打造好"万里茶道"起始站的形象，2017~2018 年武夷山投入 100 亿元打造重大旅游项目——茶旅小镇，以及分别投入 10 亿元和 1.1 亿元建设重要文化旅游项目——下梅村茶道文化旅游区开发和武夷山市茶文化历史博物馆。这些经典茶文化旅游线路和项目的建设将为今后开展中外茶文化合作研究、茶论坛展会、国外茶艺人员培训以及茶文化交流访问等多种形式的茶文化输出活动提供可能，也为"茶"这一中国传统文化符号保留了发展的空间。

习总书记曾说："博大精深的中华优秀传统文化是我们在世界文化激荡中站稳脚跟的根基。"以"茶旅融合"的形式为武夷茶文化打造文化输出的窗口，不仅向世人展现武夷山品牌文化的推广价值与潜力，更体现了武夷山传承和传播中国传统文化的责任感与使命感。

　　握有"生态"与"文化"双重丰厚资源的武夷山本就具有极大的发展潜力和发展空间，加上对国家政策方针的深刻解读以及对市场需求的深入分析，武夷山在发展过程中抓住了"让生态资源可持续发展"、"对优秀传统文化习俗深度挖掘"以及"促生态文化融合发展"等关键点，最终得以实现自身品牌在社会人文、文化推广和经济建设等方面的巨大价值，也为国内其他文化旅游品牌带去了发展的新思路。

B.24

天津泥人张：一个跨越家族的
社会艺术流派

唐芳敏

摘　要： 天津泥人张是我国北方彩塑艺术的杰出代表，经六代薪火相传，已有190年的历史。天津泥人张不仅选材丰富，造型独特，形神兼备，而且与时俱进，不断追求高质作品。泥人张富含文化底蕴，不仅在我国汉族民间手工艺史上占有重要地位，而且在国外享有盛誉，其传承覆盖率已从家族逐步扩展到工作室、传习室及各阶段教育之中。

关键词： 天津泥人张　民间艺术　传承

　　天津泥人张，历史悠久，始于清道光年间，创始人为张明山，经190年历史长河洗涤，已经成为深得人们喜爱的民间艺术。2006年5月，被文化部列入第一批国家非物质文化遗产名录，从家族绝活慢慢发展为珍贵的民间艺术。2017年，泥人张世家店面（不含泥人张美术馆、张宇雕塑馆、泥人张世家绘塑老作坊滨海中心三个展馆）的总客流量1022477人，8月客流量最高，达108564人。2018年截至11月，泥人张世家店面总客流量1033775人，呈快速发展态势。

一　用泥造人女娲始，明山泥人锦上花

1. 手工捏塑泥人，六代薪火相传

泥人张是北方流传的一派民间彩塑，它创始于清道光年间。天津泥人张创始人是张明山，生于天津，他受家庭环境的影响，自幼半读半艺，向以捏塑泥玩物为业的父亲张万全学习技艺。张明山心灵手巧，观察力强，想象丰富，他常常在集市上观察各行各业的路人，去戏院里欣赏各类角色，观察人物造型、神情特点及标志动作等，为创作积累了丰富的素材。他勤学苦练，技艺精湛，才华出众，可以在台上一部戏的时间内捏出一个泥人来。他继承传统泥塑艺术，捏出的泥人个个逼真，在以河泥捏塑各式各样的人物的同时，创造性地施以彩绘，十八岁时就已练就一身技艺，广受老百姓喜爱，人们亲切地送给他一个昵称"泥人张"。

张明山一生都致力于艺术创作，给后人留下了宝贵的财富，为泥人张奠定了坚实的基础。张玉亭是泥人张彩塑艺术第二代的主要传人，他在创作上继承了父亲的风格，但在题材上有所创新。除了文学故事、戏剧人物等题材外，更加关注市民生活。他观察精到，手法巧妙，看重作品的细节描写，运用略带夸张的手法描绘人物神态、表现人物形象。张玉亭刻苦勤奋，一生醉心于彩塑艺术的探索，创作了近万件彩塑作品，他领导的创作队伍也在数年创造了近两万件作品，将泥人张的发展推向了一个黄金时期。泥人张第三代传人中较有影响力的是张景福和张景祜。张景福先生不但创作了大量反映现实题材的作品，而且将家族艺术影响继续扩大，曾到南京和北京发展事业，同时也增加了海外展览的数量。张景祜主张"技艺服从神态，神态服从主题"，他的一生历经新中国成立前和新中国成立后两个时代，在新中国成立前，彩塑创作环境是艰难的，但是他仍未停止彩塑创作。新中国成立后，他负责在天津建立泥人张彩塑工作室，先后招收五批学员，为国家培养了许多彩塑艺术专门人才。

张铭、张乃英等两代人不仅让泥人张在传统精髓基础上，吸收了西方艺

术精华，形成了独特的风格，成为中国北方泥塑艺术的代表，而且壮大了泥人张彩塑工作室，将家族绝活扩展到更多热爱彩塑艺术的普通人当中。目前，泥人张第六代主要传人是张宇，他使用家族祖传的传统技法，所作品色彩纯雅、线条流畅，其作品曾被中国美术馆收藏。张宇经营着"泥人张世家绘塑老作坊"，掌管"泥人张美术馆"的日常运营，注重完整保留、继承几代人作品中所蕴含的文化现象，他被中国文联评为国家级非物质文化杰出传承人。

正是艺术家们这种不畏艰苦的品质、泥人张传人们勤学乐苦的精神，以及张家祖上不断创新的能力，让天津泥人在历经 190 年历史长河的考验后，保持着生生不息的发展精神。

2. 不畏烦琐工序，追求高品质作品

技艺精湛的艺术家们，能够捏出一个又一个活灵活现的泥人彩塑，并能持久保持其生命力，离不开其中重要的原料——泥。

泥土多种多样，如何在众多泥土中选择最适合用来做泥塑的泥土，又如何将选择的泥土变成适合捏塑并能永保生命力的原料？对此泥人艺术家们经过了漫长的探索时期。泥人张的祖上，曾经认真地分析了每种泥，鉴定出它们的黏合度和柔韧性，通过捏塑的体验过程，选择出最适合泥塑的泥土类型，成为泥人张的最初原料。当然，选择最适合的泥土类型只是开始，接下来则是天然泥土成为泥塑泥土的复杂程序。

首先，人工去除肉眼能看到的杂质，并摊开晾晒采集回来的泥土，蒸发掉内部原有的水分。晾晒至干透后，细心挑选出泥土中的草根、石块等大块头的杂质，敲碎硬质土块，再用两毫米孔径的筛子筛出泥土碎末，排除掉肉眼难以挑出的较小物质。然后，把清水加入精心挑选的泥土，使泥土融化成泥浆，再用相当于过滤绿豆粉的高密度纱网进行筛选，这种细密的纱网只能筛选出水和泥土中最细腻的泥浆，这样一来，泥土中的杂质会被完全去除。接着，泥和水的混合物将在沉淀二十四小时之后分层，慢慢地耐心地舀出上层的水，剩余的泥土就是泥塑所需的原料。经过这些流程之后的泥土已经是非常纯净的泥土，但是因为泥土干燥后非常容易开裂，无论做出的泥塑有多细致、多独特，开裂后泥土也就面目全非了，这是一个让人非常头疼的问题。

但是艺术家们探索出了解决的办法。张家祖上经过反复摸索和实践，发现在泥土中加入棉絮这种纤维物质后，可以增强泥土的黏合性，有利于泥塑的持久保存。泥土和棉絮是完全不同的两种物质，要让两者融合为一体，不是一件简单的事。将棉絮放入泥土中，要经过人工五至六小时的反复捶打，才能将两者融合在一起。这是一道非常需要体力与耐心的工序，随着技术的发展，泥人张传人也曾试过其他多种节省人力的方法，但最终发现只有人工才是最有效的，所以直至第六代泥人张传人张宇，运用的都是人工捶打的办法。最后，将经过千锤百炼的泥土以砖块形式用油布包好，放在特定温度和湿度的地窖里，存放整整三年，使其泥塑材料的特性充分表现出来。

艺术家们对泥人张有高品质追求，所以他们对泥土这种原材料也有着相当高的要求。泥人张的祖上不畏艰难，不惧烦琐工序，经过长期探索，找到了最好的产出原料泥土的方式，泥人张传人也在继承的基础上进行发展，亲力亲为，从不懈怠，永葆泥人张活力。

二 独具一格，形神兼备

1. 创作题材丰富，强调写实传神

艺术源于生活，却高于生活，是艺术家对于生活感悟的高度提炼及表达。天津泥人张这种艺术能够绵延数百年，成为非物质文化遗产，广受一代又一代人的欢迎，很重要的一个原因是它的创作题材丰富，紧跟时代步伐，反映社会现实。

总体来说，创作题材主要源于以下两个方面：津门百工和传统文化。一方面，泥人张彩塑艺术的题材多取自各行各业的天津人，包括人物的刻画和民众衣食住行及民间故事的描述。最早在张明山的作品中，人物塑像占有不小的比例，张明山善于观察奔波在各行各业的人们，他的作品《三百六十

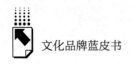

行》因为作品中的众多人物、丰富形象和其巨大场面而闻名，这便是他对天津独特人文景象的选择和再现。当然，这些作品中，除有展现津门百工的人物肖像外，也有记录民族风情及生活趣事的彩塑，更有记录民间生活的艺术品。无论这些人物源自何处，泥人张塑造的人物，都可以让观众一眼读懂，达到艺术家制其形、传其神，阅者一眼读懂却又意无穷的效果。

另一方面，泥人张彩塑题材不仅来自现实生活，也有很多选材是取自传统文化，包括古典文学、神话传说及历史题材。艺术家不仅非常善于观察生活，也有着较高的文化素养，比如，四大名著中《红楼梦》和《三国演义》里的很多人物和片段都成为泥人张的重要选材。中华文化博大精深、源远流长，泥人张一代又一代的传人结合文化解读及个人情感，创造出了一件又一件经典的作品。这些彩塑作品不仅形象地刻画了人物的性格特点，而且将传统文化通过艺术品形式传播到大众中，对民众生活起到了一定程度的积极导向作用。

天津泥人张产生于民间，是勤劳的津门百姓创造出来的具有写实风格的智慧结晶。丰富创作题材之一即津门百工就是写实的重要体现，泥人张创始人就是坐在集市上，观察路上各行各业的人及其工作生活，为创造作品积累丰富的素材。泥人张传人也对津门百工观察入微，深入体察社会生活，与时俱进，随社会发展和时代进步不断补充创作素材，为观者展现了一幅又一幅自然的历史和生活画面，这也是泥人张从古发展至今永葆活力的重要原因。天津泥人张以现实生活中的人为原型，并结合时代特点，巧妙地将人和环境结合起来，以极具特色和趣味的泥塑生活表现百姓生活，这是一种重要的民间文化，不仅具有艺术观赏价值，更具深厚的历史价值和精神价值。

从泥人张的前辈到当代泥人张艺术家，都以写实为作品基调，写实功底非常之强，彰显出作品强大的生命力。

2. 造型独具一格，塑绘形神统一

天津泥人张不仅有丰富选材、注重写实的特点，而且，其所制作出来的作品，造型独特，色彩鲜明。

泥人张彩塑作品一般是中等程度大小，所做人物一般都是径寸之间。一千个读者中有一千个哈姆莱特，艺术家们对生活有着不同的体验，对不同人物及传统文化的理解和感悟也有所不同，相应地，他们所塑造的人物造型和颜色绘制也各有差别。

泥塑作品创作的第一步就是手捏泥人，一双灵巧的手凭着自己对所塑造人物的理解，定好作品的初步形态，确定身体的各个比例。泥塑作品一般凭一双手进行打造，在手无法自如施展的地方运用压子这一辅助工具，增强作品的可塑性。天津泥人张早期的作品造型，既快又准。泥人张创始人张明山相传有"抔土与手在不动声色间造型瞬息可成"的高超技艺，可于袖口捏出一泥塑作品，塑造出真实生动的人物形象。泥人张的传人，在继承张明山塑造人物准确的特点之外，又有所创新。有的作品注重整体效果，有的作品注重刻画人物细节，也有作品注重饰品的补充。尽管各个传人所塑造的作品有所不同，却都看重真实性，并非常擅长提炼人物的主要特点，基于人物突出特点塑造作品。

天津泥人张虽然很小，但一点都不影响创作者表达人物的生动传神。反而，小小的泥人张散发出巨大的能量，不仅可以有对单人或双人等少数人的刻画，也有对众多人物的巨大场面的描绘，并且人物都各具特色，体现出独一无二的性格特征。艺术家们善于发现与所塑造人物密切相关的物件及配饰，其作品善用梳密不同的线条表现衣服的不同质感，神态及肢体语言等具有特征鲜明的造型，仔细观赏之下，五官生动传神，让读者仿佛身临其境，近距离感受到所塑人物的特点。

天津泥人张彩塑刻画出的作品能够栩栩如生，让观者有一种精致且舒适的视觉效果，这与其色彩方面的运用紧密相关。给泥塑上色不是一件简单的事，首先需要大面积的底色，为保上色持久需要反复三四十遍，再给作品绘上其他小面积的颜色，最后添加花纹等。泥人张彩塑植根于中国传统的色彩使用习惯，多运用红、蓝、绿、黑、白等色彩，譬如红色通常体现出一种吉祥和喜庆的感觉，黑色通常塑造一种庄重和严肃的氛围，绿色常象征着健康和希望。泥人张的作品有的色彩较明亮，有的较内敛，有的较厚重，有的则综合运用不同色彩，形成一种对比却不冲突的视感，这些色彩的使用主要取

决于所创作品的人物形象设计及创作者的个人理解与主观喜好，选择不同但都是为了体现人物鲜明特点，以达彩绘传神的目的。泥人张通常综合运用多种颜色，但多色彩的使用并不会给观者一种违和感，因为作品通常是大面积使用一种纯度较低的色彩，而其他部分则是一些辅助主色系的色彩，给作品增添一种协调感。

三　聚传承力量，扬传统文化

1. 源远流长，声名远扬

天津泥人张文化品牌的建立经历了很长一段时间，其中有坎坷的时候，但更多的是泥人张名扬国内、跨出国门的光辉时刻，它发展至今已成为民族艺术瑰宝。

清朝道光年间，泥人张创始人张明山从父亲那学到并继承了捏泥人的手艺活，将泥人张带入一个观者称赞的境界，将泥人张推广到众多百姓之中。泥人张经张明山之后四代人的传承与发展，渐渐走出天津这个城市，成为中国北方泥塑艺术的代表。同时，天津泥人张作品也慢慢往日本、德国及法国等城市销售，声名远扬国外。1915 年，张明山创作的《编织女工》彩塑作品获得巴拿马万国博览会一等奖，张玉亭的作品获得巴拿马万国博览会荣誉奖。1937 年起，天津沉于战乱，泥人张创作者和买家们难以维持正常生计，天津泥人张到了濒临失传的地步。

但是，新中国成立后，党和政府对泥人张的高度重视让泥人张重新"活"并"火"了起来。1963 年国庆前夕，"天津泥人张彩塑工作室师生作品展览"在中国美术馆隆重开幕，这是泥人张的第一次展览。此次展览奠定了泥人张的艺术地位，为泥人张的发展提供了精神支柱，让天津泥人张重新焕发出勃勃生机。2006 年，泥人张被定为首批国家非物质文化遗产保护项目，成为中国的代表性民族艺术。2013 年 9 月 21 日至 9 月 28 日，天津泥人张优秀彩塑作品进京展在中国美术馆展出，展出了 70 件（套）泥人张自泥人张彩塑工作室建室 50 余年以来收藏在中国美术馆、天津博物馆及天津泥人张彩塑工作室等的精品力作，勾勒出泥人张随时代发展的脉络。

2017 年 9 月，天津泥人张参加中国戏剧文化周非遗展。2017 年 9 月，中国美术馆"首届全国雕塑艺术大展"收录十余件泥人张世家作品。2018 年 11 月 17 日，张宇雕塑馆获 2018 年度《中国国家旅游》评选为"最佳文化旅游创新机构"。2017～2018 年度，先后有日本大阪教育大学、朝鲜田径队及台湾新党主席郁慕明参访泥人张美术馆，为泥人张面向两岸同胞与国外友人传播注入了新鲜的活力。

天津泥人张发展至今，成为广受国内外喜爱的一种民间艺术，于潜移默化中添加了民族内涵、增强了文化自信。

泥人张生于中华文明的土壤中，是民间手工艺者智慧的结晶。泥人张彩塑作为我国非物质文化遗产，见证了我国百多年来的各个阶段的发展，是我国宝贵的文化财富。泥人张作品的众多素材取材于津门百工，刻画了不同行业的民众，记录了人们的民间生活。分析研究泥人张自创始以来的作品，可以帮助我们了解天津各个时期人们的生活百态、思想观念及习俗特色，深入考究每个时期人们的审美取向和社会生产力发展情况，为文化历史的考究提供了很多的实证素材。

同时，也有很多彩塑作品是基于中国传统文化而创造的，创造了各戏曲文化和古典文学中的各个人物和经典片段。中国的戏剧文化不仅盛行于宫廷，在民间也喜闻乐见。泥人张作品展现了不少戏剧文化的精髓，吸引了民众对戏剧的关注，传播了戏剧精神。类似四大名著这样的古典文学也是泥人张的重要素材，有着一定文学素养的泥人张艺术家通过创作这些彩塑作品，将文学推广到普通民众中，激发了观者浓厚的好奇心，引起了一代又一代人对文学的关注。

2. 始于家族，传于世人

泥人张祖上曾说，"艺术没有秘密"。张家祖上不仅这样说，也用行动证明着他们的话语，将家族绝活的一招一式毫无保留地教授给了一批又一批学生，培养了大量家族之外的创作人才。

"冰冻三尺，非一日之寒"，天津泥人张的传承与发展是一个漫长的过

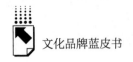

程。1950 年，周恩来对张景祜说，"泥人张是民族艺术瑰宝，你只有一个徒弟不行，要有 10 个人。你找不到我帮你找"，之后总理办公室便打电话到了中央工艺美院，督促成立彩塑班。彩塑班的第一届学生来自全国各地，共十几人，毕业后就能拿到本科学位，这便是家族职业向世人开放的开端。1958 年，在国家的支持下，成立了天津泥人张彩塑工作室，专门从事彩塑艺术创作，同时，面向广大百姓，招收泥人张学徒，培养泥人张人才。泥人张第三代和第四代传人都在工作室向学生传授技艺，为泥人张传承奠定了坚定的基础。学习泥人张彩塑创作并不是一朝一夕能够速成的，需要老师专业又耐心的教导，要求学生发扬勤奋刻苦、坚持不懈的学习精神，直至 1962 年，泥人张彩塑工作室有十名徒弟出师，他们创作了一批有影响力的彩塑作品。1963 年，在中国美术馆陈列的作品中，不仅包含张家人自古传下来的优秀作品，而且也有很多彩塑工作室已经出师的学徒们的具有艺术价值及文化价值的优秀作品，这暗示着民间艺术传承模式的改变，标志着泥人张已经跨越家庭，成为社会艺术流派。

随着科学技术的发展与社会经济的进步，人们的物质生活水平不断提高，对精神生活的要求也愈来愈高，人们把收藏、赠与及陈列摆设天津泥人张彩塑艺品作为一个选择，促进了泥人张彩塑工作室、泥人张世家及泥人张教育的发展。

天津泥人张彩塑工作室创始于 1958 年，直属于天津市文化局的专业创作机构，现有职工 43 人，是传承泥人张彩塑艺术的创作中心。泥人张彩塑工作室主要从事泥人张彩塑艺术的挖掘、整理和创作，致力于泥人张彩塑艺术的传承工作，来满足人们日益增长的精神生活需要，让泥人张民间艺术绽放得更加绚烂。泥人张世家是中国古典雕塑的创作家族，历经近两百年的传承，传至第六代泥人张——张宇先生。张宇先生作为现任坊主，在继承家族传统技艺的同时，维护泥人张世家绘塑老作坊的运营，并设立非营利机构——泥人张美术馆、张宇雕塑馆、泥人张世家绘塑老作坊滨海中心三个展馆，开展雕塑文化的推广与研究。

天津泥人张的教育随时代的进步不断受到重视。泥人张世家成立教育机构——"泥人张世家绘塑老作坊传习部"，着力于普及泥塑公教事业，与各大中小学合作教学。张宇传习室现已与香山道小学、红桥实验小学、海河中学等学校合作，实施"万人小传人"项目。天津泥人张也逐渐渗透到高校教育之中，2018 年，张宇先生分别为南开大学、天津大学、天津师范大学、中国民航大学开展多次讲座及通识课、选修课。同时，张宇先生于 2018 年 4 月和 6 月先后受聘为天津师范大学文学院和中国民航大学艺教中心客座教授。这些教育举措为泥人张的传承注入了新鲜的血液。

发展至今，泥人张的传承人中有两支力量，一支为张姓本家，另一支为异姓。这两种力量汇聚在一起，共同为泥人张的发展增添生气，为民间艺术的传承与推广贡献价值。

B.25

上海创图：文化重塑，
构建智慧互联新生态

江思颖　陆思宇

摘　要：　创图科技秉持用户第一的核心理念，凭借强大的技术优势、专业专注的服务态度、开拓创新的拼搏精神，形成了以"文化云"平台为核心业务，以数字文化馆和智慧博物馆为辅助业务的服务体系，成为数字公共文化领域的"样范"企业。创图科技以科技赋能公共文化资源，创新文化服务模式，完善品牌运营管理，扩展文化发展领域，以互联网大数据为支撑，瞄准公众需求，致力于打造文化引领、智慧联通的品质生活。

关键词：　创图科技　核心科技　文化云平台

上海创图网络科技有限公司是中国"互联网＋"文化细分领域领先品牌，运用先进的科技手段打造了以"文化云"为核心的服务体系，整合数百万文化场馆企业、社团资源，为数亿消费者提供优质文化生活服务。上海创图公司从三人合伙的大学生创业团队发展到网上世博会的核心技术提供商；从最初的"文化嘉定云"发展到服务范围涵盖13个省、自治区、市，30多个城市的"文化云"服务体系；由幕后的技术团队发展到横跨文化场馆、文化装备、文化交易、文化消费、文创IP、文化旅游、文化地产、文化金融等众多领域的互联网＋文化平台。历经十四年的风霜磨砺，上海创图公司在强大的技术支撑、优质的品牌理念、正确的企业战略引领下，成为行业领军，致力于打造公共文化服务新引擎，构建智慧互联的文化服务新生态。

一 技术为王，文化引领

技术是创图公司创造辉煌的核心竞争力，文化则是创图公司赖以生存的土壤。据统计，在数字文化服务领域，每年用户超过 8 亿人次，文化消费约 1.2 万亿元。文化消费市场具有巨大生产力与创造力，创图公司另辟蹊径，瞄准公共文化领域，深耕技术创新，开创公共文化新局面。

1. 核心科技支撑，领航行业风向

数字公共文化服务领域发展迅速，创图公司发挥技术优势，由项目承接商转型为互联网＋公共文化平台，整合海量公共文化资源，为公众提供一站式数字公共文化服务，满足公众"我要知道""我要参与""我要评论""我要互动"的需求，形成平台定制—产品授权—运营服务的完整管理体系，力图打破数字公共文化服务领域"有建设无运营"的困境。创图基于文化云平台所提供的业务功能，利用精准定位技术、可交互富媒体技术、虚拟现实技术等，通过各种智能终端为公众提供满足不同个性需求的标准化产品和服务，实现公众享受公共文化体验在场与在线的互联互通。

创图公司致力于建设数字公共文化服务标准体系，以专业的技术能力、专注的服务态度，成功打造"文化上海云"标杆案例。"文化上海云"每月向用户提供超过 10000 场免费活动，半年内吸引上海本地 110 万亲子家庭注册用户，每年服务人次高达 1500 万。"文化嘉定云"作为"文化上海云"的前期实验项目，上线 3 年，日均访问量已达到 34 万人次。"文化云"是文化资源的"蓄水池"，自主研发技术则是保证"文化云"原动力的"蓄电池"，创图公司以核心技术为支撑，联通互联网和公共文化，激活文化资源，用"文化云"为公共文化领域永久蓄能，为公众打通公共文化服务的

"最后一公里"。2017～2018 年，"文化常德云""河南百姓文化云""文化云南云"陆续上线，截至目前创图公司的"文化云"项目已扩展至 13 个省份。

技术和经验是创图公司引领行业发展的制胜法宝。自 2010 年创图公司依靠自主知识产权虚拟现实核心技术创造"永不落幕"的网上世博会至今，已拥有专利 52 项、核心专利 30 多项、软件著作权 36 项，以强大的自主创新能力占据互联网＋公共文化领域的龙头地位，成为该领域亮相 2018 年第五届世界互联网大会的"独角兽"。技术成就了创图的专业，专注成就了创图的成功，创图用"文化上海云"打开了公共文化服务的新局面，也将用实际行动致力于推动企业标准成为行业标准。

表1　上海创图网络科技公司部分"文化云"项目一览

序号	项目名称	上线（试行）时间	运营情况	平台覆盖人口
1	文化上海云	2016 年 3 月	月均推送 1 万条文化活动消息,访问量达 1500 万人次	2418.33 万人
2	文化常德云	2017 年 2 月	上线当日注册用户逾 1500 人,访问量超 30000 次	584.5 万人
3	广东省数字文化馆	2017 年 5 月	整合广东省省级及 21 个地市的文化馆(站)的文化资源,对接省内各级图书馆、博物馆、美术馆	11169 万人
4	文化镇江云	2017 年 11 月	上线一年来,发布各类文化活动及资讯 1759 条目(场次),影视资料 269 条,文化活动预约 57 个,入驻文化团队 166 个	318.63 万人
5	百姓文化云	2017 年 11 月	整合河南省 2200 余家公共文化场馆的文化资源和 1000 多个文化社团的演出活动	9559.13 万人
6	文化云南云	2018 年 5 月	第一期整合了云南省级和昆明市级 77 家文化场馆,初上线即发布文化活动信息 2000 多条	4800.5 万人
7	多彩贵州文化云	2018 年 5 月	截至 7 月,集合 13 个单位、15 个程序;聚合 1514 个微信、微博账号,消息 732330 条;文稿 2137471 条,图片 6490149 张,视频 32T	3580 万人

续表

序号	项目名称	上线（试行）时间	运营情况	平台覆盖人口
8	重庆群众文化云	2018年7月	截至11月，总访问量达到2816.5万次，2018年访问量达到1494.1万	3075.16万人
9	防城港市数字文化馆	2018年8月	广西自治区内第一家数字文化馆，投资约500万元	94.02万人
10	安徽文化云	2018年12月	2018年12月正式上线，包括文艺演出2900场，培训讲座1760场，展览展示1450次，作品870项	6254.8万人

2. 创新服务模式，共享文化盛宴

文化是一个民族生生不息的动力源泉，它需要良好的传承与建设。文化馆作为建设公共文化的关键节点，不仅是一个集中文化资源、展示文化魅力的场所，更是传播文化价值、实现文化普及的平台。创图公司利用移动互联网之便捷，凭借科技优势，打破时空限制，创新打造"信息与资源汇聚、管理与服务融合、在场与在线联动、线上与线下互通"的O2O新模式，让一切文化生产力竞相迸发，让人民群众共享文化盛宴。创图公司植根于当地特色文化，建设具有城市独特性的文化品牌、文化活动、群众创作、非遗传承等数字资源库，通过微信、App、移动PC端及其他终端，为群众提供随时随地的线上文化服务，同时引入数字化装备和系统，对原有文化场馆进行空间改造，将文化与科技完美融合，满足群众的浸入式文化体验需求。创图公司的数字文化馆建设立足于文化服务的宗旨，致力将文化真正有效地融入广大群众的生活。创图公司利用虚拟仿真技术，开展公益培训活动，通过呈现多维度信息的虚拟学习和培训环境，让参与者用更加直观、有效的方式理解消化学习内容，并且达到教师线上实时指导学生操作的目的，实现线上线下的互联互通，让公众真实触摸并学习文化，在寓教于乐的方式中获得知识。

良好的管理体系也是提供优质服务的重要保障。创图公司已成功运营广东省数字文化馆、湖南省数字文化馆、吉林省数字群艺馆、东莞市数字文化馆、邵阳市数字文化馆等，并形成符合城市特色的运营管理机制。东莞市数字文化馆建立了"文化莞家"的线上平台，采用"统一管理，分级权限"的建设方式，用户只需要从平台进入就可以访问全文化馆的文化资源，对应自己的文化需要，选择文化服务，各街镇文广中心同时享有东莞文化馆数字化服务平台分馆的管理权限，实现总分馆资源互联共享、服务上下联通。此外，东莞市数字文化馆还形成了以效能为导向的评价激励体制以及良好的用户体验及用户激励体系，形成长效完善的运用管理模式。该平台自 2017 年6 月 1 日正式启用以来，访问量（PV）达 443.7 万次，独立访客数（UV）达 48 万人次，注册用户约 4 万人。福田区数字文化馆线上网站访问量达13.5 万，活动浏览量达 3.5 万，公益培训浏览量达 6.8 万。数字文化馆改变了传统文化馆单一、封闭、滞后的展示模式，以其先进性、高效性、开放性、便利性成为创新公共文化服务的突破口，创图公司以"文化云"线上服务平台为支撑，利用数字化装备和系统打造体验式文化服务，创新模式，成为行业佼佼者，最终实现公共文化全民参与、全民受益的局面。

3. 建构互联互动空间，鲜活城市记忆

盛世兴文，藏文于馆。博物馆承载着一个城市悠久弥新的文化，见证着一个城市兴衰成败的历史，是城市内在品格的彰显。创图科技打造的智慧博物馆，是以数字博物馆为基础，以博物馆的"运营智慧化""管理智慧化""服务智慧化"扩展出以"互联网＋"为框架，具备"分析"能力的博物馆。创图科技智慧博物馆系列产品基于文化云服务平台的专利技术以及自主研发的 SUN3D 虚拟现实引擎技术，为博物馆提供收藏保管、宣传教育、陈列展览、多媒体互动展示等各项业务，将互联网与现实场馆相结合，让公众能够全方位地了解展品信息、全过程地参与文物互动、全身心地体验城市文化，体现出新一代博物馆鲜明的互动性、互联性、体验性。

创图科技借助虚拟现实、全息虚拟成像、360VR 虚拟现实、互动投影系统等高新科技，用丰富的展陈形式，将静态文物"活化"，让参观者可以充分地与藏品互动，了解每一件藏品背后的历史、故事。创图使用交互技术和互联网技术，令参观者与展览对象角色互换，展览对象化身为游戏或故事中的主人公，以各种形态和方式与参观者互动，赋予展品以生命和记忆；参观者则可以真实地走进展览对象，通过触摸互动、体感互动以及声音、灯光互动、追踪感应等多项多媒体程序，体验展览对象的成长历程，了解每一处细节制作的缘由，同时通过话题评论、上传自己作品等方式，参观者也能参与城市记忆的建设，保留独特的人生印迹。沉浸式的场景体验则增加了博物馆的趣味性，激发了参观者的好奇心，延长参观者的体验时间，提高展览现场的人气。创图用科技打通了博物馆线上线下的参观游览，使用多媒体终端机、智能导览互动系统等，为观众提供线上预约、线下取票、展品查询、语音讲解等服务，未能亲临展馆的公众也能通过 24 小时线上展厅，体验博物馆的智慧与魅力。

二　平台＋服务，双管齐下

创图科技始终秉承用户第一的核心理念，以大数据分析为基础，以用户需求为导向，建构以"文化云"为核心的"互联网＋文化"平台，为用户提供优质的文化服务。想用户之所想，急用户之所急，是创图科技矢志不渝坚持的责任和使命。在这样理念的指导下，创图科技响应用户需求，提供定制化服务；集聚核心力量，构建智慧化生活。

1. 大数据奠基，实现精准服务

创图科技利用互联网为公众提供公共文化服务的"菜单"，建立公共文化大数据分析系统，通过省级平台数据模型、区县平台数据模型、场馆平台数据模型，全程记录用户的数据使用踪迹，分析用户的消费行为偏好，基于分析结果精准定位，为用户推送个性化定制服务，提供"点单式"公共文化服务，提高政府公共文化服务的效能。

创图科技文化云大数据分析系统的建立，有效解决了公共文化供需匹配的问题。相关部门依据"文化云"平台上报的关于文化活动发布数量、活

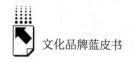

动上座率、场馆使用率、市民评论等实时数据，及时调整决策及活动内容，提高公众满意度，实现精准文化配送。在市场竞争激烈的今天，单一的技术手段不足以支撑企业立于不败之地，掌握用户的消费需求与消费偏好才是服务行业的制胜法宝，真实有效的大数据则是描述消费者行为偏好的最有力证明。据2017年数据统计，不同街道、社区的群众对于公共文化偏好都有所差异，创图科技基于大数据客观分析，有选择性地为公众推荐优质文化服务，符合大众个性化"口味"，改变"众口难调"的尴尬局面，提升公共文化服务的整体效能。伴随创图科技"文化云"服务水准的提升，"文化上海云"的服务规模也在持续扩大，享受服务人次从2015年的118万，增长至2017年的2617万，成绩喜人。截至2018年，"文化嘉定云"已上线四年，嘉定区文化活动的上座率从50%提高至90%。公众在"上海文化云"平台上对所喜爱文化产品的点赞数成为衡量2018年上海公共文化产品采购与否的重要标准。在创图科技的有力推动和规范引领下，公共文化配送服务正在实现从"有什么看什么"到"喜欢什么点什么"的实质性跨越，公共文化领域的新局面逐渐打开。

2. 超平台助力，联通智慧生活

互联网＋文化平台是创图科技对于核心项目文化云的定位，同时也是创图科技的整体定位。创图公司在运营"文化嘉定云"时，就在一步步筹谋平台化商业模式的运作。媒介平台具有聚集资源、响应需求、创造价值的三大功能。创图科技文化云以数字文化服务作为切入点，依托核心技术、平台运维服务优势，整合海量优质文化资源和用户，抓住数字文化服务社会化、专业化管理运营的重大机遇，构建国家现代数字文化服务体系，在上海、河南等12个省份的经验基础上，拓展全国市场，形成文化服务大数据，打造链接互联网文化活动各个参与者的桥梁和纽带，建立包含基础硬件系统建设、软件平台建设及数字公共文化资源建设三大内容的综合平台系统，为用户提供品质文化生活服务。

创图科技的互联网＋文化平台模式目前覆盖了活动策划、微信运营、内容运营、平台运营、文化大数据、地面服务、培训等系列内容，涉及信息资

248

讯、文化消费、文化服务、文化交易等多个领域，触及了公众文化生活的方方面面。公众仅凭一部手机就可以便捷地知晓文化资讯、参加文化活动、订购文化课程，在线交流，"以文会友"，用"云端"联通智慧生活。2018年，"文化上海云"平台相继与长宁文化艺术中心、东方艺术中心、艺海剧院、儿童剧场等公共文化场馆开展公益票在线支付合作，实践文化事业与文化产业的融合。创图科技以"文化云"为基础，构建"文化淘宝"模式，将流量变现，延伸产业链条。

三　优势整合，产业联动

互联网技术发展日新月异，市场环境更新迭代之迅猛，令人咂舌。因此，资源共享、优势整合成为中小文化企业持续发展的必然选择。创图科技聚焦公共文化领域，精心实施战略布局，从资源获取、传播渠道、产业链建构等方向，积极寻求政府扶持和机构合作，在最大限度地发挥自身优势的同时，吸纳其他企业的经验和长处，构建完整的文化服务领域互联网生态链，建立全国公共文化大数据，助推数字公共文化标准化发展。

1. 架构传媒矩阵，为公共文化造势

数字化生活空间里，迅速高效地吸引流量是创图科技推广的关键。创图科技与成熟媒体平台合作，依托核心技术，有效借助媒体的影响力，为公共文化造势。2017年8月，中原出版传媒集团与创图科技达成战略合作意向，共同推进河南"百姓文化云"的建设。2018年4月，"百姓文化云"正式上线，目前已经实现省级平台和123个市县分平台上线运营。东莞市数字文化馆建成后，由东莞报业传媒集团、东莞阳光网、东莞广播电视台、《中国文化报》等报业媒体联合为"文化莞家"数字文化平台宣传。自2017年"文莞家"微信公众号上线以来，其推广成效明显，截至2018年6月，共有粉丝5.8万人，一年来粉丝增长64.3%，阅读人数超过107.9万人次，阅读次数超过177万次。2018年5月26日，"多彩贵州宣传文化云"在贵阳正式上线运行，这是中国省级层面第一朵覆盖整个宣传文化系统的云平台。

"多彩贵州宣传云"以"多彩贵州文化云"为总平台进行建设，是创图科技联合多彩贵州网所开辟的自主可控、传播力强的新型传播平台。单打独斗势必会被淘汰，有效联合才是互联网生态下的正确出路。创图科技深谋远虑，借媒体传播的巨大影响力，为文化云平台、数字文化馆及智慧博物馆的开发和推广打开了一条新通道。

2. 提升资源效用，为公共文化赋能

2017年3月1日开始实施的《公共文化服务保障法》中明确指出"国家鼓励和支持发挥科技在公共文化服务中的作用，并推动运用现代信息技术和传播技术来提高公众的科学素养和公共文化服务水平"。创图科技以公共文化作为突破口，凭借自身优势和长期经验，积极寻求政府部门的扶持，打破资源区域壁垒，提高资源效用，为公共文化赋能，实现文化资源共享。

"文化云"平台用互联网云端联通资源信息，将场馆资源透明化，使用人员可以清楚了解馆内环境及设施，知晓使用情况、开放时间等信息，根据自身需要在线预订场地，简化租借程序，避免文化承办单位消耗不必要的人力物力，能够集中精力办好文化活动，提高公共文化服务效能。创图科技扩展了文化服务空间，扩大了公共文化影响力，获得了政府部门的有力支持。创图公司于2017年12月初，同文化部全国公共文化发展中心及上海市影视文化广播管理局签署了合作备忘录，获得了文化部相关主管部门的认可；与云南省文化厅签署了战略发展合作协议。2017年下半年，创图相继在重庆、西安、海南等地设立子公司，使公司在具体区域进行强有力的渗透及发展，其品牌影响力和行业认知度均得到有效提升。创图科技借助得天独厚的技术优势，以"文化嘉定云""文化上海云"等优质项目打开了公共文化服务的市场，逐渐消融了公共文化职能部门与人民群众之间的隔阂，提高了资源利用效率，提升了文化活动的质量。

3. 深挖创意内涵，为公共文化增值

创图科技占据优质文化资源，掌握核心技术，具备实现优秀传统文化创新性转化和创造性发展的资质。创图科技以"互联网＋"为契机，具有"文化云"品牌推广经验，积极开展与各大领域领头企业的合作，拓宽公共文化发展领域，形成以"文化云"为核心，覆盖文化旅游、文化地产、文创 IP、文化金融等多领域的文化生态圈。2017 年 4 月，鲁商置业与创图科技就双方合作模式、合作方向进行了深入洽谈，有意打造文化科技＋地产的新型商业模式，促进文化领域多元化发展。2018 年 3 月，创图与腾讯集团旗下公司腾讯云签约，双方将在科技文化融合方面，展开深入合作与交流，提升文化资源配置能级，深植中华民族优秀传统文化的土壤，深挖文化创意内涵，打造中国特色文化 IP，推动文化服务领域产业链条的建构，缔造服务便捷、产业发达、文化繁荣、价值广泛的"数字文化中国"。产业联合互通是"互联网＋"的发展趋势，创图科技放眼未来，站在移动互联网的风口浪尖，响应国家重大发展战略，致力于开拓文化内涵深化整合、外延融合带动的发展新路。

上海创图网络科技股份有限公司深耕公共文化领域六年，依靠对宏观政策的全面解读、行业发展的深刻理解，对用户需求、产品服务的精品打磨，在数字公共文化领域成绩斐然。未来，创图科技将持续加大产品研发力度，加强人工智能领域的发展，研发自身智能装备，转向以互联网平台运营为依托，以大数据统计分析为支撑的产业链体系，成就"创图标准""创图质量"的数字公共文化领域引航品牌。

B.26

《灵魂摆渡·黄泉》大电影：
东方奇幻爱情故事

雷治域　孙佳宝

摘　要： 《灵魂摆渡·黄泉》是热播网络系列剧《灵魂摆渡》的番外篇，由网剧原班人马倾心打造，于2018年2月1日在视频网站爱奇艺独播上线。该电影上映后播放量持续飙升，数次打破网络大电影纪录，讨论量和话题度持续上升，不仅为网络大电影打开新的局面，更以其引人入胜的剧情和精心优良的制作延续《灵魂摆渡》IP的品牌价值。

关键词： 网络大电影　IP 效应　行业标杆

一　收视口碑双丰收：树立行业标杆

网络系列剧《灵魂摆渡》于2014年开播第一季，热播度、口碑度、讨论量和关注度持续上升，是2014年网剧元年的最大赢家，被称为"神级网络剧"。豆瓣评分稳定在8分以上，微博讨论量高达近百万，此后第二季和第三季也取得了播放量和口碑双赢的优异成绩，总播放量高达50亿，豆瓣评分平均在7.5分以上，是近几年网络剧的代表作，拥有优良的口碑和稳定的受众群体，形成了口碑和质量双重保证的优质IP品牌，拥有了自己的粉丝群体，打破网络剧和上星电视剧之间的壁垒。

1. 电影万众期待，引爆热点

《灵魂摆渡·黄泉》由《灵魂摆渡》原班人马精心打造，历经一年的准备和拍摄，在前作的厚实基础上，未上映前就引起了极大的关注。2018年1月26日，该片公布"彼岸花"版预告片和人物海报，并宣布于2月1日上映；29日，片方发布了"情为何物"影片特辑及人物海报；30日，片方公布了终极预告与终极海报。海报中意境诗情画意，预告中剧情引人入胜，这部网络大电影的制作精良从中可见一斑。在前作的优良基础和出品方的巧妙营销下，该电影的讨论度和关注度持续飙升，数条相关微博转发评论破万条，成为上映前预约人数最快破30万的网络大电影，在影片正式上映前4小时，预约总人数已超过50万，创下有史以来网络大电影预约人数的最高纪录。

《灵魂摆渡·黄泉》首播上线5小时，播放量轻松破500万，上线8小时，播放量突破733万，创造了网络大电影上线首个5小时和首个8小时播放量最高纪录，上线6天后，累计播放量超过过去180天里所有的网络大电影，上线7天后累计播放量已突破6.4千万，不到30天播放量便突破1亿。截至本文交稿时，总播放量已突破2.2亿，位居2018年网络大电影播放量排行榜榜首。电影中主角间唯美动人的爱情故事和跌宕起伏的剧情发展也引发网友的热情讨论，经典深刻的台词和特色有趣的服化道具为人津津乐道，优良的特效制作和精心布置的场景和设计的动作也广受好评，上线一月后，该网络大电影微博话题阅读量超过1.8亿，讨论量41万，电影主演等相关人等纷纷登上微博热搜榜。至今，《灵魂摆渡·黄泉》仍然在爱奇艺网站中据2018年热播榜前十名中的一席之位，站内评论851万，站内社区讨论量3.8万以上，讨论量和话题度也同样登上2018年网络大电影排行榜榜首，更令人震惊的是，该网络大电影的百度指数峰值达到10万，甚至超过了同一时期正在火热宣传的院线电影，较同期的院线电影拥有更高的关注度，盘踞百度电影风云榜长达数十周，这是网络大电影市场前所未有的。豆瓣打分人数更是高达56977人次，均分稳定在7.1分，多次进入豆瓣热搜和豆瓣热门。值得一提的是，以往网络大电影的点评人数都仅在1千左右。

2. 打破行业天花板；创票房纪录

在票房方面，该网络大电影56小时便创造了千万票房分账的纪录，而2017年破千万的10部电影则平均用时33天才完成千万票房；上线27天后，票房分账一度突破3000万元大关，成为目前市场上破三千万用时最短的网络大电影；最终分账总票房收入4548万元，创造网络大电影分账票房新纪录。以人次计，《灵魂摆渡·黄泉》有效观影人次1500万左右，同量级观影人次规模，院线单片票房需要达到约5亿元。凭借优异的票房成绩，《灵魂摆渡·黄泉》成为目前网大有效观影人次纪录的保持者，更是被誉为"打破行业天花板""票房新纪录献礼行业"的年度网络大电影。

可以说，《灵魂摆渡·黄泉》一改往日网络大电影边缘化的局面，获得了前所未有的关注度和讨论度，为网络大电影在中国电影市场打开了新的局面，书写了网络大电影的全新篇章，为接下来网络大电影的制作和宣传树立了榜样，打造下良好的基础。这部网络大电影的成功不仅是自身IP价值的完美延续，更是纯网络电影发行在商业市场发展空间的重大突破，激发了网络电影的无线潜力和创作可能。

3. 口碑认证　持续飘红

在收获票房和热度的同时，《灵魂摆渡·黄泉》也收获了优良的口碑。2018年6月中旬的上海国际电影电视节互联网影视峰会，是一场互联网＋影视概念的盛会，此次峰会聚焦众多优秀的网络影视内容，汇聚当红行业的领先企业。在此次峰会上，《灵魂摆渡·黄泉》独揽四项大奖，分别是年度精品网络电影、年度新锐编剧、年度新锐男演员、年度新锐女演员四个奖项，得到行业同人的一致好评和赞赏，被奉为当之无愧的"行业新标杆"。同年9月29日，第三届金海鸥国际新媒体影视周在北京举行闭幕式暨年度表彰盛典，此片再次斩获四大热门奖项："评委会单元年度品质影片"、"最佳编剧"、"年度实力人物"和最具有分量的"最佳影片"，是金海鸥奖名副其实的最大赢家，编剧小吉祥天再次凭借其将人生哲理融入诙谐幽默风格中的深厚功力，将编剧奖收入囊中。小吉祥天三度登上金海鸥奖的表彰舞台，多次感谢平台、工作人员和观众，并表示将再接再厉创作更多精良剧本。

在 2019 年爱奇艺尖叫之夜上，《灵魂摆渡·黄泉》更是在众多网络大电影中脱颖而出，一举拿下"年度网络大电影"奖，播放指数突破 17 万，是网络大电影至今为止的最高峰。《灵魂摆渡》IP 的成功打造，不仅得益于剧组的精心准备，也得益于爱奇艺视频网站提供的大流量平台，是视频网站和影视剧双赢的优秀例证，《灵魂摆渡·黄泉》再次验证了 IP 和视频网站合作共赢的优越性。《灵魂摆渡·黄泉》在保持 IP 的热度和流量的同时，更难得的是保证了原网剧的优良口碑，强势延续 IP 价值，为网络大电影的整体口碑打下至关重要的攻坚战。可以说，这部网络大电影，上承优质网络剧的 IP 效应，下启网络大电影的繁华篇章，是电影市场上不可忽略的里程碑。

二 IP 创新，品质过硬

《灵魂摆渡·黄泉》是《灵魂摆渡》这个 IP 的衍生产品，原 IP 所形成的品牌影响力是其成功的重要因素，但电影质量过硬是它在网络电影中独占鳌头的一个关键因素。纵观中国的互联网大电影市场，数量多，质量低下，多是快餐式的内容，这导致网络电影被贴上低俗的标签。但是《灵魂摆渡·黄泉》却反其道而行，凭借着精美的画风、精良的制作成为网络电影的标杆。纵观其成功的原因，是它的内容吸引人，一部电影就是讲述一个故事，故事讲述得越精彩，必然也越能打动观众。过硬内容品质使得该电影一上映便打破网络电影的各项指标。

1. 内容引发共鸣：以情为眼，以爱为心

《灵魂摆渡·黄泉》电影延续了《灵魂摆渡》系列"世界万物，唯情不死"中心思想，将一段爱情故事徐徐道来。以爱情为中心思想的电影层出不穷，把一个以爱情为核心的电影拍出新意、不落俗套，引发观众的共鸣也绝非易事，而这部电影首先在角色的设定上就极具新意，该篇在与中国传统经典故事相结合的基础上，从新的角度来塑造孟婆"三七"这一形象。在之前的影视作品中孟婆都被塑造成一位白发苍苍的老妪形象。但在这部电影中孟婆却成了一位因丢失一魄而有些痴愚的单纯少女，男主则是她丢失的一魄，这种设定如西方神话中亚当和夏娃的故事，夏娃是亚当的一根肋骨，在这部电影中的男主则是女主的一魄。男女主的爱情像元代赵孟頫夫人写的《我侬词》："捏一个你，塑一个我，我泥中有你，你泥中有我。"这种独特的角色设定，使得在被各种爱情影视剧包围中已经产生审美疲劳的的观众眼前一亮，成功地吸引了观众的注意力。

而在故事的叙述上，该电影将喜剧和悲剧完美地结合在一起，从一开始的一众配角的笑点满满，到最后的悲剧收场，赚足观众的眼泪，情节的环环相扣，题材的古风古味，都让观众快速地融入情景之中，一句"只要他好，我好或不好，我都高兴"将少女的纯粹爱恋展现得淋漓尽致。这种纯粹而美好的爱情最符合观众想象中的爱情。豆瓣评分高达7.1分的这部电影有634条影评，这些影评大多是对于主角爱情的评价和讨论。从这点可以看出，这部电影中的爱情引起了观众的共鸣。电影以魔幻的时空为背景，以爱情为主题，精致的服装，逼真的场景，给观众讲述了一个纯爱而悲伤的故事。

最后是电影的台词，一个爱情故事要赢得观众的掌声，精彩的内容是极其重要的，而合适的台词则是点睛之笔，初看《灵魂摆渡·黄泉》，那些看多了言情小说的观众一下字便能猜出故事的内容，男主欺骗了女主，女主对男主却一味地付出，等到女主不在了，男主才幡然悔悟，意识到喜欢的是女主便开始矢志不渝起来。情节虽然老套，但是配上了恰到好处的台词，整个电影给人的感觉便鲜活了起来，当剧中女配阿香诉说自己的爱情时说"天上的云是他，吹过的风是他，江水浪来浪去，朵朵浪花都是他"，虽然带有煽情的动机，但这些台词也恰到好处地把她的爱情观传达给了观众，使观众感同身受。剧中"情之所钟者，不惧生、不惧死、不惧分离，世界万物，为情不死，极为长生"，一句话诉说出多少痴男怨女的心声。整个电影在古风曲调的萦绕下，配上中国特色的背景与词文，形成了一种独具一格的风调，让观众的心灵与电影产生共鸣。

2. IP 创新：以灵魂摆渡为壳，以爱为核心

《灵魂摆渡·黄泉》是网剧《灵魂摆渡》的番外衍生故事，《灵魂摆渡》是打着灵幻悬疑的旗号，讲述一个个关于人性的故事。是在恐怖悬疑的外包装下传递普世的价值观。《灵魂摆渡·黄泉》在内容上实现了由恐怖到爱情的转变。爱是一个经久不衰的话题。这部电影是以女性为导向的电影，而爱几乎是每个女性所关注的内容。在准确定位以后，一个简单而凄美的爱情故事便诞生了，在漫漫黄沙的黄泉里，孟婆与长生相遇了，谱写出了一个甜蜜中带着苦涩的爱情故事。凭着这准确的定位、精美的画风以及高质量的制作，这部电影一路飘红，在改变了以往粉丝对《灵魂摆渡》灵异恐怖印象的同时，也增加了新的粉丝。而粉丝群体的增加对之后的新电影起到推动的作用。

三 渠道优势，平台保障

《灵魂摆渡·黄泉》的高制作水准是其成功的内在条件，从其外部条件看，可以发现这部电影在市场定位、播放渠道、市场宣传等方面也做得十分成功。同时恰当的时机也为其成功提供了保证。

1. 以女性市场为目标，打造纯爱大电影

爱奇艺提供的数据显示，网络大电影的绝大多数观众是男性，这在一个成熟的市场里是很大的商机，意味着女性向的网络大电影市场还是一片蓝海。根据这个发现，该公司决定打造一部女性向的电影。而电影以爱情故事为主线，精准地瞄准了女性市场，同时其灵异、玄幻的成分也吸引了男性观众的眼球。这使得电影的播放量破 3 亿，播放 56 个小时时公司的分账破千万，这在整个互联网市场也是破天荒的成绩。电影的定位是纯爱电影，在近几年来，在中国的影视市场中收视率高的大多是爱情片，爱情电影本身没有什么性别界限，在吸引女性目光的同时，同样也能吸引男性的注意力。后来爱奇艺对电影观众的数据进行分析的时候也证明了这一点。这部电影之所以会出现这种情况，是因为"纯爱的定位"。不管是男人还是女人，对爱情都

有一定的幻想，都幻想美好的爱情，而这部电影在一定程度上使观众的情感得到了满足，因此才得到了大量观众的注意力。

2. 爱奇艺为平台，提供收视保障

《灵魂摆渡·黄泉》是由北京完美建信影视文化有限公司、爱奇艺、完美世界影视联合出品的。爱奇艺是依靠做内容而发展起来的，它在自制内容方面也不断在创新和进步，灵魂摆渡"IP"可以说是其最经典的 IP 之一，而且爱奇艺也是网络大电影这个概念的缔造者，同一个平台的两大成功的结合必然对 IP 起到推动作用，同时爱奇艺拥有许多用户，这为电影提供了巨大的用户基础。爱奇艺的会员数在过去几年大幅度增加，作为中国的知名视频网站，截至 2017 年 12 月 31 日，爱奇艺付费会员数已高达 5080 万。爱奇艺视频平台极其强大的运营能力使得该电影在激烈的市场竞争中脱颖而出，成为一个新的热门 IP。

3. 多种渠道并举，打好宣传战

打开市场的必备钥匙是营销，而营销并不是一件简单的事，好的营销是要实现与用户内心的共鸣。有意挖掘诸多影片中具有大众共性的话题，主打三七与长生之间的爱情故事，除了有各种奇闻奇人之外，还有细腻婉转的感情。所以在宣传上，"黄泉篇"一开始采取的策略就是主攻庞大的灵摆迷人群，以官微为主阵地，用粉丝的力量成功掀起热度。同时也注重故事中的各种情感，挖掘影片中具有大众共性的话题，引起观众的共鸣。

在宣传上，该电影还采取了"书影联动"的策略，在电影上映之前，小吉祥天创作的小说《灵魂摆渡·黄泉》便在纵横中文网和熊猫看书 App 上架，同时纵横中文网提供众多推荐入口，使得看小说的读者可通过链接直接前往爱奇艺观看，同时"黄泉篇"还和自媒体大号"三感故事"合作，用声优重新演绎片中的经典台词。多个平台宣传，加上创新的宣传方式正是当前爱奇艺所要打造的 IP 生态新理念——"一鱼多吃"。这种宣传方式也刺激了粉丝的创造性，使得《灵魂摆渡》的粉丝对电影内容进行再创造，在哔哩哔哩等视频网站进行二次传播，吸引新的观众。在这些人中，有一部分人成为电影的粉丝，这些人又进行再次宣传，形成了"自来水军"现象，整部电影的观众越来越多，电影的名气也随之增大。

4. 抓住机遇，打造品牌

《灵魂摆渡·黄泉》成功的很大一部分原因在于电影公司抓住了时机，当时的网络大电影市场是极其混乱的，正处于市场的不成熟时期，整个市场的红利极大，同时大多数电影都是低质量、粗俗的。在极其混乱的市场环境中，大多数电影的竞争力不强，《灵魂摆渡·黄泉》这样一部品质较高的电影就更加容易脱颖而出，在网络大电影市场上拥有了自己的观众，同时打响了自己的知名度，树立了自己的品牌。《灵魂摆渡·黄泉》电影公司不是一味地追逐市场利益，更注重电影的质量，打造精品的网络大电影，在这方面，显现出了该电影制作者的远见。因为 2017 年我国的《电影产业促进法》全面实施，对网络电影行业实行与院线电影相同的审查制度，对网络电影行业进行规范，许多粗俗、低质量的网络大电影纷纷下架。这也意味着整个网络大电影市场将走向规范，并逐渐走向成熟。网络大电影市场将从注重数量转到注重质量。这个行业将会有更高的标准，网络大电影市场行业的准入门槛将进一步提高。整个网络大电影市场在未来必将逐步走向精品化，整个行业的竞争必将更加激烈，树立品牌的难度系数必将加大。而《灵魂摆渡·黄泉》在网络大电影行业未成熟之际，凭借高品质，迅速在这个市场上占得一席之地，树立起自己的品牌。

四　人才为本，重视人才

创意产业的核心资源之一是人才，从业人员的水平决定创意产品的质量。《灵魂摆渡·黄泉》能在质量参差不齐的网络大电影中独树一帜，这部电影的编剧小吉祥天是功不可没的。小吉祥天是一个有过很多片场经验的编辑，同时是一个可以说是天才的编剧，他只是花费了 7 天的时间便根据导演给的一个场景构建了一个完整的黄泉故事。整个故事的写作时间虽然短，但是整个故事的逻辑是缜密的。同时编剧对网络文化的熟悉及其深厚的文字功底，使得他能娴熟地将古文、白话、网络用语巧妙结合起来。这些台词与唯美的画面相结合就产生了一种舒适的美感。在这部电影中小吉祥天同时担任监制，监制要处理好艺术创造与商业的平衡，小吉祥天认为电影为了市场而市场，电影要做到与观众互动、令观众产生共鸣，但不能在内容上完全以粉丝偏好为主，电影更需要的是自己的核心价值。所以在这个脱离原IP的恐怖悬疑定位下，呈现一个纯爱的故事是带有一定的冒险性的。但小吉祥天认为"爱"具有普世的价值，它也可能是唯一能与金钱相抗衡的事物，爱的故事在他的眼中是美好的，哪怕带有些苦涩的滋味。而"故事是在表达美好，没有任何一个地方能够拒绝美好的东西"。把这种美好呈现出来，编剧也是下了一番功夫的，为了使文字的东西成功地转化成影视画面，将故事的意境完美地表现出来，他在剧本的创作过程中会对一些细节进行说明，尽可能地保证这个作品是他最想要呈现给观众的。

编剧搭建了整个故事的框架，合适的演员是文字转化成画面的过程中的关键。好的演员能使整部剧增色。《灵魂摆渡·黄泉》的演员选择十分成功。他们并没有选择流量明星，而是一直在等待一个合适的演员，最终何花出现了。事实证明他们的选择是正确的，何花的确把一个痴情的孟婆"三七"演得入木三分。一个好的故事配上了合适的演员，一部好的作品便诞生了。

五 IP延伸，打造"灵摆电影"系列

《灵魂摆渡》的成功既开创了一个新的IP，也为之后两部《灵魂摆渡》大电影奠定了良好的口碑与群众基础，这个新的IP的形成延续了《灵魂摆渡》这个IP的生命。相信之后也会有新的《灵魂摆渡》的IP出现。这些新的IP在给电影公司带来巨大的利益的同时，也会为整个网络电影大市场树立风向标，激励整个网络大电影市场的的创新。但是随着整个市场质量的提升，整个网络大电影的市场竞争也必将更加激烈，激烈的市场竞争也必将反过来推动整个电影制作水平的提高。

B.27

盛通印刷：顺势而为，转型升级

单志仟

摘　要：　在互联网带来的数字化阅读和近年来国家对出版行业绿色治
理的双重压力下，盛通印刷紧跟时代步伐，顺势而为。在环
保方面，盛通构建了科学的绿色印刷系统；在业务方面，盛
通及时转换定位，挖掘出少儿、教育类图书的巨大市场，并
由此展开全面布局，形成一个特色综合服务生态圈。此外，
盛通利用"互联网＋印刷"，全面启动"出版服务云平台"
项目的运营，积极推进数字化融合进程。

关键词：　盛通印刷　转型　综合服务

　　了解出版行业的人，必定知道盛通印刷。在快速兴起的数字阅读带来
的巨大冲击下，北京盛通印刷股份有限公司逆风而上，成为国内唯一一家
上市民营出版企业。这家成立于 2000 年，起家于传统报纸、期刊和书本
印刷业务的年轻企业，经过不足 20 年的市场耕耘，现已发展为以文化产
业为核心，包含教育、文化出版综合服务全链条的企业集团。在硬件方
面，盛通拥有北京、上海两个现代化印刷生产基地，包括国际先进的商业
印刷设备、严谨的印刷工艺流程和精细化管理体系，具备全年全天候连续
生产能力。在移动互联网时代背景下，盛通不甘停留在过去的成就上，主
动出击，积极推进数字化融合，打造"出版服务云平台"，精准对接出版
机构的印刷需求，成为中国书刊印制企业中最具规模、最具竞争力的企业

之一。一个结合先进的数字化技术，走多元化发展道路的印刷企业正在成长壮大。

一　战略转换：从期刊到图书

以杂志印刷起家的盛通，之前主要承印大型全彩杂志、豪华都市报等快速印品，如《瞭望东方》《环球》《VISTA 看天下》等。盛通曾开上了杂志传媒需求爆发的快车道，得以迅速成长。在互联网时代来临之前，印刷传媒独霸天下之时，在全国印刷品需求最大的四个一线城市中，盛通印刷出品的杂志独占市场的三分之一。伴随着互联网的快速发展，电子出版物以其低成本、便携带和易存储等优点迅速兴起，许多读者逐渐依赖数字化阅读，以之取代以往的传媒印刷品，这无疑给了包括盛通在内风头正盛的传统印刷业当头一棒。

虽然报纸、期刊等传统印刷在走下坡路，但盛通很快就意识到图书出版结构的改变。目前盛通业务中杂志印刷占比相对较小，而教材、儿童图书以及畅销书的印刷占大头。在图书出版中，少儿、教育类等图书呈现巨大的市场潜力：新生代家长对子女教育的日益重视和全面"二孩"政策的实行，使少儿类图书增速明显高于图书市场的整体水平，成为行业领涨力量。据国家新闻出版广电总局统计，我国少儿图书出版的品种数由 2012 年的 30966 种，增长至 2017 年的 42441 种。综合其他教育类图书（包括大专及以上课本，中专、技校课本，中学课本，小学课本，业余教育课本，扫盲课本，教学用书）来看，少儿、教育类图书，无论是出版品种、总印数、总印张，还是定价总额，均呈现增长态势。

盛通依托位于北京的优越地理位置和对国内印刷市场趋势的灵敏判断，仍然保持着自己的基调——为文化产业服务，专注于出版物印刷，并开始调整航向，向少儿、教育类图书印刷发力，而且保持着高速增长。当前，杂志约占公司出版业务的 25%，书籍所占的约 75% 中，教材、儿童图书、畅销书各占约 25%。目前盛通每年印刷的图书超过 6 亿册，从 2013 年起，连续四年业绩实现复合增长率接近 17%，2017 年营业收入增长率更是达到 66.42%。2018 年，盛通继续抓住时机，及时转换市场，实现营业总收入 18.5 亿元，利润总额高达 1.5 亿元，盛通收获了该有的回报。

二 双轮驱动：打造综合服务生态圈

正如盛通副总裁唐正军强调的：打造智能化工厂、实现多元化发展是盛通一直以来努力的目标。面对过去丰硕的成果，盛通并未打算就此停留在原有印刷行业所带来的业务增长上，反而继续凭借其雄厚的行业影响力和巨大的品牌价值，开拓发展空间、扩大行业优势，在业务多元化布局以及盈利能力的可持续发展上提出了更高的要求。

1. 全产业链式出版综合服务

盛通为客户提供面向出版全产业链的出版综合服务，除了自有产能加工服务外，还提供包括创意设计、装帧排版、产能管理、原材料供应链、图书仓配等全产业链的综合解决方案，为客户提供面向出版全产业链的出版综合服务。业务方面，盛通近年来除了加大图书领域的投入外，还做了多方面探索，比如开拓海外市场、进军包装印刷、数字化技术印刷、投资印刷原材料等。

在商务印刷建设过程当中，盛通也走了一些弯路：当他们满怀激情进入网络印刷后，发现这是一个大众市场，而消费者是小众人群，产品单价很低，难以有所收获。不过，盛通在涉足药品包装行业不久后，很快打开了市场并实现盈利。此外，盛通在上海成立了上海盛通时代印刷有限公司，完成了异地扩张。盛通时代主要从事两块业务：一块是传承了北京的一些优势同时也得到了方方面面支持的传统出版物印刷，另一块就是定位于精细化生产的包装印刷。总体而言，盛通在出版综合服务领域的市场份额不断提升、品牌价值不断彰显，各项指标稳健增长，取得了良好的效益，这些均得益于盛通在各个方面多年的积累。

（1）规模化的高端生产加工能力。为更好地开展上海地区的业务，盛

通建立了上海的生产基地，除了承接传统的出版物印刷业务外，还涉及商业印刷、包装印刷等多个细分领域。公司拥有海德堡、高斯、马天尼等全球领先生产设备和国内领先的规模化生产加工能力。快速响应的柔性生产能力和云平台服务体系将推动公司业务不断增长。

（2）众多客户、行业资源和不断强化的品牌影响力。盛通积累了丰富的客户和行业资源，与国内众多知名出版社保持牢固的长期合作关系。同时，公司积极拓展海外市场，与出版行业世界知名公司也达成了业务关系。

（3）健全的质量管理体系和技术服务平台。盛通搭建了一流的质量管理体系和技术服务平台，实现了生产、销售、供应链、质量、财务全平台信息共享的模式。使得生产效率提高、质量管控提升，能够及时为客户提供优质的产品和服务。

（4）专业高效的核心管理团队及各类人才。如今的盛通年产值已超过5亿元，在一步步带领盛通成长、成熟的栗延秋眼中看来，盛通之所以如此博得资本主义市场青睐，不仅得益于繁荣的文化印刷产业契机，更与高效的内部管理密不可分。盛通管理团队从事印刷行业多年，企业高层领导十分重视管理。公司人力资源丰富，除了专业高效的管理人才外，盛通还拥有业内一流的技术人才、营销人才。

2. 业务转型，布局素质教育

精准的市场定位是盛通印刷成长必备的"养分"。盛通印刷在将重心从杂志转移至图书的过程中，意识到少儿、教育类图书的巨大市场潜力，投身教育市场成为盛通业务转型的一大重要举措，目前已在教育出版领域积累了大量的资源。而随着我国推动教育产业发展纲领和鼓励生育二孩政策的推出，教育消费在家庭消费中的占比持续提升，良好的政策、经济环境为盛通提供了转型的基础。

盛通印刷聚焦4~12岁青少年素质教育领域，先后控股、投资多家素质教育及其相关项目，聚合行业资源推动公司教育培训业务深入布局和快速发展。增加素质教育培训服务业务板块的盛通，致力于为中国青少年提供关注学习者自驱力和自我认知、适应未来的可迁移能力的教学内容，以及具有满足个性化、大规模、高效率要求的教学场景的素质教育培训服务和产品。

盛通于 2016 年全资并购的乐博教育就是一个典型的例子。专注于国内儿童科技启蒙教育的乐博，是国内最大的 2C 机器人培训公司，其主要业务是为儿童提供机器人的设计、组装、编程与运行等培训服务。在充满趣味的真实情景与动手主题的课程中，实现儿童想象能力、动手能力、创造能力、沟通能力以及探究精神的培养。经营模式为直营和加盟，其中，前者主要在人口较为密集的一、二线城市或其他主要城市市区，通过设立分公司进行本土化运营，后者则重点定位于主要城市郊区以及其他人口密度较小的次要城市，由加盟商提供培训服务、教具产品，进行特许经营授权，致力于 4 ~ 12 岁未成年人思维模式及动手能力方面的教育。

（1）较高的品牌知名度。教育企业要想赢得市场必须依靠专业的教学方法、精英化的教师队伍、科学的课程安排和快速出色的教学结果。乐博教育就是凭此获得了广大家长的认可，长期以来保持着良好的口碑，尤其在儿童机器人教育市场，乐博教育树立起了自身的品牌声誉。

（2）精准化的课程体系。乐博教育的主要课程设置多元，按照 4 ~ 16 岁不同年龄阶段的儿童依次提供积木课程、单片机课程、人形机器人课程以及应用类课程。通过情境导入、反思学习、总结重构、探索体验，将"玩"和"学"结合起来，帮助学员了解新时代机器人和计算机编程，体验前沿科技教育。此外，公司还通过举办儿童机器人大赛、国内外冬夏令营等活动，让学员对话海外知名学校，接触国际先进的科学培训知识。

（3）快速的渠道拓展。目前，乐博教育直营店和加盟店遍布全国 28 个省和直辖市，加盟店多达 170 余家，覆盖全国所有的一线、二线城市和所有三线、四线发达城市，服务全国各地区的学员和家长。

（4）优秀的管理团队。乐博教育创始人和管理人员拥有多年的教育培训行业销售和管理经验，对教育培训领域拥有高度的敏感性和前瞻性。

在这个复杂喧嚣的时代背景下，盛通调整自身的市场定位，悄然完成了

业务的转型。一方面，坚守最朴素的图书阅读，得到越来越多的价值认同；另一方面，主动进军教育行业，积极整合教育产业资源。在发展主营业务的同时，实现了外延式稳步增长，现代服务产业与教育产业协同发展，未来盛通将实现"印刷＋教育"的"双轮驱动"。

三　数字化融合：打造出版"云印刷"平台

盛通印刷于 2017 年全面运营"出版服务云平台"项目，该平台主要服务对象是印刷企业和出版机构。与传统的出版和印刷不同的是，"云平台"抛弃了以往烦琐且低效的生产流程，提前整合和获悉企业印刷、出版产品需求和变化趋势，生产过程中的质量监控也更加标准化，同时结合先进的数字化技术调度统一生产，满足出版机构的生产需求，以此使出版物生产流程得以简化，在工作效率得到提升的同时也节约了成本，改变以往高成本、低效率的生产格局。

1. 个性化定制印刷

移动互联网时代也是追求个性的时代，人们的阅读需求早已形成一条条长长的曲线。在当前的市场环境下，传统印刷面临新的挑战，短板化、多品种、小批量已是行业现状，当今印刷出版企业无一例外面临巨大冲击。只有重视这些"长长的尾巴"，才能适应互联网大潮流。盛通印刷目前运营的"出版服务云平台"项目，正是顺应当前个性化大趋势的产物。读者的个性化阅读需求对出版机构提出了新的要求，多品种、小批量、个性化已成为大趋势，云平台首先充分了解和聚合出版机构产品需求，并通过数据分析整合各印刷企业和出版机构不同产品需求变化趋势，集中统一生产，更有效地满足出版机构的需求，提高对出版企业需求的适洽性。

2. 精准化生产降低成本

云平台实则一个桥梁纽带，将出版、印刷、发行以及物流企业整个生态链加以联结，再配合相应的营销渠道，尽最大可能地为出版产业链各参与方提供实时、有效的信息沟通服务，通过印刷订单的自动调度、在线监控、按需印刷，充分利用闲置印刷产能，在确保印刷质量的基础上，降低出版企业的生产成本；并通过精准营销和高效的供应链管理，降低退货风险，进而避免不良库存的累积，帮助化解产业链难题。同时，平台在帮助企业解决订单不足问题的同时，还可以通过集体采购降低印刷企业的原材料采购成本，在提升自身经营效率的同时，还可以让利出版机构，促进产业链企业的共同发展。

3. 数字化资产管理

云平台将充分发挥盛通股份的人才和技术优势，重点打造数字资产管理服务模块，为出版业的转型升级提供全面、规范、安全、高效、低成本的数字化技术服务，解决部分出版单位技术基础薄弱、高端人才短缺、自主投资能力不足的问题。同时项目将通过与出版机构的合作，打造第三方数字内容产品营销和销售平台，促进出版机构传统出版与新兴媒体形式的融合，为出版机构充分发挥内容资源优势、在新的媒体环境下重塑核心竞争力、争取在媒体融合中的主导权创造条件。

4. 布局大按需印刷

按需出版在全球乃至中国已经不是一个新话题，在喷墨印刷技术推出之后，按需出版、按需印刷似乎被理所当然地认为是出版业的未来。为了更好地开拓出版业务、顺应按需出版潮流，高速喷墨生产线被许多嗅觉灵敏的出版印刷企业率先引进。尽管从目前的发展状况来看，大部分涉足按需印刷的企业并未真正实现盈利，但在 2018 年，盛通股份总裁栗延秋还是选择着手布局按需出版和按需印刷，"在按需印刷领域盛通处于起步阶段，我们布局按需印刷的目的是延长服务链，扩大服务维度"。栗延秋头脑中的按需印刷是一个"大按需"的概念，而不限于服务于出版机构的个性化、小批量的订单。事实上，盛通正是在按照栗延秋的"大按需"理念进行布局，即根据客户的多样化需求逐渐从各个细节出发完善、标准化生产线。无论是对传统工厂生产线，还是对新引进的高速喷墨生产线的投入都是基于该理念。

目前，该项目已经着手全面实施，出版服务云平台的建设是以其在出版

服务领域的丰富经验、雄厚资源和强大的技术能力为支撑的，适应了移动互联网时代媒体融合发展的趋势，极大地巩固了盛通在印刷服务业务上的优势，为公司新开辟创意设计、装桢排版、产能管理、原材料供应链、图书仓配等新兴业务增长点，为公司资源统筹能力和服务能力的提升奠定基石。

面对国家环保整治和数字化进程方面的双重压力，在很多印刷同行未反应过来之时，盛通印刷创新绿色印刷体系，及时调整战略布局，一方面发展主营业务，一方面实现外延式的增长，并充分利用互联网打造出版服务"云印刷"平台。在新媒体环境下，盛通印刷顺势而为，重塑了其核心竞争力，掀开了一页崭新的篇章。接下来，站在新起点上的盛通会在业界瞩目之下交出怎样的答卷？让我们拭目以待。

B.28

朵云轩：依托百年品牌　引领行业标杆

张忠秀

摘　要：　作为国有拍卖机构，朵云轩拍卖有限公司自创办以来，始终坚持公平、公正、公开的交易准则，恪守"守法、诚信、文明、优质"的经营理念，秉承重视学术、讲究精品、突出专业的企业精神，成为我国内地艺术品拍卖的风向标之一。公司在弘扬中国传统优秀文化和推动艺术品收藏融入生活等方面所做的贡献上，更体现了其百年品牌的优质资源和自身强劲的创新发展势头，堪称引领行业发展的旗帜与标杆。

关键词：　朵云轩　艺术品　拍卖

朵云轩创建于1900年，传统文化的深厚积淀使其成为享有盛名的百年老字号品牌，它以巧夺天工的木版水印复制技术和中国书画及其相关的文房用品的经营，与北京的荣宝斋雄峙于大江南北，在业内享有"北有荣宝斋，南有朵云轩"的盛誉。在其漫长的发展过程中，不仅留存了大量的艺术精品，更是积淀了良好的企业信誉和广泛的人脉资源。朵云轩拍卖有限公司正式成立于1992年，是国内注册成立的第一家艺术品拍卖公司，并于1993年6月20日，在上海成功举办了新中国历史上首次艺术品拍卖会，历史性地敲响了大陆艺术品拍卖的"第一槌"，这在中国艺术品拍卖的历史进程中具有里程碑意义。目前，朵云轩拍卖有限公司拥有一、二、三类文物资质，每年举办春、秋两季大型艺术品拍卖会和四场四季拍卖会，拍品不仅包括其核

心业务中国书画，还囊括了古籍善本、西化雕塑、陶瓷、玉石器及工艺品杂项等特色业务。作为国有拍卖机构，朵云轩自创办以来，始终坚持公平、公正、公开的交易准则，恪守"守法、诚信、文明、优质"的经营理念，秉承重视学术、讲究精品、突出专业的企业精神，成为我国内地艺术品拍卖的风向标之一。而公司在弘扬中国传统优秀文化和推动艺术品收藏融入生活等方面，更是体现了其百年品牌的优质资源和自身强劲的创新发展势头，堪称引领行业发展的旗帜与标杆。

一　敢为人先　带动行业发展

在朵云轩成立之前，内地的艺术品拍卖行业尚未兴起，众多民族优秀艺术品皆被我国香港、台湾及海外的拍卖行以低价买进，高价卖出。艺术品经营与市场的严重脱节使得大批中华民族优秀艺术品流失海外，严重损害了国民的尊严与文化自信。而成立国内专业独立的拍卖机构也渐渐获得了关注与支持。

1993 年，时任朵云轩总经理的祝君波领衔成立了国内第一家拍卖有限公司。其举办的首场拍卖会也受到了多方关注，从拍品征集鉴定到后期的拍品预展及图录制作，在每一个环节都秉持严谨诚信的工作态度。尽管在最初的拍品征集上出现过质疑的声音，但朵云轩一马当先，以其自身精品书画作为拍品，充分展现其诚意，赢取了民众的信任。

为打造专业权威的行业形象，朵云轩主张培养自己的拍卖师，不惜斥巨资遣派专门人员前往香港观摩苏富比、佳士得的拍卖现场，学习拍卖经验及技巧。与此同时，请来著名行业专家徐建融先生为拍卖会担任艺术顾问，为拍品鉴定、资料收集及对外宣传等各项工作的顺利开展保驾护航。不信不立，不诚不行。首场拍卖会在上海静安希尔顿酒店成功举办，随着书画大师谢稚柳一声落槌，丰子恺先生的国画《一轮红日东方涌，约我华人捧》以12.8 万元的价格由张宗宪先生竞得。最终整场拍卖以 835 万元的成交额落下帷幕，成交率高达 74.5%。从此打破了苏富比、佳士得这两家全球著名拍卖公司对中国艺术品拍卖的垄断局面，而朵云轩也终于竖起了国内拍卖行的第一杆旗。

作为行业的第一杆旗帜，朵云轩引领了中国艺术品市场 20 年高歌猛进的历史进程，为整个中国艺术品拍卖史写下了浓墨重彩的一笔。随后 20 年内，中国艺术品拍卖市场风起云涌、一路高歌。2010 年，中国艺术品拍卖成交总额高达 596 亿元人民币，一跃超过美国成为全球最大的艺术品市场。2011 年，中国内地更是以 968 亿元人民币的拍卖成交总额，连续第二年成为全球第一大艺术品市场。

二　深耕细作　顺势激流勇进

"一花引来万花开"。自朵云轩敲响中国艺术品拍卖的第一槌起，全国各地大小拍卖公司如雨后春笋般纷纷成立，艺术品拍卖市场很快狼烟四起，拍卖资源逐渐分流，朵云轩不可避免地被卷入激烈的竞争旋涡，逐渐丧失了当初垄断市场的优势地位。即便如此，朵云轩依然秉承百年品牌的诚信之本，在全行业市场的炒作热潮中坚持自身发展方向，在市场变化中积极鼓励创新，并逐步探索出具有自身特色的经营发展之道。

1. 精品化意识深入人心

首次拍卖会的成功举办为朵云轩在业内竖起了诚信的招牌，赢得了立足之本。但诚信仅是业内立足的基石，"精品化"才是其引领行业发展的利器。

继首场拍卖会圆满成功后，朵云轩紧锣密鼓地开展了第二次书画拍卖会的筹集工作，相较于首届拍品的"名、真、精"，这一次更是将"精品"意识发挥到了极致。例如张大千《朵云呈祥》、齐白石《清凉世界》、康有为《南海天涯》及王震《先占一枝春》等都称得上是难得的精品，甚至连博物馆的藏品也难以比俦。而朵云轩可以征集到如此贵重的珍品，离不开其坚持从严把关、宁缺毋滥的精品意识。朵云轩对作者名头的选择、作品真伪的鉴定以及作品精疏的衡定等三方面都进行了严格的把控。

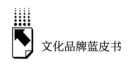

尽管这样做短期内会出现佣金锐减、利益受损的情况，但经过时间沉淀的市场最终还是会偏向于"精品"艺术品。1993年朵云轩拍卖会上张大千的《晚山看云》轴最初以143万港币成交，当其再度现身于2009年拍卖会时，其成交价格却翻了近15倍之多。朵云轩在既得利益前从未随波逐流，而其始终坚持的精品意识也逐步成为市场的"验金石"。

发展至今，无论是面对市场利益的诱惑还是行业低谷时的窘迫，朵云轩始终秉持着对"精品化"的追求，在提升拍品质量的道路上从未懈怠，一切从长远利益出发，以其专业诚信的良好口碑塑造了行业标杆的品牌形象。

2. 变革结构　激发品牌活力

面对瞬息万变的拍卖市场和日益激烈的竞争，变革成为朵云轩激发品牌活力的源泉。而积极推动拍品结构迈向多元化是其变革的第一步，也是最根本的一步。以往，朵云轩固守书画专场，从未涉足当代艺术、钱币、油画和邮票等门类。伴随着拍卖行业20多年以来对于书画门类的集中开垦，大部分精品书画被反复"开采"，而相较于北方的拍卖企业，朵云轩的地理位置和历史文化环境处于劣势。也因此，其书画专场的优势也逐渐消失，同业竞争的压力使得朵云轩必须积极做出应对，主动引导企业拍品结构迈向多元化。

回顾近些年来朵云轩的大型拍卖活动，其变革举措随处可见。例如在2005年春拍中，除了其主打业务书画专场外，朵云轩还开拓了首届油画专场，精心征集的百余幅精致华章，展现了中国油画的百年历程，给藏家和投资者带来了可喜的收获。在2006年秋拍中，其扩大的拍卖品类——古籍善本暨文玩杂件以68.31%的成交率超过书画和油画的成交率，更是带来了中低价位艺术品的历史性胜利。

通过对拍卖品类的不断扩大和拍品结构的不断变革，时至今日，朵云轩已经形成以中国书画为特色，涵盖古籍善本、西化雕塑、陶瓷、玉石器及工艺品杂项等特色业务的多元化拍卖格局。

3. 立体营销　提升品牌渗透力

在价格逐步回归理性、拍品征集越来越困难的形势下，艺术品拍卖市场逐渐走上了成熟稳健的发展轨道。面对狼多肉少的竞争局面和平稳的市场经济环境，各大拍卖公司都通过对商业价值的深挖，极力寻找新的市场着力点和增长点。

正如结构变革的多元化创新道路一样，朵云轩在大数据时代的新浪潮中依然拿出了强劲的创新势头，通过互联网＋艺术、研讨会、座谈会、预展及微博微信等多方面的宣传渠道，多角度、多层次、多方位、多元化、多方式地提高自身品牌的渗透力。

在互联网与各种产业形态相融合的当代社会，朵云轩很早便开拓了自己的线上艺术品拍卖业务，这不仅契合了当今人们足不出户即可享受服务的新需求，更是突破了拍卖的地理限制，进而扩大了拍品销售的范围。然而互联网与艺术品拍卖的新模式仅是打开互联网市场的第一步，要在同行业竞争浪潮中获得长足的发展还要结合企业品牌的信誉度与专业性等多个方面，而朵云轩自成立以来就树立起的诚信形象与其追求"精品化"的创新发展道路已经为其线上发展打开了一个突破口。除此之外，朵云轩线下拍卖会的开展也积极拓展营销渠道，通过举办专家研讨会和学术座谈会进一步挖掘拍品的文化价值，提高其在客户群中的知名度和美誉度。朵云轩自 2014 年以来连续推出的朱昌言拍卖专场，就是其将立体营销发挥到极致的最佳案例。它通过举办横跨海内外的巡展、集聚行业专家的研讨会、座谈会以及筹划出版等多方面努力，使得这四场拍卖会成为行业内具有风向标意义的品牌专场，并进一步提升了整个拍卖品牌的社会知名度和市场渗透力。

4. 锻造专场　保障品牌核心竞争力

相较于中国匡时、中国嘉德，朵云轩作为一家国有拍卖机构或许在资金和拍品资源上并不占有足够的优势，但朵云轩另辟蹊径，致力于对拍品的整理和细分，结合其背后的学术价值和人文价值，打造极具特色的品牌专场。

回顾朵云轩近年来的拍卖专场，虽然场次和拍品不多，但是每场都是精品频出，成绩不凡。2005 年春拍的油画专场名声大震，把体现中国百年油画史的百余幅佳作收集起来集中展示，更是以学术引领铸造品牌的创举。2013 年春拍的民国元勋王伯群双雨山馆专场上，孙中山的楷书五言联以

1023.5 万元的价格成交，创下中国拍卖史上最贵对联的佳绩。2014 年朵云轩凭借百年品牌积淀下来的信誉和人脉资源，有幸获得香港著名藏家朱昌言的信任，推出兼具学术和人文价值的朱昌言书画私藏专场，以百分之百的成交率荣获象征行业荣誉的"白手套"。此外，2016 年春拍突出精品，虽然拍品数量上有所精简，但是成交率相对较高，诞生了两件千万级的拍品，之后的古代书画专场以独特的展示序列吸睛无数，万众瞩目的合肥龚式藏晋唐历朝古纸更是刷新了迄今为止古纸拍卖的最高纪录。

企业品牌的成功与否并不单单依靠拍买成交额或行业排名来衡量，更体现在品牌专场的运作能力和细小而微的工作细节中。朵云轩一直秉承严谨的学术态度和真挚的人文情怀，以量小而精为出发点、以极具特色的品牌专场为落脚点，有效保障了品牌的核心竞争力。

三 不忘初心 引领文化标杆

古雅的"朵云"二字，源自五代韦陟，传说他常以五彩笺纸书写，落款字如五朵云，后人因称书信为"朵云"。一如这个诗意的名字所携带的气韵一般，朵云轩的拍卖之路也延续着这种俊逸的学者气质和人文情怀。自成立日起，朵云轩便始终坚持学术铸造品牌的一贯路线，以深度挖掘文化价值的思路做拍卖。学术性大于商业性是朵云轩亘古不变的原则。

自 1993 年朵云轩敲响第一槌起，中国的艺术品拍卖市场发展至今已经历二十几个春秋。纵观这些年国内艺术品拍卖发展的历程，从最初的兴起、高潮、低谷到今天逐步走向稳定的发展局面，主导市场的力量也相应发生了改变。一个拍品所蕴藏的文化价值越来越成为买家看重的因素，而真正代表中华民族优秀历史文化的拍品也将获得市场更多的关注。如朵云轩在 2016年的珍贵信札专场和吴湖帆书画专场上所取得的佳绩有力说明了民族文化因素对于拍品的重要意义。

除了在拍卖业务上专注于文化价值的深度挖掘外，朵云轩更是在中外文化交流上建起了一座沟通的桥梁，在展现和传承中国传统文化上筑起了一座艺术的殿堂。由于地处国内最早对外开放的港口城市上海，朵云轩很早就利用这种先天的优势介入中外文化交流。例如从 1989 年就开始举办国际学术研讨会到 2001 年举办的《北美华人画家七人作品邀请展》和海派绘画研讨会等，朵云轩从未在中外文化交流的道路上停滞过，它一直凭借着自己的资源优势和历史责任感，为中外文化交流、融合事业贡献着自己的一份力量。除此之外，朵云轩从 2005 年起就成立了自己的艺术学校，以自身为平台，嫁接行业的高端资源，为社会公众开展艺术培训，正如其成立时所秉承的宗旨一样，为大众接触中华优秀文化打通了便捷的通道，提高了国民的文化素养。

经历过拍卖市场多年来的风起云涌，朵云轩没有被商业利益所牵引，而始终坚守着文化使者的角色，发扬百年文化老品牌的大家风范，不断推动艺术品走向大众，融入生活。2015 年朵云轩自筹资金 5 亿元，建设了一座于博物馆、美术馆、拍卖厅、大师工作室及杜比全景声影城于一体的艺术中心，意图通过打造一站式的艺术空间，来拉近普通大众与高端艺术的距离，从而推动艺术生活理念走进个人和家庭，更好地在全社会营造传承与弘扬民族优秀艺术文化的氛围。

文物艺术品拍卖不仅是中华传统文化对外交流的窗口，更是中华民族优秀文化在历史长河中沉淀和积累的精华。党的十九大报告指出，文化发展是一个国家、一个民族发展中更基本、更深沉、更持久的力量，没有高度的文化自信、没有文化的繁荣兴盛，就没有中华民族的伟大复兴。这对于拥有中华民族优秀艺术文化资源收集和流通平台的拍卖从业者来说更是一种责任和使命。朵云轩从来没有一刻忘记过传承和弘扬民族优秀历史文化的初心，凭借着百年老品牌积淀下来的人脉资源和行业信誉，以及强劲的创新发展势头，在全社会中树立起引领行业文化发展的标杆。

B.29
生态创意园区的"白马湖模式"

蒋茂芹

摘　要：　白马湖生态城将现代生活与传统文化相结合，创造了一个专门为生态创意园区设计的"白马湖"模型。这一模式经过近几年的实践取得了显著的成绩，园区内集聚文化创意产业两百余家，吸引了一大批文化创意人士入驻。白马湖生态创意园区赢得了"世界级创意产业化的最佳实践区""中国最佳创意园区奖""亚洲都市景观奖"等荣誉。

关键词：　生态创意园区　白马湖模式　农居 SOHO　和谐共生

　　人们常说"上有天堂，下有苏杭"，白马湖生态创意园区就坐落在浙江的省会城市杭州。此处不仅经济活跃，而且交通便捷、地理位置十分优越。它毗邻市内多条地铁线，并且与"浙江经济之首富"萧山紧密相连，距萧山国际机场车程非常之短。白马湖生态创意园区不仅具有区位优势，而且拥有清新优美的自然风光，同时也具有深厚的人文遗产。白马湖生态创意园区以发展"四宜"（宜业、宜居、宜游、宜文）为导向，以培育文化创意产业和旅游产业为目标，建造研发、生产、休闲和居住等多功能、综合性的文创产业集群，建成"白马湖旅游休闲度假区""杭州城市美学示范区""杭州和谐创业示范区"。

一　白马湖的前世今生

一千多年前，唐代诗人刘禹锡途经此地，写下了"白马湖平秋日光，紫菱如锦彩鸳翔"这样让人心驰神往的诗句。相关研究表明，人类在距今遥远的新石器时代就已涉足白马湖。2002 年，新石器时代早期的独木舟在这里出土，而关于"白马湖"的得名则大致可以追溯到春秋末期。当时，吴王夫差在这里与越王勾践进行了一场激烈的战争，最终以夫差的失败告终。碧波万顷、江水悠悠，因而这里也被称为"白茫湖"和"排马湖"。星河转换、沧海桑田，白马湖却如年月愈久愈加香醇可口的美酒，在漫长的历史变迁中形成了独特而丰厚的人文底蕴。这里有历史久远的勾践池、马门以及商周时期的土墩墓群，冠山市、固陵港等标志性景点更为白马湖增添了神秘的色彩。穿梭往来于"千年白马湖"这条时光隧道，无论是历史文物、神话传说还是文学作品，人们都得承认，白马湖在历史进程中沉淀了深厚的文化内涵，而这也为 21 世纪时尚创意与旅游休闲产业的有机结合奠定了坚实的基础。

30 年前，联合国的官员来到此地的山一村，这个在钱塘江南岸的村庄给他们留下了深刻的印象。因此，山一村一跃成为"全球生态 500 佳"的村庄。

"青山钻牛角，冠山要抬头，人才往里流，富得要冒油。"这是曾经在白马湖村民间流行的歌谣。而"白马湖生态创意园区"等字样也随着自由翱翔的白鹭被带到了这片方圆二十平方公里的绿水青山间。于是，那首充满浓郁乡音的童谣在新时代潮流的冲击下被填上了新词：白马湖边走，农居成 SOHO，创意引人才，美好新生活……

从那时起，白马湖生态创意园区的建设稳步推进。

"忆江南，最忆是杭州，山寺月中寻桂子，郡亭枕上看潮头，何日更重游？"这是唐代诗人白居易笔下的杭州。现如今，白马湖生态创意园区无疑为杭州之美增添了更为迷人的色彩。自 2007 年起，杭州市高新区区委、区

政府将"完善北部，拓展南部""为产业发展开辟新空间""为城市建设搭建新平台"列入重要议事日程，为把白马湖生态创意园区打造成国内乃至世界上具有高识别度的文创产业品牌园区不懈努力。文创产业以市场为导向，以产品为基础，正在成为一个国家和地区社会经济发展的重要引擎。在联合国教科文组织看来，文化、创意产业，正在成为各国的战略资产。

2008年4月，白马湖项目全面启动，积极建设集娱乐、休闲、居住、旅游、商务于一体的文创新型城市。白马湖生态创意园区内还拥有动漫小镇、动漫特色街等，并将建设一个国内外最新、最全、规模最大的中国动漫博物馆，再现国内外动画史上的精彩瞬间和代表性场景。

从2010年起，白马湖生态创意园区就成为中国国际动漫节的永久举办地。2017年，中国WIFI产业（又称白马湖峰会）在杭州白马湖顺利召开。截至目前，"国际音乐节""海峡两岸文化创意产业高校研究联盟论坛""世界休闲产业博览会"等各种重要活动已经在此处举办或永久落户。

白马湖生态创意园区的建设和发展不仅保护了景观生态资源，也提高了原住民的生活质量，还巧妙地将产业、城市、生活这三者进行了融合发展。白马湖生态创意园区被列入《国家级文化产业示范园区创建计划》，为浙江省唯一。

二 生态创意园区的"白马湖模式"

白马湖生态创意园区在近几年的实践中，逐渐发展壮大，吸引了国内外各界人士的注目。在此过程中，它以其充满个性的经营理念、用焕然一新的方式打造了与之前完全不同的创意园区，形成了自身独特的发展模式，即"白马湖模式"，即以"城市有机更新""生态保护""文化创意产业"三者作为其发展的前提和基础，以园区内原住民生活质量的提高为最终目的，以和谐创业为动力，以农村SOHO为特征的生态公园模式。"白马湖模式"具体表现为以下六个方面。

第一，以"河有机更新"带政治、带保护、带建设、带改造、带开发、带管理，做到资金运转灵活，促成白马湖文化创意产业的可持续性发展。

第二，在生态保护的前提下，园区应"清洁、绿色、清洁、无污染"，牢牢抓住"生态环境—创意人才—文化创意产业"三个主要环节，秉承"以良好的生态环境吸引创意人才，以创意人才打造具有竞争性的文创产业"的发展理念。

第三，以"一师多带"为要求，将文化创意产业的发展作为园区品牌建设的重中之重。此外，努力做到大型旅游业、信息服务业等各项业务的平衡发展；注重开发园区特色产业，将动漫和游戏产业作为白马湖园区重点发展对象，兼顾园区其他产业（如信息服务业、设计服务业、现代传媒业）的发展，最大限度地优化白马湖区域的产业结构。

第四，白马湖生态创意园区坚持"以人为本""为人民服务"的原则，将园区内原住民生活质量的提高作为重要发展目标。在此基础上，将白马湖生态创意园区的建设与原住民的积极参与融为一体，不断造福当地人民。在园区的发展建设中，充分体现"建设取决于人民，建设成果由人民共享"这一国家发展方针。

第五，以"和谐创业"为驱动力，园区要努力打造上乘的以物质条件为内核的硬环境及包括文化思想、政治制度在内的软环境，提供一流的配套设施和服务，增强白马湖生态创意园区对知识分子和文化创意的凝聚力，吸引他们前来创业。让人才在此地充分发挥聪明才智、积极实现人生价值、努力为社会做出贡献，积极把杭州打造成为"和谐创业"的排头兵、先行地和试行区。

第六，以"农居 SOHO"为显著特色，对白马湖创意园区的生态环境、产业结构、产业升级和城市化推进等各个方面进行全面规划和发展建设。

1. 生态环保，科学改造

中科院和中国工程院两院院士吴良镛教授提出"城市有机更新"这一理念，他认为城市建设应该遵循城市内在的发展规律，为了实现城市的可持续发展以及城市与生态环境的和谐共生，城市的建设者应采取恰当的方法，而白马湖生态创意园区的建设则无疑是"城市有机更新"这一理论教科书

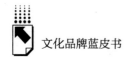

级别的教材。

首先，对所有权不同（原住民是否继续在此居住以及是否仍然拥有房屋产权）的农居采取不同的改造方式。其次，杭州市政府加大财政支出力度，积极推动白马湖生态创意园区的发展建设。其中，白马湖区域的基础设施建设和环境整治由政府负全责，包括道路建设、铺设地下管道、对城市上空线路进行美化、扩大城市绿化面积、合理利用水体资源等方面。此外，农村特色转型的费用也由政府承担，这一行为符合"民办公助"的原则，政府通过奖励给予适当的补贴。通过这些措施，原住民对农居改造的积极性可以在很大程度上被调动起来。

为实现城市和居民的和谐共生、园区建设与生态环境保护的协调一致，杭州市政府在白马湖生态创意园区的建设过程中，从始至终都把生态及环境保护摆在极其显著的地位，始终把一流的环境建设和人才引进作为重要内容，并控制重要指标（如现有农场的数量以及建筑面积和植被覆盖的总密度），把白马湖园区真正打造成为"干净、环保、亲水、无视觉污染"的生态创意新城。此外，防止开发商圈地和占领海岸线，真正做到"还湖于民""还绿于民"。

2. 协作发展，集群效应

白马湖生态创意园区在产业选择上走上了差异化的发展道路，选择发展多种产业形态，形成白马湖生态创意园区"一主多副"的产业格局。白马湖园区以游戏动漫、文创产业为核心，在此基础上整合新园区，国家动漫、数字出版产业基地，国家文化、融合产业基地核心区，浙江省特色小镇培育对象等品牌于一体。白马湖生态创意园区依托高科技和文化创意的两轮驱动，形成了动漫游戏、文化展览、设计服务、现代传媒等产业集群。集群内华数传媒、中国美院、网易等创意机构三百余家，从业人员八千余人。园区内现有主板上市企业一家，上市培育企业两家，新三板挂牌企业两家，引进了朱德庸、许江、曲建芳等艺术家设立名家工作室。互联网的发展带来了信息产业等战略性新型产业的兴起，杭州高新区一直致力于创建创新企业生态系统，形成了以"电子商务、通信网络、智能物联网和互联网"等为代表的"互联网＋"产业集群。现在，中国国际动漫节、文化博览会以及中国网络作家村已成为白马湖生态创意园区的标签。白马湖国际会展中心是杭州规模最大、功能最全的专业性展馆之一，入选中国会展业十佳品牌，是中国国际动漫节永久举办基地。园区内有许多代表性的大型产业和文化公司，比如华数传媒、印庐文化、瑞德设计等。

在现代传媒业中，白马湖生态创意园区以华数传媒为代表。作为国内有线电视和新媒体行业的引导者，华数传媒和阿里巴巴的联手对华数的发展起到了促进作用。华数传媒，是中国数字媒体和国家广电行业市值最高的文化媒体上市公司、中国第一个数字电视内容整合平台，并且是杭州有线数字电视网络运营商，拥有超过两千万数字电视用户。华数传媒大力实施全球化的大规模发展战略，通过市场化方式实现浙江省各城市有线电视网络业务联盟。作为一家新型的运营公司，华数传媒将继续秉承"创新、执着、精致、和谐"的精神，致力于"跨网络、跨应用、跨媒体"创新发展，致力于与世界各地的运营商真诚合作，共同开拓中国数字产业的美好未来。

印庐文化开发的瓷器"杭州之声"和"和之颂"餐具成为杭州 G20 峰会的全国盛宴餐具。此系列餐具以强烈的大国工匠意识、精湛的制作工艺、"和为贵"的文化特质，备受各界关注，也让世界很好地记住了中国。

瑞德设计是中国工业设计的第一部分，赢得了胜利"国家级工业设计中心"认定。这是中国第一家在新三板上市的工业设计公司，18 年来，瑞德设计将许多奖项收入囊中，如"红点奖"和"IF 设计奖"等。现在，瑞德设计也已成为设计价值超千万元的专业原创型设计公司。

中国国际动漫节永久落户白马湖园区是其发展中至关重要的一步。中国国际动漫节是目前国内级别最高的国际动漫节，在此不仅可以观看国内外最新的动画和原创作品，还能够促进动画原创、制作、发行以及广播和营销机构的沟通和协作。中国动画博物馆，朱德永幽默和中南卡通已经入驻。中南卡通坚持原有路线，努力使其产品符合国际标准，主要涉及视听书籍文具、服装、手机彩信服务、亲子游戏等领域。他们的一系列漫画如"天空之眼""魔幻追踪"和"星际迷航"等在国内外赢得了许多奖项，占据了很高的市

场份额。大批以动漫、游戏产业为主的创意团队纷纷入驻，使之成为杭州乃至全国规模最大的文化创意产业集群。

此外，白马湖生态创意园区还积极举办文化博览会，建设中国网络作家村，旨在通过文化交流，让文化的效能全方位渗透在经济社会各方面，以此满足当地人民群众日益增长的美好生活需求，深化杭州经济、文化、社会等各方面的发展。目前，"动漫节""文博会""中国网络作家村"已成为白马湖生态创意园区的标签。2018 年，唐家三少和夏达空降动漫节，一大批粉丝慕名而来。这不仅为白马湖园区带来了不菲的旅游收入，也为当地文创产业的发展做出了贡献。

白马湖生态创意园区对以往中心城市限制的旧厂房和旧仓库进行了大面积的改造，并集中发展了一定类型的文化创意产业，吸引了行业内的重点龙头企业。通过城市更新，白马湖文创产业聚集区重振了旧工厂和仓库，形成了新的产业集聚群。白马湖生态创意园区集聚了多种产业形态，园区内的企业可以充分发挥集聚效应，以大企业带动中小企业的发展。在建设过程中，增大园区内各企业之间的资源共享力度，形成优势互补，形成园区企业共同发展的良好局面。白马湖生态创意园区的建设目标是完成历史文化遗址的创造性转化和保护性发展，形成"一心、三环、四线、五景"相对完整的旅游模式，将白马湖生态创意园区打造成为"旅游休闲度假胜地"。

3. 特色农居，创意无限

SOHO，意即小型办公室、家庭办公室，也可指代自由职业者，因为它意味着一种新型且自由、机动的生活和工作方式。

应党和国家"建设资源节约型、环境友好型社会"的号召，杭州市政府始终将"满足人民群众日益增长的物质和精神文化需求"作为不懈追求，加快推进城乡一体化进程。在这一过程中，白马湖生态创意园区也积极将自身的发展与"社会主义新农村建设"这一宏伟目标结合起来，以原有村落民居的改造为立足点，将现有的农村居民点改造成具有江南水乡建筑风格的新景观，以满足农村、城市的审美需求，令政府原先计划拆除和重建的建筑重新焕发活力。在"农居 + 艺术家 + 产业 + 市场"的开放模式下，普通的农舍摇身一变成为风格迥异的艺术创意工作室，来自全国各地的创意艺术家和设计师可以以租赁的形式在改造过的农舍里生活和工作。白马湖生态创意园区内的农居避免了大规模拆迁和大规模的改造，减少了特色农居改造对当地生态环境的破坏，不同于过去已有的"拆迁——重建"模式，在不破坏农舍特色的基础上进行修缮、重建，最大限度地降低更新的成本。对原有的旧仓库和旧厂房的改造，盘活了个人和集体资产。杭州市首批 32 个市级特色城镇中，白马湖创意园区孵化的特色城镇也在其中。

特色农居这一具有创意性的新型生活和办公模式，一方面原住民不仅能够保持原有的宁静、自然的生活条件，还能从文化创意产业的潜移默化中不断提高自身的文化素养；另一方面，艺术家通过感受恬静的田园生活，身心得到愉悦，于日常生活中获得了创作灵感。此外，农居 SOHO 还可以促进当地创意旅游、创意活动的不断发展，并以此获得全国各地人士的关注，吸引更多的人前来旅游或参与其中。

白马湖生态创意园区改造了中心城市的旧仓库和旧厂房，集聚特定类型的文化创意产业，吸引了行业内的重点龙头企业。通过城市更新，聚集区重新利用旧工厂和旧仓库，在此基础上形成了新的产业集聚区。

三 依托政策，活用资源

白马湖生态创意园区作为杭州创意产业的先行者，为杭州的创意产业起到了带头作用，而这一切有赖于园区管理人员对政策的深刻解读和对区域高校资源的充分、合理利用。

1. 借助高校资源

杭州自建立至今已有 2200 多年的历史，是浙江省的经济、文化和政治中心。在此之前，白马湖生态创意园区已与中国传媒大学、清华大学继续教育学院合作成立杭州文化创意产业研究中心和杭商学堂。白马湖生态创意园区拥有优越的地理位置和便捷的交通条件，这些都有利于创意思维的萌芽和成长。此外，杭州作为整个浙江文化圈的中心，体现了吴越文化的特色。在白马湖生态创意园区的发展中，杭州西湖和京杭大运河及非物质文化遗产、中国雕刻、余杭清水丝绸制作工艺、杭罗织造技艺、浙江帕古琴艺术、苏杭风俗等都可以成为产业发展的一个新方向。灿烂的苏杭文化能成为创意产业的源泉，白马生态创意园区可以创新先行，融合苏杭特色打造新的创意产业。

同时，杭州有众多高等教育机构和科研机构，是产业发展的人才聚集地。目前杭州汇集了多所高校，包括浙江大学、浙江工业大学等，白马湖生态创意园区应该充分利用附近优质的高校资源，利用激励机制推动高校人才的大规模聚集，通过营造积极向上的工作氛围和富有竞争力的工作机制，让人才在白马湖区域生根。作为最具活力和发展潜力的文化、时尚产业，文创产业受到了越来越多的创意工作者的关注。对于创意工作者而言，提供自我展示的平台和全方位的优质生活设施，是解决他们后顾之忧的关键所在。这是实现文化创意产业快速发展的人才工程。白马湖生态创意园区应聚集附近高校的学术、科研和人力资源，实现高校重点学科的培育和孵化，推动创意产品的产出，构建文化创意产业链。

2. 政府应增强对文创产业的政策扶持

在建设之初，农村改造的创意产业发展模式必须得到政府的支持和重视，如出台改造补贴、入驻企业的税费减免等多种政策扶持。白马湖生态创意园区成功的关键在于，从建设之初杭州市政府就对此高度重视，给予了白马湖生态创意园区高新企业的待遇。

文创产业应着眼于产业链的创建，它的投入和产出主要有三个主要特征：一，局部投入，整体产出；二，近期投入，远期产出；三，此处投入，彼处产出。这也决定了它的产业链相对较长。因此，白马湖生态创意园区注意强化对产业链打造的认识，避免出现"创意产业"概念性的房产出租现象。如今，白马湖生态创意园区在动漫、工业建筑、网络软件等方面都有涉足，产业链的环节丰富充足。产业园不断强化创意产业链意识，使园区对每个方面和环节都有很强的凝聚力，不断吸引更多新产业入驻，使产业链更长。

　　总体而言，白马湖生态创意园区有着良好的政策支持和较为成熟的发展形态，所处的位置也有丰富的文化资源可以利用，园区的未来发展有无限的可能性。而园区本身的传媒背景、文化遗产和产业集聚效果也能够为园区的发展提供持久的动力。

B.30

昆曲：活态传承　熠熠生辉

唐玲　薛静

摘　要： 昆曲作为首批联合国非物质文化遗产，是中国传统文化里的瑰宝，具有极高的艺术价值和品牌价值。近年来，在各界人士的努力下，昆曲不仅极大地受到了保护，更得到了有力的传承，焕发活力，成为我国走向国际的一张"文化名片"，其文化品牌潜力无限。

关键词： 昆曲　品牌　活态传承

昆曲，即昆剧，最早被称为"昆山腔"或"昆腔"，发源于苏州地区的昆山一带。昆曲文化源远流长，是我国最古老的戏曲剧种之一，距今已有约600年的历史，我国很多戏曲剧种都是在昆曲的基础上发展起来的，因此，昆曲又有着"中国戏曲之母""百戏之师"的雅称。此外，以"歌舞合一，唱作并重"为特点的昆曲是中国戏剧史上具有最完整表演体系的剧种，作为一种高雅精致的表演艺术，它博览众长，吸收了中国传统文化中长期以来积累的文化艺术精华，将我国戏曲艺术中的词、歌、舞都发展到了极致，堪称我国的传统艺术精粹与中国戏曲艺术的集大成者，在我国乃至世界的戏剧史上占有着不可替代的重要地位。总的来说，昆曲不仅是一种艺术，更是历经数百年沉淀出的中国文化元素，同时反映了几代中国人的社会状态、人生历程和精神文化，是中国走向国际化舞台的标志性文化品牌。

一　承接历史　未来可期

1. 立足昆曲文化，实现品牌双赢

自 2001 年联合国教科文组织授予昆曲"人类口头和非物质文化遗产代表作"的荣誉称号开始，昆曲正式进入首批联合国非物质文化遗产名录。对昆曲的复兴传承来说，这是至关重要的一年，标志着昆曲的文化价值得到了世界的公认。昆曲申遗成功后，2004 年，党和国家重要领导人做出了重要批示：各地方政府要高度重视，对昆曲开展"抢救、保护、扶持"工作。财政部连续五年拨款，每年将 1000 万元投入昆曲事业。自此，昆曲的发展开始陆续受到来自国家与社会的各项资助，昆曲的文化品牌在此过程中得以逐步建立。

近年来，为顺应我国传统文化复兴的趋势，昆曲的保护和传承在国内学术界与文化界得到普遍关注，国家艺术基金为昆曲剧目特设了专项资助，鼓励各剧院团积极进行昆曲新剧本的创作。基于多年积累的文化品牌与市场，以及大剧团与民间剧团结合新时代元素对昆曲的创新与突破，无论是从社会效益还是从经济效益的角度来看，昆曲都实现了"丰收"。

一个典型的例子便是白先勇与苏州昆剧院领衔合作打造的青春版系列昆剧，不仅使得作为中华优秀传统文化的昆曲在国内赢得热烈反响，也在世界范围内为我国树立了良好的文化品牌形象，进一步巩固了我们的民族文化自信，还带来了支撑其继续发展的经济效益。从全国来看，江苏是昆曲的发源地，有着深厚的昆曲艺术底蕴，昆曲是江苏省文化名片建设的重点内容。因此，江苏省昆剧院一直致力于寻求传统与创新的融合，在社会与市场上均表现出了极强的活力。江苏省演艺集团曾经聚集中、日、韩、加拿大等多国艺术家倾力打造一部昆曲大戏《1699·桃花扇》，由于在昆曲文化中融入了西洋唱法，自推出以来便在市场斩获了诸多奖项，不仅实现了国内市场与国际市场的双赢，更值得一提的是，这部戏的总投资 400 万元中，除了政府的资金支持外，还有许多企业的投资入股。其实，早在 2016 年，江苏省昆剧院

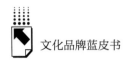

的演出场次就已经达到 600 余场，形成了庞大的粉丝群体与巨大的市场经济效应，并带动了其他几个昆剧团的发展。从近几年的发展趋势来看，昆曲品牌牢牢立足于传统文化，实现了品牌的双赢。

2. 政府大力扶持，多方品牌推广

自从昆曲成为世界非物质文化遗产，其保护和延续状况也受到全世界的共同关注。在昆曲的保护上，目前主要存在着两种观点：一种认为昆曲应保持"原汁原味"，被作为博物馆艺术加以保存；另一种则主张昆曲应"现代性发展"。实际上，这恰好跟昆曲的两种属性相关，一方面就文化遗产的属性而言，昆曲不需要进行创新，保真能让它的文化价值最大化；另一方面在市场化背景下，昆曲又属于文化产品，就这一属性来说，昆曲需要面对现代观众，存活于当下的舞台。但无论如何，对昆曲的保护早已形成共识。保护昆曲不仅是对中华民族文化自信的坚守，更是对人类文化多样性与多元性的重视，因此，近些年来，我国就如何保护昆曲实施了一系列的措施。

2001 年 12 月，苏州成立"中国昆曲艺术理论研究中心"，对昆曲进行抢救性保护，及时保存了大量的昆曲研究成果；2005 年初，"国家昆曲艺术抢救、保护和扶持工程办公室"正式成立，不仅对各昆剧院团的剧目创新与人才培养提供大量资金资助，还主持编写出版多本昆曲研究专著，使昆曲得到进一步的保护与传承。2009 年 5 月，中国艺术研究院成立"昆曲艺术研究中心"，组织进行昆曲的整理和研究工作。同年年底，中国艺术研究中心戏曲研究所从"活态"传承出发，对国内数百位昆曲从艺者进行访谈，以昆曲口述史的形式对昆曲艺术的传承做进一步的整理与保存。2015 年 7 月，国务院印发了关于支持戏曲传承发展政策的相关通知，从戏曲剧本创作、戏曲演出、戏曲人才培养和保障机制、戏曲普及和宣传等多个方面对戏曲的传承与发展提出了要求，该政策对昆曲近年来的振兴与昆曲艺术的繁荣发展起到了至关重要的作用。2017 年 7 月，国家艺术基金管理中心就"昆曲院团申报国家艺术基金"召开了一次专门的座谈会，为各昆剧院团申报国家艺术基金项目提供了更加详细而全面的指导，并支持各剧团从创作、演出、人才培养等方面全方位解决昆曲传承发展中的问题。在地方层面，苏州不仅早在

2006 年就颁布了国内唯一针对戏曲保护的地方性法规——《苏州市昆曲保护条例》，还先后建成了中国昆剧艺术节和虎丘曲会、中国昆曲博物馆、苏州昆剧传习所、江苏省苏州昆剧院等多个大规模的昆曲演习场所，以及昆曲电视栏目、昆曲网站等完善的品牌传播推广系统。

　　在政策的支持下，近些年来，昆曲的生存环境大大改善。以湖南省昆剧团为例，湖南省昆剧团由 1960 年组建的郴州专区湘昆剧团发展而来，正式成立于 1964 年。2001 年昆曲被列入世界非物质文化遗产名录后，郴州市政府高度重视，在 2003 年将湖南省昆剧团由差额拨款列为财政全额拨款单位。有了更充裕的资金作后盾，再加上多年来的经验积累，近几年，湖南省昆剧团把握机会，先后参与春晚及戏曲晚会数十次，举办多个昆曲交流展演活动，并勇于踏出国门，出国演出百余场。知名度和影响力得到扩大后，独特的地理位置使湖南省昆剧团被誉为中国昆曲文化品牌中的一朵奇葩，迅速提升了湘昆的文化品牌形象。

　　在昆曲的发源地昆山，为了推动昆曲品牌的传承与发展，昆山市政府不仅投资 1600 万元为昆曲表演仿建古戏台，还以每年千万元的投资，全力建设昆山昆剧团，支持其开展一系列昆曲的保护与传承活动。苏州市政府也为昆曲表演提供了表演场所，实现了昆曲品牌与苏州园林品牌的双赢。在各地方政府的大力支持下，目前仅昆山范围内的昆曲演出就累计达 5000 余场，在社会与经济上均取得了巨大的效益。

　　总的来说，以目前我国昆曲品牌的发展情况来看，政府的资金与政策扶持发挥了十分重要的作用。在地方大剧团与民间剧团等多方力量的共同传承与创新推动下，昆曲的品牌推广已取得卓越成效。

二　各方蓄力　共创品牌

1. 线下：昆曲院团与民间曲社相得益彰

　　一代京昆大师俞振飞曾提出"振兴昆曲要靠两支大军"，一支专业队伍，即专业昆剧团；另一支业余大军，即昆曲爱好者。目前的昆曲专业院团，我国内地有 8 个，遍及江苏、上海、浙江、北京、湖南等地，尤以江浙沪一带为盛，我国台湾至少有 5 个。我国内地 8 个昆曲院团是全国性的昆剧专业表演艺术团体，以传承中国传统文化为宗旨，通过每周或每月的固定时间的演出、巡演活动、相关艺术讲座等形式来扩大昆曲的影响力。并在此基础上，着力于对昆曲文化品牌的建设，融合各地文化特色，极大地促进昆曲在各地的个性化发展。如湖南省昆剧团湘昆展演系列品牌活动的成功举办，融合地域唱腔，拉近了与当地民众的距离。在 2000 年开始举办的中国昆剧艺术节上，不少昆剧团的年轻演员获奖，这也是昆曲院团在为昆曲品牌的可持续发展积极培养昆曲人才、积蓄年轻力量。

民间曲社由各地爱好昆曲的人士组成，以苏州的虎丘曲会、北京昆曲研习社、上海昆曲研习社、南京昆曲社、潇湘昆曲社等为代表的一股民间曲社力量正在兴起，且曲社数量不断增加。据了解，社员的年龄身份各不相同，学习传承昆曲的活动方式也形成了两种不同的风格，在此我将其称为"内修型"和"外放型"。前者专注于自身昆曲的内功修炼，一般是室内拍曲、学曲等活动；后者重在昆曲传承的广度，没有固定的传习场所，在各个场所不遗余力地宣传、演出，尽可能扩大昆曲的传播范围。方式不同但最终想要推广昆曲的心是一致的。两种民间昆曲曲社不同传承方式的结合使得昆曲的深度和广度同步发展，是推动昆曲品牌发展的重要因素。

将这两种模式结合起来看，官方的昆曲院团就像是战场上的司令官，把持着昆曲发展的大方向，引领昆曲的传承发展；民间的昆曲曲社就像战场的后方安置部队，从小处着眼，为昆曲的文化传播积累力量。两者相辅相成、相互促进，共同成就昆曲品牌的繁荣。

2. 线上：昆曲信息化脚步不曾停止

在如今的时代背景下，昆曲文化品牌的发展离不开昆曲的信息化建设，昆曲的信息化也取得了一定的成果。首先表现为迅猛发展的昆曲网站建设。目前，推广昆曲的专题网站主要有"环球昆曲在线"、"中国昆曲网"、"中国昆曲博物馆"、"昆曲网"和八大昆曲院团网等，还有其他若干作为二级链接的网站，这些网站通过不同版块的设置提供昆曲的历史资料或发布演出信息等，是昆曲不断创新和加强宣传的重要媒介。如"环球昆曲在线"网站是全国首个昆曲网络电视台，其有关演出实况转播以及现场直播的内容让世界各地的昆曲爱好者都能享受视听大宴，有效扩大了昆曲文化的辐射范围。其次，昆曲的资源数据库建设也不断加强。如 2003 年中国昆曲博物馆挂牌成立，有定期的折子戏演出以及其他静态特色观展内容供人们欣赏、研究，并且专门设立了中国昆曲博物馆音像视听中心，将昆曲老艺人的音像资料收藏、妥善保存，使其得以流传后世。据统计，中国昆曲博物馆收集的昆曲传统剧目音像资料达到四百余折近千种，珍贵的昆曲手抄本（脚本）数以百计。昆曲信息化建设的数字成品和纪录片，如《昆曲六百年》《中国昆曲音像库》等影像资料也得以出版和发行，极大地丰富了昆曲文化的储存方式。

为做到与时俱进，各个昆曲院团、曲社大多开通了微信公众号、微博等网络信息平台。它们多是以地方昆曲院团为依托，实时发布昆曲演出或重大活动的动态信息，同时也可与广大用户实时在线交流，信息反馈及时迅速，不断健全昆曲的文化资源库，塑造昆曲的整体文化形象，实现昆曲的多向传播，开拓昆曲传播的新渠道。昆曲的信息化可以帮助昆曲更好地传承于世，是昆曲文化品牌建设中重要的一环。

3. 延伸：学术化与商业化齐头并进

昆曲是一种雅文化，为了突破受众面小的局限，学界在昆曲相关学术研究方面也在不断突破。在昆曲艺术的学术化过程中，出现了诸如《昆曲艺术大典》《中国昆剧大辞典》《中国昆曲论坛》等学术著作和昆曲艺术家传记等，给社会留下了严谨扎实的学术资料和基本论断，是民族的财富。同时，学界对昆曲文化的研究日益重视。各类期刊论文内容不断深化全面，从昆曲的历史沿革、基本现状到深度解读古典优秀昆曲作品，深度挖掘其深刻的文化内蕴，或是与现代性结合，着眼于昆曲的舞台艺术和表演艺术分析，抑或是对昆曲的品牌个案研究，给传统文化的继承发展提供了一些可行性建议。与此同时，昆曲已经走进部分高校，如在北大已开设相关的昆曲课程，在我国香港、台湾也相继开设了昆曲课堂，引起了越来越多学者的关注和研

究，昆曲的品牌价值在学术研究中逐渐显露出来。

昆曲在苏州发源，流传于全国各地，早已与当地的人文特色根脉相连，因此可将昆曲与当地风俗、旅游文化相结合，将品牌建设延伸到商业化模式，使文化传承与商业化实现共赢。如虎丘中秋曲会，正是沿袭了苏州自古以来的传统节令活动的习俗，已经成为苏州宣传昆曲文化的一桩盛事。这样结合民俗的发展模式不仅是一个宣传窗口，还在一定程度上促进了当地旅游事业的发展。苏州当地坚持可持续发展原则，将婉转悠扬的昆曲与苏州园林恰到好处地融合，给游客带来新奇高雅的艺术体验，同时也给苏州的旅游业带来了新的发展方向，让昆曲成为苏州的城市文化名片，唱响了昆曲的文化品牌。随着当代人文化生活需求的不断提高，选取昆曲中优秀独特的文化元素，设计制作成各种精美的昆曲文化创意产品，以昆曲为主体的文创产品应运而生。如以"临川四梦"为主题的系列文创产品、新近推出的"昆曲萌娃"系列文创产品，同时衍生其他以昆曲艺术中的某些元素为亮点的周边产品（诸如带有昆曲脸谱元素的笔，明信片、扇子等小物件）、可供收藏的昆曲邮票等，通过推出这些文创产品，让高雅小众的昆曲艺术走进寻常百姓的生活，拓展了商业化的途径，同时扩大了昆曲文化品牌的影响力。

实践证明，昆曲作为一种高雅文化，也可以走进大众的视野，成为人们共同的艺术追求。商业化但不过度逐利，这也是实现可持续传承的必要条件。所以昆曲的学术化和商业化发展不相冲突，可以齐头并进，共同打造昆曲的品牌效应。

三　面向创新　走出国门

对于昆曲来说，传统不可抛弃。前人给我们留下了众多优秀经典曲目，都是中华民族宝贵的精神财富，需要后人加以传承保护。因此，从尊重传统出发，发散创新思维，激发昆曲文化的内在活力，使昆曲艺术焕发生机，是昆曲品牌的一大亮点。数百年来，昆曲不仅成功地适应朝代更替、时代变迁而传承至今，也在走向国际化的道路上取得了颇多成果。

1. 优质制作彰显品牌价值

前人给我们留下了很多的优秀传统昆曲，艺术内蕴深厚，是昆曲的品牌核心所在。在昆曲曲目内容创新方面，以昆曲青春版《牡丹亭》为例，首次巡演的 50 场演出，场场爆满，观众多达 7 万人，其中有 70% 是年轻人，当时上海大剧院的演出票价最贵时达到 3600 元/套，依然供不应求。2006 年，白先勇带着青春版《牡丹亭》走出了国门，在加州大学的四个校区演出，其中，伯克利大学的剧院有 1200 个座位，三层的看台全部坐满了观众。截止到 2017 年 10 月，青春版《牡丹亭》已经在国内外完成了超过 300 场商演，累计观众 30 多万人次，取得了巨大的成功。到今天，仍然不减热度。其在充分尊重原著的情况下，挖掘与现代契合的内容，在改编时注入现代意识，赋予其新的角色定位，提供了角色解读的多种可能性，大获成功，打破了昆曲"博物馆文化"的传统定位。正是以白先勇为首的团队，将传统的古典美和现代感完美地融合在一起，并专门聘请业内一流的昆曲表演前辈艺术家对一批年轻演员进行精心教导和训练，才能使昆曲《牡丹亭》重新焕发活力，回到大众的生活中来并受到好评。当然，青春版《牡丹亭》的成功还有很多其他的原因，如团队的鼎力合作、白先勇个人的良好声誉、昆曲本身的艺术魅力、得当的宣传策略等。这个成功的案例让我们看到，高水准制作不仅使昆曲重获新生，极大地丰富了昆曲的表现形式，其潜在的品牌价值在此过程中也得到彰显。

只有从传统出发，将昆曲与创新意识相融合，赋予昆曲新的生命意蕴，才能成功地使昆曲越走越远。

2. 结合传媒，提升品牌关注度

在现今社会，品牌的关注度和影响力与多种多样的娱乐方式联系紧密，传媒的传播速度和广度都令人惊叹。昆曲与综艺、电视剧、歌唱等比赛相结合，在一定程度上提升了其品牌关注度，如 2016 年湖南电视台的综艺节目《我们来了》中，众多女星到苏州昆剧团学习昆曲，并进行排练，为观众们献上了《白蛇传》《牡丹亭》等六出经典昆曲剧目，完美诠释角色，将昆曲的艺术美展现出来，引发了网友的众多讨论，更有网友坦言"一夜爱上昆

曲"。综艺节目的流量和明星效应给昆曲带来了相当高的关注度，同时给昆曲的发展提供了一些新的发展方向。

2018 年，清宫戏如《如懿传》等在网络及卫视台热播，因为所涉朝代，当然少不了昆曲的存在，昆曲在剧中出现多次，从后宫嫔妃的喜好，到电视剧配乐，昆曲给观众带来了惊喜。在剧中，帝后的定情之作是昆曲《墙头马上》，一句"墙头马上遥相望，一见知君即断肠"从开头念到了结尾，贯穿始终；更有妃嫔可以凭借昆曲获得皇帝的青睐等。其实很多影视剧里的背景音乐都融入了昆曲的元素，比如 1986 年版的《红楼梦》里有一段吃螃蟹的戏，其背景音乐就是根据昆曲曲牌《懒画眉》改编的。昆曲元素在影视剧中运用颇多，一方面影视剧融入昆曲元素是想借力于优秀传统文化，另一方面，昆曲因为电视剧的热度上升也吸引了观众的视线，提升了公众对昆曲文化品牌的关注度。

3. 面向世界，擦亮国际标识度

经过 600 年的历史沉淀，昆曲以其温婉瑰丽、古雅经典的艺术风格，被誉为"百戏之师"，是中国乃至世界戏剧史上的一朵艺术奇葩。自 2001 年昆曲入选联合国非物质文化遗产名录以来，沉寂已久的昆曲开始逐渐进入大众的视野，受到国际戏剧界的关注，并多次受邀出国巡演，为弘扬我国戏曲文化、促进国家文化交流方面做出了巨大的贡献。

目前，由于经费、规模等限制，我国的昆曲产业民间剧团走出国门的尚在少数，将昆曲推向国际化舞台的主要是受国家资金扶持的专业昆剧团。例如江苏省昆剧院的《邯郸梦》《醉心花》，苏州昆剧院的《当德彪西遇上杜丽娘》都是近年来昆曲艺术迈出国门、走向世界的代表作品，给人带来了中外文化融合的强烈冲击。以上海昆剧团为例，早在 60 年前，上海昆剧团的奠基人、京昆艺术大师俞振飞就曾受邀前往欧洲进行昆曲表演，60 多年来的不断积累与推陈出新，为昆曲在海外的传播奠定了一定基础。2016 年，上海昆剧团为纪念汤显祖逝世 400 周年，首次推出完整的《临川四梦》——《牡丹亭》《紫钗记》《邯郸记》《南柯梦记》四部大戏，并先后在广州、深圳、昆明、武汉、台湾等地进行巡演，在国内掀起了一阵"昆曲热潮"，出现了一票难求的火爆场面，打破了多地戏曲商演的票房纪录。在拓展国内演出市场版图取得小规模成功的同时，上海昆剧团进一步开拓国际市场，于2018年11月，携昆剧《临川四梦》先后在奥地利、德国和俄罗斯等地进行演出，演出地点包括德国柏林艺术节剧院、落成不久的索契奥林匹克中心等国家级文化地标，在成功地将昆曲推进国外市场的同时，也成功地将昆曲带进了世界级大剧院的档期和国际艺术节的阵营，极大地提升了昆曲的影响力和国际知名度。除了上海昆剧团的《临川四梦》等经典大戏登上国际一流剧院艺术节之外，不具地理优势、经济条件相对薄弱的湖南省昆剧团，也先后赴欧洲、东南亚等国家演出百余场。除此之外，各大昆剧院团近年来还先后推出折子戏、实验新作和戏曲电影等不同类型的作品，并将其推送到了海外高校、一流剧院、顶尖艺术节的舞台，极大丰富了昆曲作品"走出去"的类型与路径。

近年来，昆曲品牌的内容和形式达到了前所未有的国际化创新，无论是从剧团的人才队伍、团队建设、剧场营销还是品牌效应来看，昆曲在国际化的道路上都呈现蓬勃发展的良好态势。

B.31
广交会：广交世界，开放共赢

王亚茹

摘　要：　广交会，全称为中国进出口商品交易会，1957 年由周恩来总
理倡议创办。一年春秋，广州两度盛会，60 余年风雨征程，
广交会已经成为中国与世界各国进行贸易交流、建立贸易关
系的平台，是中国实现全方位对外开放的"风向标"。

关键词：　广交会　国际贸易平台　对外开放

广交会因其创办历史最为久远，是我国层次最高、规模最大并且商品种
类最为齐全、成交效果最为突出的展会而被誉为"中国第一展"。近年来，
广交会也从重数量、重交易额逐渐向重质量、重交易效果转变，促进会展参
与企业的创新和品牌发展。广交会成为充分展现我国开放型贸易环境的平
台。广交会的不断深入发展无论是对参展企业、广东经济，还是中国的经济
发展以及世界贸易都具有重大意义。

2018 年广交会在复杂的国际贸易环境中稳中求进，春季广交会成交额
达 3.008 亿美元，秋季成交额达 2.986 亿美元，全年总成交额约 6 亿美元。
其中秋季广交会展览总面积达 118.5 万平方米，共设展位 60645 个，境内外
参展企业共有 25583 家。此外，广交会持续发力，进一步提升进口展办展水
平，来自全球 34 个国家和地区的 636 家企业参展，有 10 个国家和地区组团
参展。

一个平台——开放型国际贸易平台

广交会成功举办 60 余年来，始终秉持开放、共赢、创新求发展的理念，在这个开放型国际贸易平台上，中国的企业、产品和品牌走出国门，走向世界；国外先进的产品、技术进入中国市场，促进中国市场同类产品开发。至 2018 年 7 月，广交会已经和来自全球的 213 个国家和地区畅通了贸易往来渠道，并建立了贸易协作关系。

1. "买全球"，中国市场拥抱世界

中国的消费市场广阔而具有潜力，中国的消费者购买力巨大。但是由于创新能力不足，中国市场上很多同类产品千篇一律，无论是在外观上还是性能上都无法满足中国消费者的实际需求，这时消费者和中国企业便把目光对准了国外市场。来自国外的企业通过参与广交会，展览充满创新与诚意的产品，中国消费者认可他们的品牌，中国企业认可他们的创意和技术，如此一来产品便能顺利进入中国广阔的消费市场。

第 124 届广交会进口展共有来自 34 个国家和地区的 636 家企业参展，他们主要以国际品牌、高端智能、科技含量比较高以及能够满足中国市场需求的产品为主要展品。其中，世界 500 强企业参会 110 家，包括沃尔玛、亚马逊等中国消费者所熟知的企业；除此之外，8 家跨国企业参加了广交会的跨采服务。这些国外参展企业将广交会进口展这个重要平台作为开拓中国市场的"快速通道"。"买全球"不仅为国外企业提供了中国这个广阔的消费市场，同时，也能促进我国企业反思自身、取长补短。

2. "卖全球"，中国产品走向世界

从"买全球"到"卖全球"说明中国对外开放的力度不断加大。中国全方位深化对外开放，将市场做大至世界，在世界平台上利用广交会买卖自如。在世界外贸形势不容乐观、中美贸易摩擦加大、人民币不断贬值的情况下，中国产品出口所受到的影响可能并不大。2018 年第 124 届广交会国外采购商到会约 19 万人，来自 215 个国家和地区，累计出口成交额达到

2064.94亿元人民币，折合298.6亿美元，中国产品通过广交会的大舞台真正走向了世界。

中医药养生文化以它独特的魅力引发了全球中药养生热潮，中医药企业出口产品已覆盖213个国家或地区。江西仙客来生物科技有限公司生产的灵芝孢子油、灵芝胶囊在东南亚和我国香港十分受欢迎，欧美市场则更多购买原料类产品。整个中医药行业最依赖的增长点是新兴市场，特别是"一带一路"沿线国家和地区。由于特殊的地理位置以及并不发达的医疗条件，他们对中医药产品的需求明显提升，2017年增幅就达到18%，这充分显示了中国医疗健康产品与日俱增的国际竞争力。

3. 新市场，"一带一路"沿线国家

2018年中美贸易战的爆发无疑对中国贸易发展有着消极影响，关税不断提高更是雪上加霜。2018年广交会上，来自美国的订单毫无疑问大幅减少，但是世界上并不是只有美国市场，"一带一路"沿线国家和地区成为重要的新兴市场。

"一带一路"建设，对拉动我国外贸增长、形成全方位对外开放格局具有重要历史意义。随着"一带一路"建设的不断深入，广交会作为中国第一贸易促进平台，积极响应国家号召，力求使广交会成为沟通中国与"一带一路"沿线国家经贸往来的桥梁和纽带，推动中国与"一带一路"沿线国家的经贸合作向纵深发展，实现中国与沿线国家和地区的互利共赢发展。

广交会是"一带一路"沿线国家对外贸易往来的重要渠道。第124届广交会上，来自"一带一路"沿线国家的采购商到会踊跃，参展企业数达381家，展位总数615个，分别占比60%和62%，涵盖了进口展的全部6个产品区。"一带一路"沿线国家和地区采购商到会84578人，同比增长0.16%，占与会总人数的比例超过44%。一方面，广交会上物美价优的设备能够带给沿线国家实实在在的帮助，另一方面，广交会还是他们学习最新的元素、产品、技术以及充分了解并掌握国际市场发展行情的重要平台。

"一带一路"沿线市场是广交会开拓的重点市场。第124届广交会对"一带一路"沿线国家出口成交总额为96.3亿美元，增幅为2.7%，占总成交额的 32.3%。众多参展企业在"一带一路"倡议的引导下，生产物美价廉、能够满足沿线市场需求的新产品，以此开拓沿线市场，改变企业出口依赖美方市场的格局，变被动为主动。格兰仕微波炉 2018 年上半年在印度的市场占有率约为 80%，通过广交会对乌克兰、匈牙利等国家的出口量增加了两倍。志高空调常年以来一直坚持参加广交会，通过广交会这个平台，在"一带一路"沿线市场的占有率常年保持在 10% 以上。

两大"法宝"助力中国创造

长期以来，广交会一直是制造业等劳动密集型产品的集散地，但从2018 年秋季广交会的情况来看，一大批拥有核心关键技术、自主产权以及自主品牌的龙头企业带着他们最新的产品参与本届会展，专业化、品牌化、智能高端化产品成为新的潮流。参展企业依靠"创新 + 品牌"两大法宝，在竞争中不断实现超越。

1. 知识产权保护为实现"创新 + 品牌"提供保障

在中国，广交会是最早进行知识产权保护的展会。广交会的知识产权保护工作经过 26 年的不断发展和完善，已经形成较为完备的展会知识产权保护以及贸易纠纷解决机制，有效加强了企业的知识产权保护和公平诚信贸易意识，向世界有力地展示了中国政府鼓励创新、保护创新的坚定态度。

广交会始终做好预防和现场受理两手抓的准备，重拳出击涉嫌侵犯知识产权的行为。首先，展前广发通知，要求加强对参展企业的展品知识产权和质量的审核，严控入口，从源头上杜绝不具备参展资格的企业或有可能侵权的产品参展的可能性；重点关注往届被多次投诉侵犯产权的展品和企业，对其进行一对一提醒和告诫处理。其次，展会期间，大会投诉接待站加大巡查力度，及时发现、迅速有效受理和查处涉嫌侵权的行为。最后，规范办案程序和畅通维权渠道，打造真正公正的营商环境。在这样的举措下，越来越多的参展企业能更加放心地在广交会展示他们的最新产品和技术，促进产品交流和出口贸易往来。申请专利不仅是公司对自主知识产权的一种保护，也是为了促进产品不断升级、提高产品在国内外的知名度和影响力。近年来随着人们创新意识的不断增强，不少境外采购商在来广交会进行采购时，都会把拥有自主知识产权作为挑选的准则之一。

2. 创新驱动，质量培优

面对国际贸易风险，有的外贸企业从加大研发投入、推出具有高附加值的新产品着手，有的则寻求降低生产、物流以及采购等环节的成本，有的则把目光瞄向"一带一路"沿线国家和地区等新兴市场。然而，能从根本上抗击外贸风险，保持企业平稳发展、销售额稳步增长的办法还是强化创新意识、提高自身的创新能力。有创意的产品才是立足市场的不败"法宝"。

在第124届广交会上，很多参展企业开始注重加强自主研发、推陈出新，效果显著。浙江恒林椅业股份有限公司成立20周年，在发展初期主要生产销售办公椅、沙发等非常传统的椅业产品，后来，企业开始加大在坐具研发制造领域的研发投入。在产品研发过程中，恒林椅业把人作为主体，力求做到安全、健康、高效能和舒适。在第124届广交会上，展出了很多款自主研发的电动按摩椅，不少境外采购商被颇具时尚感的产品吸引，坐在按摩椅上一边体验一边咨询了解，该公司成功拓展了按摩椅等新品的海外市场。可以说，恒林椅业的产品能够拥有今天这样大的影响力，和它多年的技术积累以及在创新和技术研发上的投入是密切相关的。

为促使企业走创新发展的道路，每年广交会都会举办"出口产品设计奖"评选活动，选出不仅具备市场价值也具有很高设计价值的中国出口精品，利用广交会这一平台向采购商广泛宣传，促成更多市场认可及扩大成交量，引导外贸企业自主创新，向世界放大"中国创造""中国设计"的独特魅力。2018年度共有来自629家企业的1214件产品参与竞争，77家的100件产品获奖。同时，还举办了设计创新论坛，来自各个企业和国家的多名设计师、企业家重点探讨企业在创新设计研发方向的对策和调整，帮助设计师更加深刻认识企业产品研发和品牌升级，对企业创新设计研发提供建议，促进企业转型升级，推动中国外贸事业向更高层次发展。

3.品牌建设，推进全球新布局

中国产品要想全面打开国际市场、得到国际社会的认可，就必须有自己的自主品牌。自主品牌对一个企业在国际市场上打开销路太重要了。比如，在过去，中国很多机电类产品的质量已经达到或接近国际水平，但由于没有自主品牌，机电企业不得已只能采用贴牌出口的办法，贴上别人的品牌，这个产品的创意再好、性能再佳也和原品牌没有任何关系，这样一来，价格不仅卖不上去，还极易遭到国外市场的反倾销。

近年来，广交会以品牌审查为契机，加快展区品牌建设，提高参展企业的水平。出口展区中品牌展区的交易状况可观，有力地推动了我国出口贸易的快速发展。第123届广交会中，品牌展区成交额为100.7亿美元，占出口展区的33.5%，第124届广交会中，品牌展区成交额为94.5亿美元，占出口展区的31.7%。品牌的培育能有效推动企业发展，使企业在国际竞争的平台上更加自信。

天津食品进出口有限公司在第124届广交会主推"金星牌"高粱酒以及"长城牌"罐头。该企业注重品牌维护和发展，通过建设专门的营销团队拓展国内市场，充分挖掘老字号品牌"义聚永"，深入开发内销高粱酒系列产品，国内销售也有了质的飞跃，三期开幕以来，已经拿下800多万美元订单。

自主品牌格力电器生产的产品已经远销至160多个国家和地区，产品使用者达到3亿人以上；TCL也被评为出口知名品牌企业，在广交会上一展大国品牌风采；海尔的自主品牌使用物联网技术的商业用途洗衣机在日本势头依然强劲。在广交会的现场，越来越多的人开始谈论自主创新和高附加值产品，也有越来越多的中国企业在广交会为世界友人奉上一场"中国创造"的盛宴。从劳动密集型产品向技术密集型产品转变，从要素驱动企业发展到创新成为主要驱动力量，从价格优势转变为品牌优势，广交会上的这些可喜变化，无不映照着中国产品从"中国制造"走向了"中国创造"。

"三架马车"保驾护航"中国第一展"

1. 改革开放，为有源头活水来

改革开放四十年，广交会蓬勃发展四十年。坚持改革开放为广交会的永动式发展注入源头活水。广交会紧跟时代方向，把握住了一次又一次重要的历史发展机遇，无论是在展览的形式、组制还是展览的内容以及功能上都实现了跨越式的创新发展。

广交会不断变革展览的组织体制，丰富参展主体。改革开放以前，广交会上的展览商还主要是国有的专业外贸企业，现如今，展会外贸主体不断丰富，趋向多元化。市场上，多种类型、多种所有制的企业百花齐放，为扩大国家进出口贡献各自的力量。截至目前，广交会参展主体中私营企业占比79.23%，生产类企业占比49.27%，它们已经打破国营企业一家独大的局面，成为广交会的主要展商。

分期办展，专业创新，广交会更大更强。一年两届，一届三期。广交会在改革开放四十年里的多次实践以及规模扩容和分期办展的经验基础之上，探索出了一条有着广交会自身特色的办展之路。据第124届广交会报道，广交会的办展规模已经达到118万平方米，一共分三期51个展区，第一期主要是五金机械类、汽车能源类、化工类以及进口展区，第二期则以日用消费品、礼品以及家居装饰类为主，第三期主要是纺织、办公以及医疗类。这样一来，广交会的专业性得到了有效提升，不仅为我国的大中小不同类型企业进军国际市场创造了有利条件，也为海外厂家、企业以及买家采购中国产品提供了便利。

优化布展结构，提高参展门槛，不断改善商品组织架构。改革开放四十年以来，广交会着力提高展会参与标准，完善展区布局，致力于吸引行业有能力、有潜力的企业以及拥有高新技术和自主知识产权的产品参展，这就提高了进出口产品的规格、质量，实现低附加值产品向高附加值产品的升级改造。目前，在广交会所有出口商品中，机电类产品已经成为第一大类，在成交总额中占比达到 52.8%，而高端、智能和品牌成为产品进出口的主要标签。

2. 技术，让"智慧广交会"备受青睐

当历史的脚步迈入全球信息化时代，广交会深刻把握时代信息化发展的新趋势，积极主动适应新常态，扎实稳步推进智慧广交会的建设，将信息通信技术作为新一轮外贸变革和重新构建展会经济格局的主导力量。

智慧广交会是广交会充分利用人工智能、大数据、云计算与物联网为代表的数字网络技术来促进实体展会智慧发展的积极探索。第 124 届广交会智慧服务水平进一步提高。展前，参展商可以在综合业务系统在线申请展位以及各项服务，更方便高效地完成参展布展；还可以通过预展平台获取参展企业相关信息，也可以在供采对接平台上主动发布采购意向，实现线上预约线下洽谈，提升贸易对接效果。展中，可以根据采购商的行为偏好向其精准推送产品，有效提高参展效果；通过广交会移动客户端 App，用户可以一键登录展馆 Wi-Fi，利用展馆电子地图与智能导航服务迅速定位目标公司展位，提高采购效率。展后，还可以通过"客商关注度"了解当届广交会采购商的关注点，获取个性化参考数据。

除加强网络建设外，广交会在医疗和安全服务方面也更加妥帖。20 多年前，广交会只配置了药房，参会人员看病问诊多有不便。现在，专业的医生和护士 24 小时提供诊疗服务，极大提升了与会人员的参展体验。参展离不了出行，优质的出行服务也是评价会展是否周到的一项重要指标。据了解，广交会方面已与 20 余家汽车、航空、专车等企业建立了合作关系，其中，在专车服务方面，有 40 余辆高档轿车和专业司机加持，为广交会嘉宾提供全天候不间断的交通服务。

3. 政策"红包"+主流媒体高密度宣传

近年来，为保障我国进出口贸易事业的蓬勃发展，国家相继出台了一系列政策"红包"，从生产成本到出口税率再到大的营商环境，国家致力于从根本上保护外贸发展，为我国进出口贸易创造最大便利。比如，进一步降低进口增值税税率，再降低汽车及其零部件、药品以及日用消费品等产品的进

口关税，使得进口贸易额大幅增长。举个例子，一批货的关税在以前是要交140万元的，由于现在降低了进口关税，要交的税减免了60多万元，这样一来，省下的关税就可以花在采购上，国家总的进口贸易额也会进一步提升。

地方上，河南出台了多项优化营商环境的便民措施。比如，在通关一体化方面，往常企业的大宗产品出口需要向多个部门报备申请，工作效率低下，耗时耗力，而如今，这项工作的工作效率是以往的两倍。国家海关总署进一步表示，正会同国家相关部门采取更加有利的措施，着力推进口岸提效降费事宜。未来，有关部门将从简化程序、降低合规成本、压缩不必要时间等方面进一步优化整体营商环境，为企业去负增效。

面对瞬息万变的市场以及风云莫测的国际贸易环境，国家始终和企业站在一起，企业从来不是孤军奋战。从企业的实际需求出发，从市场现实着手，制定更加精准的政策，完善相关配套服务，让闯荡世界的中国企业更加有底气、有信心。

在当今这个信息社会，任何事业想要走向人们视野、走进企业心中都少不了宣传的作用，即使是已经走过60余年征程的广交会也不例外。广交会前期，制作并利用会徽、会标与吉祥物开启第一轮宣传；国外方面利用资源优势动用商务部驻外使馆等政府部门向当地商会、工商团体发函邀请他们在当地进行与会宣传。广交会开始之前，还会在广州进行"广交会形象小姐"的选拔赛，以娱乐竞赛的形式提高广交会知名度。

2018年广交会是在中国改革开放40周年之际举办的，而广交会深刻见证了中国改革开放40周年的风雨历程，因此广交会受到了来自境内外各界媒体的广泛关注和报道。据统计，2018年秋季广交会就受到来自境内外82家媒体360名记者的与会报道。其中《人民日报》、新华社、中央电视台、《大公报》、《文汇报》、路透社等国内外新闻媒体专门开设广交会专栏对广交会进行专题报道。在网络方面，商务微新闻和新华网联合广交会新闻中心共同设立广交会新闻访谈间，开设"广交会故事"专栏，以分享广交会之间的小故事的形式吸引了众多网民参与。

广交会，让世界共享中国发展"红利"

中国对外开放的大门不会关上，只会越开越大。改革开放四十年来，中国不断向国际市场开放大门，以包容开放的姿态迎接世界各国。在国际上贸易保护主义盛行、单边主义不断抬头的严峻形势下，广交会作为"中国第一展"所承载的特殊意义就在于，通过打造一个开放包容、合作共赢的贸易平台，最大限度反映世界各贸易国的利益诉求，彰显平等的国际经济贸易秩序，从而推动全球经济更加健康发展。

"中国搭台，世界合唱"。参加广交会不仅是境外企业进入中国市场、其他国家扩大对华出口的一次契机，也是世界各个国家促进国际多边经贸关系发展、共同融入全球经济产业链和价值链、实现经济和资源优势互补、国家和地区间互利共赢的一个良好机遇。

B.32
后　记

　　中南大学中国文化产业品牌研究中心自2006年以来，根据"经济体量、年度业绩、业界声誉、社会影响、品牌价值"的总原则，每年遴选具有重大示范效应、产生广泛影响力的中国文化品牌进行推荐发布，编撰出版《中国文化品牌发展报告》，对中国文化品牌建设的经验进行总结，对年度文化产业的突出业绩进行展示，在文化产业学界、业界和政界产生了广泛影响，多次被中央电视台新闻联播、《人民日报》、《光明日报》、新华社等国家重要媒体报道，中宣部、原文化部、教育部和湖南省委省政府领导在许多重要讲话和文件中，多次引用报告中的研究数据和品牌案例。

　　经过大浪淘沙，中国文化品牌不断壮大，品牌企业运营不断成熟，文化品牌成长机制不断完善，经我中心发布的文化品牌成为中国文化产业发展的引擎和龙头。由于文化品牌发展逐步稳定，如何遴选新的文化品牌成为我中心一个重要课题，在已有品牌占领文化市场时，新的文化品牌如何脱颖而出，也是我中心一直在思考的重要问题。基于这种情况，我中心在发布《中国文化品牌发展报告（2016）》之后，一直在探索，如何以更好的方式呈现中国文化品牌的整体风貌。

　　由于我中心的文化品牌发布和年度报告出版本身已成为一个品牌，受到各方的关爱和关注。当前，中国文化产业欣欣向荣，中国软实力提升进一步彰显我们的文化自信，在这历史机遇前，我们自己也感觉到身上的重担，我们应当继续为中国的文化品牌进行鼓与呼，应当继续以学术的热情来推广中国文化品牌，使之生产出丰硕的文化成果以满足人民日益增长的文化需求。由是，我中心决定恢复中国文化品牌的发布与编撰工作，遴选出2017～2018年两年内成长性最好的文化品牌，形成《中国文化品牌发展报告

（2018～2019）》。在编撰过程中，我中心全体成员付出了辛勤劳动，对所遴选品牌的反复斟酌，对所撰写报告的反复打磨，每一个步骤都凝聚了大家的心血，我们深知责任重大。因为，中国文化品牌的发展，我们不但是见证者，我们更是推动者。

主编

2019 年 5 月 24 日

社会科学文献出版社

皮书系列

❖ 皮书起源 ❖

"皮书"起源于十七、十八世纪的英国，主要指官方或社会组织正式发表的重要文件或报告，多以"白皮书"命名。在中国，"皮书"这一概念被社会广泛接受，并被成功运作、发展成为一种全新的出版形态，则源于中国社会科学院社会科学文献出版社。

❖ 皮书定义 ❖

皮书是对中国与世界发展状况和热点问题进行年度监测，以专业的角度、专家的视野和实证研究方法，针对某一领域或区域现状与发展态势展开分析和预测，具备原创性、实证性、专业性、连续性、前沿性、时效性等特点的公开出版物，由一系列权威研究报告组成。

❖ 皮书作者 ❖

皮书系列的作者以中国社会科学院、著名高校、地方社会科学院的研究人员为主，多为国内一流研究机构的权威专家学者，他们的看法和观点代表了学界对中国与世界的现实和未来最高水平的解读与分析。

❖ 皮书荣誉 ❖

皮书系列已成为社会科学文献出版社的著名图书品牌和中国社会科学院的知名学术品牌。2016年，皮书系列正式列入"十三五"国家重点出版规划项目；2013~2019年，重点皮书列入中国社会科学院承担的国家哲学社会科学创新工程项目；2019年，64种院外皮书使用"中国社会科学院创新工程学术出版项目"标识。

中国皮书网

（网址：www.pishu.cn）

发布皮书研创资讯，传播皮书精彩内容
引领皮书出版潮流，打造皮书服务平台

栏目设置

关于皮书：何谓皮书、皮书分类、皮书大事记、皮书荣誉、
皮书出版第一人、皮书编辑部

最新资讯：通知公告、新闻动态、媒体聚焦、网站专题、视频直播、下载专区

皮书研创：皮书规范、皮书选题、皮书出版、皮书研究、研创团队

皮书评奖评价：指标体系、皮书评价、皮书评奖

互动专区：皮书说、社科数托邦、皮书微博、留言板

所获荣誉

2008 年、2011 年，中国皮书网均在全
国新闻出版业网站荣誉评选中获得"最具
商业价值网站"称号；

2012 年，获得"出版业网站百强"称号。

网库合一

2014 年，中国皮书网与皮书数据库端
口合一，实现资源共享。

权威报告·一手数据·特色资源

皮书数据库
ANNUAL REPORT(YEARBOOK)
DATABASE

当代中国经济与社会发展高端智库平台

所获荣誉

- 2016年，入选"'十三五'国家重点电子出版物出版规划骨干工程"
- 2015年，荣获"搜索中国正能量 点赞2015""创新中国科技创新奖"
- 2013年，荣获"中国出版政府奖·网络出版物奖"提名奖
- 连续多年荣获中国数字出版博览会"数字出版·优秀品牌"奖

成为会员

通过网址www.pishu.com.cn访问皮书数据库网站或下载皮书数据库APP，进行手机号码验证或邮箱验证即可成为皮书数据库会员。

会员福利

- 已注册用户购书后可免费获赠100元皮书数据库充值卡。刮开充值卡涂层获取充值密码，登录并进入"会员中心"—"在线充值"—"充值卡充值"，充值成功即可购买和查看数据库内容。
- 会员福利最终解释权归社会科学文献出版社所有。

社会科学文献出版社 皮书系列
SOCIAL SCIENCES ACADEMIC PRESS (CHINA)

卡号：227444825372
密码：

数据库服务热线：400-008-6695
数据库服务QQ：2475522410
数据库服务邮箱：database@ssap.cn
图书销售热线：010-59367070/7028
图书服务QQ：1265056568
图书服务邮箱：duzhe@ssap.cn

S 基本子库
UB DATABASE

中国社会发展数据库（下设 12 个子库）

全面整合国内外中国社会发展研究成果，汇聚独家统计数据、深度分析报告，涉及社会、人口、政治、教育、法律等 12 个领域，为了解中国社会发展动态、跟踪社会核心热点、分析社会发展趋势提供一站式资源搜索和数据分析与挖掘服务。

中国经济发展数据库（下设 12 个子库）

基于"皮书系列"中涉及中国经济发展的研究资料构建，内容涵盖宏观经济、农业经济、工业经济、产业经济等 12 个重点经济领域，为实时掌控经济运行态势、把握经济发展规律、洞察经济形势、进行经济决策提供参考和依据。

中国行业发展数据库（下设 17 个子库）

以中国国民经济行业分类为依据，覆盖金融业、旅游、医疗卫生、交通运输、能源矿产等 100 多个行业，跟踪分析国民经济相关行业市场运行状况和政策导向，汇集行业发展前沿资讯，为投资、从业及各种经济决策提供理论基础和实践指导。

中国区域发展数据库（下设 6 个子库）

对中国特定区域内的经济、社会、文化等领域现状与发展情况进行深度分析和预测，研究层级至县及县以下行政区，涉及地区、区域经济体、城市、农村等不同维度。为地方经济社会宏观态势研究、发展经验研究、案例分析提供数据服务。

中国文化传媒数据库（下设 18 个子库）

汇聚文化传媒领域专家观点、热点资讯，梳理国内外中国文化发展相关学术研究成果、一手统计数据，涵盖文化产业、新闻传播、电影娱乐、文学艺术、群众文化等 18 个重点研究领域。为文化传媒研究提供相关数据、研究报告和综合分析服务。

世界经济与国际关系数据库（下设 6 个子库）

立足"皮书系列"世界经济、国际关系相关学术资源，整合世界经济、国际政治、世界文化与科技、全球性问题、国际组织与国际法、区域研究 6 大领域研究成果，为世界经济与国际关系研究提供全方位数据分析，为决策和形势研判提供参考。

法律声明